THILO VON TROTHA

PIONIERE
REITEN LOS

THILO VON TROTHA

PIONIERE REITEN LOS

Ein Leben in zwei Deutschland

**Bibliografische Information
der Deutschen Nationalbibliothek**

Die Deutsche Nationalbibliothek verzeichnet diese
Publikation in der Deutschen Nationalbibliografie;
detaillierte bibliografische Daten sind
im Internet über http://dnb.d-nb.de abrufbar.

ISBN 978-3-95768-173-7
© 2016 Lau-Verlag & Handel KG, Reinbek
Internet: www.lau-verlag.de

Umschlagentwurf: Lau-Verlag & Handel KG, Reinbek
Satz und Layout: Lau-Verlag & Handel KG, Reinbek
Druck- und Bindearbeiten:
GK Druck Gerth und Klaas GmbH & Co. KG, Hamburg
Printed in Germany

Inhalt

Sowjetische Besatzungszone und DDR

1

Es ist nicht fertig. Vieles muss noch getan werden an dem Haus meiner Freude. Dem Haus, gebaut 1583, das mich 70-Jährigen jung erscheinen lässt. Ich bin auch nicht fertig, bin unfertig wie das Haus und werde es bleiben, selbst wenn die letzten Handwerker gegangen sind. Das blaue Zimmer mit den Fenstern über Eck riecht noch nach Farbe. Der Schreibtisch steht seit drei Tagen. Die Sonne scheint von Süden her auf die alten Dielen mit dem faustgroßen Brandloch, das schon war, als ich das Haus, dem Verfall nahe, vor zwei Jahren gekauft habe. Der Blick geht über die Wiese, die anschließende Weide, den Acker bis zum Waldrand, der den Horizont gibt. Prignitz, den Namen dieser Landschaft habe ich vor zwei Jahren zum ersten Mal gehört, ebenso den Ortsnamen Penzlin. Oder der Blick wandert nach links über den kleinen Balkon, der noch bepflastert werden muss, an der Trauerweide vorbei über die tiefroten Blätter einer wilden Pflaume zur Scheune, deren Tore noch gestrichen werden müssen.

Noch sind sie grau. Grau wie der Kasten der Freudlosigkeit, der kleine Papp-Koffer, in dem alles war. Alles was ich bei meiner Hals-über-Kopf-Flucht aus Weimar besessen habe. 15-Jährige tragen nicht viel bei sich, wenn sie ins Abenteuer aufbrechen. Zwei Hemden, kurzärmelig, eins rot-weiß, das andere blau-weiß kariert. Wäsche, ein paar Schuhe. In Nonnenberg habe ich sie weggeworfen, die graue Schachtel des Aufbruchs, die klein, mir aber nie zu klein war.

Was hineinpasste, genügte mir. Die Kindheit gehörte nicht hinein. Die war zurückgeblieben in Weimar.

In dem stattlichen Haus, das meine Großmutter um 1900 gekauft hatte. Als Einfamilienhaus, wie sie erzählte. Ich kannte es nur mit drei Etagen eines Doppelhauses in der Thomas-Müntzer-Straße. Großmutter Helene war eine energische und kluge Frau. Sie ahnte, verlorene Kriege bedeuten Flucht und Flucht bedeutete die Einquartierung fremder Leute. Sie ließ das Haus früh genug in ein Mietshaus umbauen. Oben wohnte Familie Meffert, ganz oben Großvater und unten wir.

*

Trapp, trapp, trapp, die Wohnungstür aufgerissen, die obere Hälfte Milchglas, lange Pflanzen in großen Schwüngen eingraviert. Trapp, trapp, die fünf Stufen herunter. Die schwere Haustür aus Holz quietscht in den Angeln. Rechts herum die paar Meter gepflasterten Weges zwischen Haus und Knallbeerhecke bis zur Straße. An der hohen Fliederhecke vorbei, links die Thomas-Müntzer-Straße entlang zur Schule. Ich bin nicht traurig und nicht fröhlich. Die Schularbeiten habe ich nur zum Teil gemacht. Ein normaler Tag. Die Zöllnerstraße überquert, die Schwabenstraße rechts rein. Was ist da los? Die Shakespeare Straße voller Menschen, zu dieser Zeit? Ein Trauerzug bewegt sich langsam Richtung Engelsring. Ein russischer Trauerzug, er ist sehr lang. Blaskapelle vorweg, Soldaten zu Fuß dahinter. Dann Zivilisten. Auf dem mit roten Fahnen geschmückten hohen Planwagen liegt der Tote. Ich habe noch nie einen Toten gesehen. Auch diesen kann ich nicht sehen, der Wagen ist zu hoch. Ich sehe nur den Sarg. Und sehe, er ist offen. Russen werden im offenen Sarg zu Grabe getragen.

Ich muss weiter. Zur Pestalozzi-Schule sind es wenige hundert Meter. Der Unterrichtsbeginn ist verschoben. Wir versammeln uns auf dem Hof, um eine Fahnenstange herum. Rechts von meiner Klasse stehen die Großen, links die ganz Kleinen. Wo sie zusammenstoßen, ist zu sehen, gut einen halben Meter wächst der Mensch zwischen der ersten und der achten Klasse. Wir stehen nicht im Kreis sondern im Carré. Vögel fliegen über den Schulhof. Die Zweige der Bäume stehen still. Es regnet nicht, es scheint keine Sonne. Die Schüler sind quirlig, schubsen einander, treten verstohlen den Nachbarn.

Jetzt kommt der Direktor. Ich höre nicht, was er sagt, sehe nur: sie schaffen es nicht. Sie haben die Fahne am Seil des Fahnenmastes festgemacht, aber sie schaffen es nicht, sie hochzuziehen. Irgendwo muss es klemmen. Hierzulande klemmt es immer irgendwo. Sie schaffen es bis zur Hälfte des Mastes, dann geben sie auf. Die Fahne hängt schlaff am Stamm. Ich feixe und erzähle zu Hause: „Nicht mal die Fahne kriegen sie bis oben hin."

Nunni lacht: „Nein, das ist ausnahmsweise in Ordnung. Halbmast ist ein Zeichen der Trauer."

2

Nunni, eigentlich Erika, wurde bis zu ihrem Tode so genannt. Wolfdietrich, der Älteste, hatte diesen Namen in einem Alter erfunden, in dem Kinder erstmals „Mama" sagen. Nicht nur wir drei, alle nannten sie so, die sie liebten. Kinder sehen nicht, ob ihre Eltern schön sind oder häss-

11

lich. Nunnis Schönheit habe ich erst viel später entdeckt. Ihr Temperament, ihre Lebensfreude, ihre Bereitschaft zu lachen waren so selbstverständlich wie die Bäume im Garten und der Rasen zwischen ihnen. Wie schlank sie war, sah ich erst, als ich die vielen Dicken bemerkte. Ihre heitere Stirn habe ich erst erkannt, als mir die Furchen unter der Frisur anderer Menschen auffielen. Die Harmonie ihrer Kinn-Nase-Augen-Ohr-Partie fiel mir erst auf, als ich die Langeweile in anderen Gesichtern entdeckte. Es gab vielleicht noch schönere Frauen als Nunni, aber nur ganz wenige.

Trotz harter Lebensanforderung schön zu bleiben, war eine Gabe. Nunni hatte sie. Medizin durfte sie nicht studieren, ihr Vater, mein Großvater, der oben wohnte, wollte es nicht. Wenige Monate nach ihrer Heirat zog mein Vater als Offizier in den Krieg. Unvorbereitet auf ein Erwerbsleben musste sie nach dem Krieg drei Kinder mit Brosamen ernähren, die zwischen Trümmern lagen. Erschütternd war für uns Kinder ihr Tatterich, wie wir es nannten, die epilepsieartigen Anfälle, die ihren ganzen Körper durchzuckten und ihr oft das Bewusstsein nahmen.

Mein Vater fiel als Kommandant des 1. Panzerregiments nahe Taganrog. Da, wo der Don ins Asowsche Meer strömt. Er starb am 20. Juli 1944, dem Tag, an dem Stauffenberg das Attentat auf Hitler unternahm. Er hieß Wolfheinrich, ich kannte nur Bilder von ihm. Bilder eines Mannes mit sehr milden Zügen, ein ovales, feines Gesicht. Nachdenklicher Blick aus tiefbraunen Augen. Alles Bilder in Uniform. Sie stand ihm gut. Für mich war er ein Held.

Später habe ich erfahren, er schrieb fast jeden Tag einen Brief an Nunni, aus Polen, Russland, Rumänien, Italien, Frankreich und wieder Russland. Fast jeder endete mit „1000 Küsschen Dein Wolf". Manchmal, wenn er ungehalten war, etwa weil lange kein Brief von ihr gekommen war, gab es nur „950 Küsschen, Dein Wolf".

*

Hurra! Ein Tag des Triumphes! Wir haben es am Türrahmen gemessen: ich bin jetzt ein Meter alt. Nunni beschließt, das muss gefeiert werden. Bei Gränzdörfer gefeiert werden. Also im Himmel: Konditorei Gränzdörfer. Auf halbem Wege, an der katholischen Kirche, kommt uns eine Frau entgegen. Sie hat es erkennbar eilig, sieht Nunni, erkennt sie, blickt zur Seite und will an uns vorbei hasten.

Nunni: „Guten Tag, Frau Selkowski, wie geht es Ihnen?"

Sie: „Danke gut, Frau von Trotha. Ich …"

Nunni: „Geht es Ihrem Mann auch gut? Ich habe ihn neulich gesehen, da sah er so blass aus?"

Sie: „Nein, es ist alles in Ordnung. Ich bin …"

Nunni: „Ein Wunder ist es ja nicht. Die Zeiten sind schlecht. Die Idee mit den Lebensmittelkarten mag ja gut sein. Aber was helfen mir Lebensmittelkarten, wenn es nichts zu kaufen gibt."

Sie: „Sie haben recht. Es ist schrecklich. Aber ich muss …"

Nunni: „Wenn das unser alter Goethe wüsste. In München hat gerade eine Aufführung seines ‚Faust' stattgefunden. Eine ganz moderne Interpretation. Faust hat Hunger und verschluckt sich an einer Gräte. In Westdeutschland soll doch alles besser sein. Aber die haben wohl auch kein Fleisch auf den Knochen."

Wenn Nunni sich ihren Goethe vornimmt, bedeutet das zweierlei: Erstens sie ist guter Stimmung. Zweitens sie hat Zeit. Sie steht ganz ruhig. Frau Selkowski steht zappelig in ihren ausgetretenen Schuhen. Ihr Blick schweift in die Richtung, in die sie gehen möchte. Nunni ist noch nicht am Ende. Ich zerre an Nunni, will in den Himmel. Nach drei, vier endlosen Minuten gelingt es Frau Selkowski, sich loszureißen und geht. Nunni wendet sich wieder gen Himmel, nimmt mich bei der Hand und sagt: „Eine schwatzhafte Person."

3

Der Wechsel der Besatzer lag da schon lange zurück. Der Frontverlauf der Alliierten-Armeen in den letzten Kriegsmonaten 1945 hatte die Amerikaner nach Thüringen geführt. In Jalta war verabredet worden, dass Thüringen russisches Besatzungsgebiet werden soll. So wie in West-Berlin die Amerikaner, Franzosen und Engländer residieren sollten, zunächst aber die Russen standen. Im Juni 1945 hatte das VIII. US-Corps seinen Sitz in Weimar genommen und mit dem Aufbau einer amerikanischen Militärregierung begonnen.

Nunni war wie alle Menschen in Weimar überrascht, als die Amerikaner am 3. Juli abzogen und am gleichen Tag die sowjetischen Truppen einmarschierten. Die 8. Gardearmee unter Generaloberst Tschuikow bezog im nahe gelegenen Nohra Hauptquartier. Tschuikow hatte in Stalingrad gekämpft, Berlin mit erobert und war einer der profiliertesten sowjetischen Soldaten der Nachkriegszeit. Am 3. Juli fing an, was als Sowjetisch Besetzte Zone (SBZ), DDR, Mauerbau und Deutsche Einheit in die Geschichtsbücher eingehen sollte.

*

„Da ist was los, Panzer!" Die Murmeln bleiben liegen im Sand. Schluss mit dem „Kästchen hüpfen". Alle rennen die Cranach-Straße herunter. Alheit, die Schwester, immer an meiner Seite. Von Ferne sehen wir sie schon. Einer nach dem anderen biegen sie in gemächlichem Tempo von links in die Cranach-Straße, fahren in die Richtung, in die wir rennen, auf die katholische Kirche zu. Schon sind wir an der Ecke Engelsring. Die Großen sagen, die Welt ist klein. Für uns Kleine ist die Welt groß. Die Häuser sind sehr hoch, die Bäume auch. Die Straße ist eine tiefe Schlucht. Später werde ich darüber lächeln.

Wir sehen nicht das Grau der Wände. Kaputte Fenster? Na, die gibt es doch überall. Farben kennen wir nur von Bildern. Aber diese Panzer! Ungetüme. Schon sind wir ihnen ganz nahe. Halten uns die Ohren zu. Eine Kette bremst ab, die andere wird schneller, so schaffen sie die Kurve. Das Pflaster wird aufgegraben. Wir winken, Alheit neben mir. Aus den geöffneten Luken winken Uniformierte. Schwarze darunter wie ich sie nur aus dem Struwwelpeter kenne, richtige Schwarze, die weiße Zähne zeigen. Sie werfen kleine Schokoladentafeln zu uns. Ich bücke mich nicht. Alheit gibt mir ein Täfelchen Schokolade. Es ist die erste meines Lebens. Was ist lange, was ist kurz? Für Kinder vergeht die Zeit anders. Dann ist der letzte Panzer um die Ecke gebogen. Und es wird still. Der Hauch der Geschichte hat mich erstmals angeweht. Den Einzug der sowjetischen Truppen bemerken wir nicht.

4

Alheit war ein Jahr jünger als ich. Trotzdem galten wir in der Südstadt als Zwillinge. Zwillinge waren unzertrennlich. Das waren wir. Waren wir sogar an meinem ersten Schultag, an dem sie neben mir auf der Schulbank saß. Wir machten doch alles zusammen, warum jetzt eine Ausnahme?

Diese Innigkeit hat sich nie verändert. Sie blieb, als ich in den Westen floh, als sie Jürgen heiratete, als sie erst in Weimar und dann in Jena wohnte. Blieb, als Cornelia im Alter von zwei Jahren an Leukämie starb, Jörg und Christian heranwuchsen. Eine Innigkeit, die von keiner Zeit, keiner Grenze und keinen Ereignissen zerstört werden konnte. Vor der Wiedervereinigung haben wir uns zehn Jahre lang nicht gesehen. Und doch verlief unser erstes Gespräch danach so vertraut, als hätten wir es nach dreitägiger Pause fortgesetzt. Hygieneärztin in Eisenberg, Thüringen. Alheit war unfähig zur Feindschaft. Sie hätte es vielleicht gekonnt, doch Feindschaft braucht Feinde. Die fanden sich bei ihrer Mischung aus Mut und Fröhlichkeit nicht.

*

Es ist bitterkalt. Die Finger der Rechten, die heute Morgen aus der Bettdecke heraus ragten, sind blau und steif. Das wenigstens ist nun vorbei. Ich sitze im grünen Zimmer, staune über die Eisblumen an den Fenstern. An der Innenfläche der Außenflügel entfalten sie ihre unergründliche Schönheit. Die Lehrerin hatte uns Abbildungen von Schneeflocken gezeigt. Keine ist wie die andere, welches Wunder. Keine Eisblume ist wie die andere, wie erstaunlich. Sie versperren schon seit

Tagen die Sicht auf die Straße. Die Sensation von heute sehe ich trotzdem: Es hat endlich geschneit.

Pünktlich zum Essen kommt auch Alheit aus der Schule. Es ist klar, am Nachmittag geht's zum Rodeln. Der Schlitten hat im Keller übersommert, ein großer, schöner Schlitten, auf dem zur Not vier Leute Platz finden. Wir schmirgeln den Rost von den Kufen und ab die Post ins Hasenwäldchen. Steil ist das Hasenwäldchen nicht, aber nachdem der verbliebene Rost der Kufen eine braune Spur in den Schnee gemalt hat, geht es den schmalen Weg flott herab. Jubeln, „Bahn frei!" und „Achtung!" werden immer häufiger.

Die Russenkinder sind gekommen, kleiner als wir, aber im Trupp mit schmächtigen Schlitten. Sie stellen sich uns in den Weg, zerren an unserem Schlitten, rempeln Alheit und mich. „Schlitten her!", sagt einer, mit fordernden Blicken kommen alle näher. Ich lasse die Schleppschnur zu Boden fallen, werfe den Kopf zurück und gehe mit den Worten, die verächtlich klingen sollen: „Ich schlage mich doch mit diesem Pack nicht wegen eines Schlittens." In wenigen Minuten bin ich zu Hause. Nicht viel später kommt Alheit. Die Haustür klingelt. Ich öffne. Da steht sie, zerzauste Haare und zerrissene Kleidung. Den Schlitten hat sie aufrecht in den Treppenflur gestellt.

5

Wolfdietrich war zwei Jahre älter als ich, aber abgerückt von Alheit und mir, als wären es zehn. Er war begabt mit musischer und technischer Intelligenz, spielte Klavier, zeichnete schön und konnte alles reparieren. Er war streitfroh, selbstgewiss und sprachgewandt – erst viel später erkannte ich die Zerrissenheit eines Menschen, der mit der Welt zerfallen war, weil er mit sich selber nicht übereinstimmte. Im reifen Mannesalter wurde er der liebenswürdigste, gescheiteste Freund aller. In Weimar war er nicht lange. An einem Sommernachmittag sollte Wolfdietrich beim Reinigen der Wohnung helfen, sollte Staub wischen. Mit „Ich bin doch nicht euer Sklave!" verschwand er im Nachbarzimmer. Nunni schickte ihn in Internate, um seine und ihre Nerven zu schonen.

*

Wir keuchen beide. Boxen, schubsen, ringen, kneifen, alles ist erlaubt. Nur ins Gesicht boxen wir uns nicht, darüber besteht stille Übereinkunft. Der Kampfplatz ist klar umgrenzt: rechts das Haus, links die drei Meter hohe Fliederhecke, vor mir der Balkon mit der schmalen Holztreppe und hinter mir das Reck aus kantigem Holz mit der Eisenstange, die Nunni und Omi auch zum Teppichklopfen benutzten. Für Wolfdietrich ist alles andersherum. Jeder hält sich für den Stärkeren. Wolfdietrich ist es wahrscheinlich. Da erscheint Omi am Fenster: „Werdet Ihr wohl aufhören, Ihr verrückten Kerle!" Der Kampf geht weiter, der Atem wird kürzer. Die Stimme aus dem Fenster: „Na, ich werde Euch …" Hier ein Hieb, da ein Stoß. Omi erscheint mit einem Eimer Wasser am Fenster und gießt den Inhalt auf uns. Wir lösen uns kurz, das Wasser platscht zwischen uns zu Boden. Wie sich Wasser über einem geworfenen Stein schließt, so schließen wir uns kämpfend über dem geworfenen Wasser. Der Kampf geht weiter. Wolfdietrich gewinnt ihn. Er gewinnt fast immer. Aber er freut sich des Sieges nicht.

6

Kinder sind Egoisten. So hellhörig sie sind, so dumm können sie andererseits sein. Die größte Dummheit ist ihr Überlegenheitsgefühl den Alten gegenüber, das allein aus dem Gefühl des Jungseins quillt. Wir waren so dumm, das Tapfere, den Humor, das Lebensbejahende und Grund-Vernünftige von Omi, Helene Hirsch, geborene Nahrstedt, nicht zu erkennen. Nunni besuchte abends einen Russisch-Kurs und lehrte am nächsten Morgen das frisch Gehörte als Ersatz-Russisch-Lehrerin in der Schule. Erste Fremdsprache war mit dem Einmarsch der Russen russisch. Die Sprache, die bis vor wenigen Monaten Feindessprache war, konnte niemand. Omi führte den Haushalt, kochte und versuchte uns zu erziehen. Sie tat das mit der geraden Lebensklugheit, mit der sie rechtzeitig das Haus in ein Mietshaus umgebaut hatte. Dabei orientierte sie sich an Grundsätzen von tiefer Wahrheit: „Kinder haben immer schmutzige Hände.", „Alter Besuch stinkt.", „Wenn die Maus satt ist, schmeckt das Mehl bitter." Sie war klein gewachsen und mit uns drei Rangen überfordert, aber meist heiter und immer vorweg, wenn guter Rat gefragt war. Das Bridge-Kränzchen war ihr Heiligtum.

Es gab noch eine Großmutter, Öhmchen, Marie, geborene Freiin von Taube, die Mutter meines Vaters. Sie wohnte schräg gegenüber im Haus ihrer Schwägerin, nach der das heutige Elfrieden-Heim benannt ist. Ihr Mann, Thilo von Trotha, der als Kapitän zur See im Ersten Weltkrieg die Skagerrak-Schlacht eröffnet hatte, starb kurz nach Ende des zweiten Krieges in diesem Haus. Es war ihm das Meisterwerk gelungen, eine Kanne Milch zu organisieren, im geregelten Kauf gab es derlei Raritäten nicht. Er stellte sie auf den Küchentisch und brach tot zusammen.

Ich konnte nicht genug hören, wenn sie von Wotan, dem germanischen Götterchef, von Frigga, Thor, dem Donnerer oder den Nornen erzählte, die an der Wurzel des Weltenbaumes die Zukunft woben. Sie hat die Liebe zu Landleben und Bauernschaft in mich gelegt. Nicht aber zu dem Mann, den sie „der Führer" nannte, von dem sie wie von einem intimen Freund sprach, obgleich sie ihn nur einmal und das ganz von Ferne gesehen hatte, wie sie mir sagte. Im Krieg, an dessen Bombennächte im manchmal von nahen Einschlägen erschütterten Luftschutzkeller ich mich erinnern konnte, war Öhmchen – so erzählte Nunni lachend – Blockwart gewesen und hatte ihr in dieser Eigenschaft einen Brief mit der abschließenden Grußformel „Heil Hitler, Deine Schwiegermutter" geschrieben – und damit ein Bonmot im Elternhaus geschaffen, das es bis in den Rang eines „running gag" schaffte.

Bei Öhmchen gab es noch das Plumpsklo, bei dem die zu ebener Erde in die Hauswand eingestellte Tonne mit der Regelmäßigkeit geleert wurde, die wir heute bei der Müllabfuhr schätzen. Bei Omi gab es schon WC und Bäder. Die Zeitung von gestern spielte bei beiden die gleiche Rolle. Sie hing, ordentlich in Handteller große Stücke geschnitten, an einem Strick im Häusele. Klopapier gab es in der Sowjetisch Besetzten Zone nicht.

*

Wir quietschen, lachen, albern. Das Bett ist zum Schlachtfeld geworden, zum Schlachtfest des Kitzelns. Die Körper ziehen sich im angenehmen Schmerz zurück, um sich aufs Neue anzubieten. Wir drei Geschwister, einer traktiert den anderen. Das Gelächter schwillt an, wird immer lauter. Da erscheint Omi in der Tür, ist entsetzt. „Hört auf, ihr Schweine. Na, ich werde euch …" Gleich kommt sie mit dem Teppichklopfer zurück und schlägt sanft auf das Kinderknäuel ein. Wolfdietrich will ihr den Klopfer aus der Hand nehmen. Aber sie hält fest. Das Rohrgestänge knirscht, als es Wolfdietrich umbiegt. Nun klopft er mit der Spitze des breiten Teils auf Omis Hände, die nicht loslassen wollen.

7

Aus der Vogelperspektive sah das Quadrat aus Thomas-Müntzer-Straße im Norden, Cranach-Straße im Süden, Zöllner-Straße im Westen und Richard-Wagner-Straße im Osten aus, als tanzten die Häuser mit den Bäumen Quadrille. Moulinez les dames: die Damen in grünen Kleidern innen, die rot behüteten Herren zur Straße hin. Die Vögel konnten es nicht sehen: das Quadrat war in der Mitte zerschnitten. Der Reihe der deutschen Gärten lag die Reihe der russischen Gärten gegenüber. In die Häuser der Cranach-Straße waren die Besatzungssoldaten und ihre Familien eingezogen. Offizielle Gänge in die Stadt führten für sie durch die penibel bewachten Absperrungen in den beiden Seitenstraßen, wo sie strenger Kontrolle unterworfen waren. Inoffiziell, also am liebsten, vor allem nachts, stiegen sie über den Zaun, um durch unseren Garten zur Straße zu gelangen. Begegneten wir ihnen, lächelten sie verlegen und streichelten uns über den Kopf.

*

Lass sie ruhig kommen. Wir haben keine Angst. Diesmal haben sie den Schäferhund nicht dabei, das ist gut. Wir sind vier, außer Wolfdietrich und mir die Vettern Bernhard und Volkmar. Die Russenkinder sind wie immer zwischen zehn und zwölf an der Zahl, aber kleiner als wir. Wir haben es nicht bemerkt, als sie über den Zaun kamen. Angst haben wir nicht. Kleine Jungen haben vor nichts Angst. Nicht vor Keile, nicht vor Gespenstern, nur vor kleinen Mädchen.

Die Hütte, die wir zwischen den beiden Kiefern gebaut haben, müssen wir räumen, da hilft gar nichts. Sie ist sowieso noch nicht fertig. Noch nicht fest genug im Boden verankert. Wolfdietrich hat gerade eine Dachverstrebung eingebaut. Doch die hält kaum die Pappe und die aufgelegten Zweige, die gegen Regen schützen sollen.

Unseren Rückzug geordnet zu nennen wäre übertrieben. Wir verschanzen uns hinter der riesigen Fliederhecke, der letzten Bastion vor dem Haus. Da liegen auch die Steine. Vorige Woche halfen die uns nichts, da kamen sie mit dem Hund. Da half nur der ganz entschlossene Rückzug die Treppe hinauf auf die Terrasse und das Terrassentörchen schnell schließen. Bernhard hatte der Hund am Hosenboden erwischt. Aber heute sind sie allein.

Die Steine fliegen von beiden Seiten. Langsam rücken wir vor. Es dauert nur ein paar Minuten, und der Garten ist wieder fest in unserer Hand. Die Eindringlinge haben sich hinter dem Grundstückszaun verschanzt, der keinen Durchblick gewährt. Er ist doppelt so hoch wie wir, Treffer können wir nur erzielen, wenn die Steine in einer ganz engen Kurve fliegen. Volkmar schleicht sich an den Zaun heran, stemmt einen halben Ziegelstein fast senkrecht in die Luft. Er verschwindet hinter dem Zaun. Ein furchtbarer Schrei zeigt uns den Treffer an. Gegner weg, Spiel aus. Wir gehen ins Haus, berichten Nunni stolz von unserem Sieg. Sie wird bleich und sagt endlich: „Nun werden uns die Russen aus dem Haus werfen. Aber vielleicht hilft uns Herr Agapitow."

Der Kampf hat keine schlimmen Folgen. Die russischen Eltern ordnen ihn als das ein, was er war: Kinderspiel.

8

Was gut ist, was böse ist, wir wissen es nicht. Erst die Palette unserer Neigungen gibt dem Geschehen die Farbe. Die Russen waren im besiegten Deutschland die Bösen. Herr Agapitow, russischer Offizier, zwangseingewiesen in unsere Etage, war ein guter Mensch. Die weit ausholende grüne Mütze wirkte übertrieben über den ruhigen, grauen Augen. Seine Lippen schienen zu lächeln, seine Hände waren ruhig, die Stimme tief. Er war unser Freund.

Er bewohnte die beiden großen Zimmer zur Straße hin. Das vordere, in dem später die Tischtennisplatte stand, diente ihm als Wohnraum. Hier empfing er Gäste, manchmal auch uns Kinder. Parkett, Stuck an der Decke, Kastenfenster, deren äußere Scheiben jeden Winter den Schmuck der Eisblumen trugen. Eine Anrichte, ein grünes Sofa mit zwei Sesseln um einen ovalen Tisch, ein kleiner Teppich. Die Anrichte stand ganz vorne, nahe der Tür. Hier war die Hausbar. Weiter eintreten in den Raum durften wir nicht.

Das Essen war in den Nachkriegsjahren knapp. Es gab Lebensmittelkarten, aber wenig Lebensmittel. Das Brot war fade und reich an Sägemehl. Die Butter verdiente den Namen nicht. Wurst gab es nur in der Erinnerung der Erwachsenen. Käse gab es hin und wieder. Die Marmelade schmeckte lau. Das Beste, was es gab, war das Russenbrot. Das gab uns Herr Agapitow ganz ungefragt, denn zu fragen wagten wir nicht. Manchmal ein Stück Schinken dazu. Den ersten Wodka meines Lebens habe ich aus seiner Hand empfangen. Alheit schenkte er eine große Porzellanpuppe. Stolz trug sie das blauäugige Kunstwerk auf die Straße. Nach zwei Minuten fiel sie zu Boden und war kaputt. Herr Agapitow lächelte nachsichtig.

Sein größtes Geschenk an uns war der elektrische Strom. Alle Häuser unserer Straße waren vom Strom abgeschnitten, nur unseres nicht. Hier wohnte ein russischer Offizier. Strom zu nutzen war uns streng verboten. Wir taten es trotzdem. Herr Agapitow sah es nicht, übersah es. An Winterabenden schickte Nunni mich regelmäßig in den Garten. Ich sollte prüfen, ob die Rollos dicht waren und die gegenüber wohnenden Russen kein Licht sehen konnten. Im Innern der Wohnung waren die brennenden Lampen nicht zu verbergen. Herr Agapitow brauchte nur den Flur zu betreten, schon waren wir entdeckt. Er sah und schwieg.

Als ich eines Tages aus der Schule kam, war Herr Agapitow verschwunden. Von der „Grünen Minna" abgeholt. Wir haben ihn nie wiedergesehen und nie wieder von ihm gehört. Wir haben ihn vermisst. Aber das Licht blieb. Die russische Verwaltung vergaß, auch unser Haus von der Stromversorgung abzuklemmen.

Alles zusammen waren uns die Russen schwierige Nachbarn, aber keine bösen. Je betrunkener sie abends durch unseren Garten schlichen, um über den Bretterzaun in ihr Quartier zu gelangen, desto verlegener lächelten sie – das machte sie sympathisch. Andere Menschen haben schlimme Erfahrungen mit Russen gemacht und denken entsprechend über sie. Bedauerlich finde ich, wenn Menschen schlecht über sie reden, ohne Erfahrungen gemacht zu haben. Meine leichte Zuneigung zu ihnen wurde damals begründet. Und später mehr durch die russische Literatur als durch Besuche in Moskau und St. Petersburg stabilisiert.

*

„Du bist jetzt 7 Jahre alt. Ein richtiger Kerl." Nunni hält mich an der Hand. Wir gehen zum Berkaer Bahnhof. Es ist furchtbar heiß. Ich fühle mich kein bisschen als „richtiger Kerl", im Gegenteil, ich habe Bammel vor meiner ersten Bahnfahrt alleine. Die Riemen des Rucksacks schneiden in die Schultern. Nunni hat zu viel hinein gestopft von dem weißen Zeug aus dem Wäscheschrank. Auch das kleine Silbertablett, das sie obendrauf legte, trägt zum Gewicht bei. Nunni hilft mir in das Abteil. Erst mal runter mit dem Rucksack. Ich winke ihr zurück, als der Zug losfährt.

Es sind gottlob wenige Mitfahrer. Ihre aus Uniformteilen zusammengeschneiderte Kleidung finde ich normal. Auf die ausgelatschten Schuhe starre ich gerne. Nur nicht in die Gesichter schauen. Die Leute würden mir sofort ansehen, ich fahre hamstern, tue etwas Verbotenes. Das habe ich kapiert: Wer Beziehungen aufs Land hat, der verschafft sich mit Hamstern sein Essen. Nunni hat heute Morgen zu Omi gesagt: „Es gehört zum Charme unseres Landes, es kann zwar seine Bewohner nicht ernähren, verbietet ihnen aber, sich Butter, Brot, Obst und Gemüse selbst zu besorgen." Es war also nicht erlaubt, zum Bauer Schachtschabel nach Utzberg zu fahren, dessen Tochter Ute früher Dienstmädchen bei uns war.

Der Zug fährt nicht nach Utzberg. In Hopfgarten muss ich aussteigen, das hat mir Nunni eingebläut. Ich habe schon dreimal gefragt, ist das Hopfgarten. Beim vierten Mal sagt eine Frau ja, ich steige aus und die Angst ist wieder da. Von Hopfgarten nach Utzberg führt eine schnurgerade, auf beiden Seiten von Apfelbäumen flankierte Landstraße. Die Sonne steht hoch und brennt. Schattig sind nur die wenigen Schritte direkt unter den Bäumen. Die Äpfel sind noch nicht ganz reif. Die Landstraße ist lang. Nein, nicht lang, sie ist endlos. Ganz hinten, in 1000 Kilometern wachsen die Bäume über der Straße zusammen, werden eins mit der Erde. Die Sonne sticht, Schweiß läuft die nackten Beine herunter. Die Riemen schneiden ins Fleisch. Aber das kommt nicht in Frage, sich im Schatten an einen der Bäume lehnen und heulen.

Dauert die Ewigkeit länger als der Weg zwischen Hopfgarten und Utzbach? Endlich ein Ort. Erste Gasse links, der zweite oder dritte große Bauernhof, das hatte mir Nunni gesagt. Tatsächlich, da winkt Ute Schachtschabel und führt mich in die Stube. Jetzt geht alles sehr schnell. Routiniert nimmt ihre Mutter das weiße Zeug und das blitzende Metall aus dem Rucksack, der schlaff zusammenfällt. Gleich darauf macht sie ihn wieder rund und dick, füllt ihn bis obenhin mit Kartoffeln. Sie hilft mir, das noch schwerere Ding auf den Rücken zu bugsieren. Ein Glas Milch, einen Apfel in die Hand, und zurück geht es.

Rückwege sind immer kürzer. Aus 1000 werden 500 Kilometer. Die Hitze kommt jetzt nicht mehr nur allein von oben, sie steigt aus den Wiesen. Die Schwalben fliegen niedrig. Die Mücken sind aktiv. Ich spute mich, den Zug zu kriegen. Als er kommt, schaffe ich kaum die Stufen hinauf, sie sind sehr hoch. Jeder, der bei den nächsten Stationen einsteigt, ist bestimmt einer, der in meinen Rucksack schauen will. Verbotenes zu tun, steht gewiss auf meiner Stirn. Immer wieder kommt ein neuer Mensch ins Abteil, immer tiefer muss ich meine Stirn senken. Und wieder kommt einer und noch einmal tiefer zu Boden geblickt. Endlich steigen alle aus, Endstation Weimar. Nunni steht am Bahnhof und streichelt mir leicht übers Haar. Heute Nacht schlafe ich tief. Ich bin ein Held, habe Gutes getan, nichts wird mich schrecken können.

9

Wir haben nie gehungert. So schlimm war die Sowjetisch Besetzte Zone nicht. Schlimm genug, aber so schlimm nicht. Schlimm war, jeder musste genau überlegen, was er wem sagte. Falsch Gesagtes konnte sehr schädlich sein. Falsch war, über die Russen und ihre deutschen Trabanten zu lachen. Wir Kinder lachten zu Hause über sie. Wir hatten keinen Grund dazu. Aber die Großen machten es und wir eben auch. Heute lache ich nicht mehr über die Russen. Sie waren einfache Menschen. Ich habe gelernt, Respekt vor einfachen Menschen zu haben. Der ist oft besser begründet als Respekt vor den nicht einfachen Menschen. Die Russen haben unser Land besetzt und befreit. Was ist gut, was ist böse?

Nunni hat einen großen Sack Rüben mitgebracht. Das haben wir gehört: man kann Rüben zerschneiden und durch Kochen den herrlichsten Sirup gewinnen. Es sind viele Rüben, ein kleines Gefäß kann es nicht sein. Also her mit dem großen Zinktopf, in dem sonst die Wäsche gekocht wird. In fiebernder Eile sind alle dabei, die Rüben zu waschen, zu schnitzeln und Zigarettenschachtel große Stücke in den Topf zu werfen. Jetzt ist er fast bis zum Rand voll. Nun das Kochen. Es werden alle Ringe vom Herd genommen und ordentlich eingeheizt. Die Flammen umtanzen den gesamten Boden des Topfes. Wir wissen, es dauert lange. Und es dauert lange. Endlich hat sich alles in einen braun-schwarzen Sud verwandelt, der zwei Fäuste dick am Grund des Topfes liegt. Kosten, wir wollen kosten, denn Sirup ist herrlich. Doch der Sud ist heiß, ist erst nach Stunden abgekühlt. Endlich ist es soweit. Alle stecken einen Finger in die klebrige Masse und kosten. Der Glanz aus unseren Gesichtern verschwindet. Was da noch leise dampft, schmeckt bitter und ekelig. Nunni sagt: „Thilo, fass mal mit an.“ Schweigend schleppen wir den Topf in den Garten, es dauert, bis die träge Masse in das Gebüsch geflossen ist. Am Abendbrottisch lachen wir darüber. Irgendetwas haben wir falsch verstanden. Nunni hat keine Zuckerrüben, sondern Runkelrüben gekauft.

10

Das Thüringer Tageblatt berichtete über den Prozess von Karl Scharf. Karl Scharf war Landwirt in Umpferstädt und hatte sein Getreideablieferungssoll nur zu 25 Prozent erfüllt. „Mehr kann ich nicht geben“, so wird er zitiert. Doch sie glaubten ihm nicht und schickten Fahnder auf seinen Hof, die versteckte 50 Zentner Getreide und 70 Zentner Kartoffeln fanden. Karl Schart wurde auf der Stelle verhaftet. Das Gericht nannte sein Verhalten böswillig und verurteilte ihn zu einem Jahr und sechs Monaten Zuchthaus.

*

Die Schule ist aus, Heimweg ist immer schöner als Schulweg, die Sonne scheint. Mit Volker Steffen spreche ich über Heidi, wir finden ihre gezierte Art blöd. Mädchen, das ist sowieso nichts. Volker wohnt in der Dantestraße. Er hat mehr in der Schule verstanden als ich. Wir tragen beide kurze Hosen. Er will Arzt werden, und ich weiß nichts über meine Zukunft. In der Schwabenstraße trennen wir uns mit Handschlag. Der Ranzen ist leicht, ich freue mich auf meine Bücher.

In unserer Straße sehe ich sie wieder, die Knechte des Tabaks. Gebückte Gestalten, fast auf allen Vieren kriechend, wühlen sie im Dreck zwischen den Pflastersteinen. In der Thomas-Müntzer-Straße, so nahe an der Russensiedlung, ist die Chance, eine nicht zu Ende gerauchte Papirossa zu finden, besonders groß. Hier, zwischen den kinderkopfgroßen Feldsteinen, die zu Zeiten Goethes in den Matsch geworfen sein mögen und heute bläulich und rund in der Sonne glänzen, halten die von den Russen weggeworfenen Zigarettenreste länger. Machorka ist eine Währung in unordentlicher Zeit. Dieser Tabak in den typisch russischen Zigaretten mit dem langen, hohlen Mundstück aus Pappe. Fast immer sind da noch Reste von Tabak zu finden. Aus 20 Funden kann im Abriss einer Zeitung eine neue Zigarette gedreht werden.

Ich zwinge meine Augen weg von den ausgebeulten Hosen. Weg von den vielfach geflickten Hemden, den kaputten Jacken, die als Nachhut einer verlorenen Dignität um dürre Körper flattern. Ich schäme mich der gebeugten Gestalten, ihrer fiebrig zwischen den Steinen arbeitenden Hände. Was Russen erst im Mund und dann weggeworfen haben zu suchen, aufzuheben und selbst an den Mund zu führen, welche Selbstdemütigung.

11

Wenn Großvater Gustav zum Essen kam, war entweder Weihnachten, Ostern oder Geburtstag. Er lebte von Omi getrennt oben unter dem Dach in zwei Zimmern in einer sonderlichen Abgeschiedenheit, die uns Kindern als Schrulle erschien. Wir durften ihn selten besuchen und staunten über das Tohuwabohu, das unsere Zimmer vor Nunnis Weisung, sie endlich aufzuräumen, wie eine Oase der Übersicht erscheinen ließ. In unserer Dummheit nannten wir ihn „Nachtlampe". „Nachtlampe" war also heute da. Das heißt, wir konnten uns auf Knoblauchgeruch freuen, es war eine tropfende Nase zu bestaunen. Wahrscheinlich wird auch gleich Klavier gespielt, eine Oper oder ein Wanderlied, vielleicht sogar eines, das er selbst gedichtet und vertont hat. Großvater war ein hoch gewachsener Mann, der sich auch für Kinderaugen bemerkenswert aufrecht hielt. Er hatte ein schmales, kluges Gesicht, das die energische Nase, noch mehr zwei lebhaft funkelnde blaue Augen beherrschten. Unerschütterlich behauptete er, die Knoblauchtabletten, denen er fast magische Kraft zusprach, wären geruchsfrei. Noch mehr machte ihn in unseren Augen alt: Er hatte seine juristische Doktorarbeit in lateinischer Sprache geschrieben.

*

„Kinder setzt Euch", Omi scheint heute ein wenig beklommen. Das ist sie immer in Großvaters Gegenwart. Sie hat wie stets gekocht und wie stets freuen wir uns auf das, was ihre Zauberhand auf den Tisch bringt. Wir verschwenden keinen Gedanken an das Wunder, das hinter dieser Kunst steckt.

Für uns Kinder ist es normal, erst im dritten Geschäft auf Kartoffeln zu stoßen und Milch nur in kleinen Mengen zu kriegen. Heute riecht es ein bisschen fremdartig. Oder ist das Einbildung?

„Habt Ihr Euch die Hände gewaschen?"

„Sie sind sauber, wir haben nicht im Garten gespielt."

„Papperlapapp – Kinderhände sind immer schmutzig. Ab ins Bad."

Nunni setzt sich Omi gegenüber an den ovalen Tisch im Esszimmer, neben Omi Wolfdietrich und Alheit auf der anderen Seite, rechts von Nunni Großvater, ich links.

„Wie geht es mit Deinem Russisch-Unterricht?" Großvater will trotz allem auf dem Laufenden bleiben.

„Doch, es macht auch Freude. Die Sprache ist melodisch und ihre Härte in manchen Worten angenehm ernüchternd".

„Es ist die Sprache Gogols und Puschkins, dieser beiden wunderbaren …"

„Puschkin, Gogol, ich verstehe kein Wort von dem, was sie in ihrer Sprache geschrieben haben." Nunni ist erhitzt. „Ich gehe abends sechs Uhr in den Russisch-Kurs. Sehr interessant, wen man da alles trifft oder nicht mehr trifft. Die Frau des Kinderarztes Hess hat aufgegeben. Ich kann es verstehen. Morgens vor eine Schulklasse treten und nicht mehr als das zu wissen, was du abends zuvor gelernt hast, ist kein Vergnügen. Die Kinder spüren das dünne Eis, auf dem du stehst. Und die Lehrer sind mehr Konkurrenten als Kollegen. Ich komme als ungelernte Seiteneinsteigerin, das würden sie allein noch hinnehmen. Schlimmer ist, ich lehre Russisch, die Sprache des Gegners von einst und des Besatzers von heute …"

„Und sitzt in der Zwickmühle. Die Kinder, wie immer, wollen's nicht lernen, die Lehrer, das ist neu, wollen's oder können's nicht lehren", Omi versteht alles. „Erika, es hilft nichts, Du musst durchhalten. Wovon wollen wir die Kinder ernähren?"

„Natürlich bleibe ich dabei, solange ich nichts Besseres habe. In der Löwenapotheke suchen sie …"

Omis Stimme vibriert: „Ich könnte heulen, Euch nicht besser unterstützen zu können. Ich hatte immer Pech mit dem Geld. Als ich jung war, hatte ich viel Geld, sehr viel. Die Nahrstädts waren reiche Leute. Aber damals gab es nichts zu kaufen. Als es wieder zu kaufen gab, war das Geld im Loch der Inflation verschwunden."

„Mutter, Du hilfst uns so fabelhaft, ich bin Dir unendlich dankbar. Was hätte ich nach Wolfheinrichs Tod machen sollen mit drei Kindern. Auch jetzt wohnen wir umsonst in Deinem Haus …"

„Das 80 Mark Miete im Monat abwirft und 500 Mark monatliche Reparaturen brauchte."

Großvater hört nicht gerne von Geld reden: „Der Großherzog hat mich mehrmals auf Puschkin angesprochen. Er war stolz darauf, in Weimar das einzige Puschkin-Denkmal Deutschlands zu wissen. Er konnte nicht genug hören vom ‚Ehernen Reiter', der eigentlich der ‚Kupferne Reiter' heißt. Kinder, dieses Puschkin-Poem vom armen Beamten, dessen Braut bei einer Überschwemmung der Newa umkommt und der dem Zaren Peter die Schuld daran gibt, weil er Petersburg in sumpfigem Gelände gegründet hat, ist wichtig in der Literaturgeschichte. Der Beamte verflucht das Denkmal des Zaren, das darauf hin lebendig wird und Peter bis in den Wahnsinn verfolgt. Großherzog Wilhelm Ernst hätte nicht abdanken dürfen. Ihm war ein Denkmal, für Puschkin Symbol der Dauerhaftigkeit, enorm wichtig. Er hätte so gern neben Carl-August gestanden."

„Nicht auf einem Pferd sondern im Auto sitzend. Haha, das sieht komisch aus." Wolfdietrich ist der Querdenker, das zeigt er gerne.

„Wirst Du wohl schweigen, Lümmel!"

„So, nun lasst uns endlich essen. Ich habe mir große Mühe mit den Bechamel-Kartoffeln gemacht. Unglaublich, wie schwierig es ist, heutzutage an Kartoffeln zu kommen. Weimar, mitten im fruchtbaren Thüringen. Diese neuen Leute machen alles kaputt. Da musste der Junge nach Utzberg fahren. Schlimmer als im Krieg."

Wolfdietrich: „Das schmeckt so komisch."

Die Kartoffeln schmecken nicht nur komisch. Sie schmecken nach Galle und Fäulnis. Kartoffelmangel hin oder her – keiner ist bereit, weiter zu essen. Auch Omi nicht. Sie schauerte nach den ersten Bissen:

„Ich mach uns schnell eine Graupensuppe, das Zeug ist wirklich ungenießbar. Ich weiß nicht, was da passiert ist." Sie setzt ihre Brille auf und geht in die Küche.

Nunni: „Kinder, tragt die Teller raus, ich lege inzwischen neue auf."

Nach wenigen Minuten kommt Omi mit der Graupensuppe. Alle stürzen sich frohgemut darauf – und wieder der Gruselgeschmack von eben, der auch dem Wohlerzogensten verbietet, weiter zu essen. Ratlosigkeit macht sich breit. Nunni und Wolfdietrich verschwinden in die Küche, untersuchen, prüfen, schmecken zur Probe. Und finden die Quelle: Rattengift. Omi hat ohne Brille gekocht. Das Salz war ihr ausgegangen. Auf der Suche nach Nachschub ist sie auf das Gift gestoßen.

12

Es ist Schicksal der Menschen, sich nie im Paradies zu fühlen, jenem Flecken Erde, den die Sonne stärker erwärmt als den Rest der Welt. Entweder wir erhoffen es uns in der Zukunft, oder wir erinnern uns daran, es gehabt zu haben. Wir lebten im Paradies der Jugend. Die Schule war ärgerliche Pflicht und selten Quelle der Freude. Im Frühjahr sammelten wir Maikäfer, die Plage genannt wurden. Wir füllten Einweckgläser mit ihnen bis zum Rand, es rauschte, zirpte, wisperte geheimnisvoll darin. Wir giggelten, wenn uns die Tierchen die Beine herauf und die Arme herab krabbelten. Immer wieder lief uns der feine Schauer des Grauens über den Rücken, wenn wir sie packten, ihren ovalen festen Leib an eine Mauer stießen, hörten, wie der kleine Kopf mit den zarten Fühlerchen unter der braunen Chitindecke der Flügel verschwand. „Katholisch machen" nannten wir dieses Tötungswerk. Es war herrlich.

Sommerferien bei Tante Grete im nahen Niederroßla. Ihre kleine Landwirtschaft war unsere große Freude. Das Kribbeln auf der inneren Handfläche beim Streicheln eines Kaninchenfells gegen den Strich. Morgens ein Ei klauen aus dem Hühnernest. Wie sie pickten, die Hühner, zwei, dreimal ganz rasch in die aufgekratzte Erde, dann den Kopf zur Seite gedreht. Sie heben ihn nicht auf der Suche nach dem Bussard, sie drehen ihn, um mit einem Auge freies Blickfeld nach oben zu haben. Und die Ziege. Onkel Paul hatte nicht viel zu sagen, wenn Tante Grete im Raum war, aber sein Bier wollte er haben. Alheit holte es im offenen Topf aus dem Dorfkrug. Sie nahm die Ziege mit an der Leine, führte sie stolz aus und sah mit ihren roten Bäckchen und den straksen

Haaren, die wir Schnittlauchlocken nannten, sehr lieb aus. Baden in der nahen Ilm, klettern auf den Apfelbaum, dessen Äste vom Alter gedrückt waren. Gravensteiner sind die besten, groß, rotbäckig, knackig, süß, saftig. Wolfdietrich stürzte in die Jauchegrube hinter dem Rhabarberbeet und wäre fast ertrunken. Oder war es Bernhard? Paradiesisch.

Die Winter waren wirklich kalt. Die Kachelöfen im Grünen und im Roten Salon heizen war meine tägliche Aufgabe vor der Schule. Durch richtiges Regeln der Luftzufuhr die Glut über Nacht zu erhalten, gelang nur an guten Tagen. Meist musste mit Zeitung und klein geschnittenem Holz neues Feuer angefacht werden. Unvermeidlich war, täglich die zwei Schütten Kohlen aus dem Keller holen, der mich an die Bombennächte erinnerte, die wir dort erlebt hatten. Die Alten haben damals ängstlich geguckt. Wir Kinder fanden es lustig, wenn es knallte und der Keller wackelte. Lagen da noch Tote, die mich packen konnten? Leise die Kohlen in die Blechgefäße geschippt, niemanden wecken! Da drüben neben dem Schrank, der schon immer da stand, war das nicht eine Hand, die aus dem Boden ragte? Die Finger bewegten sich noch. Auf dem Rückweg, am Fuß der Treppe angekommen, durfte der Held einen Siegesschrei ausstoßen.

Das kalte Schneekleid lag viele Wochen im Garten. Wir Jungen fühlten uns den Mädchen überlegen, wir konnten Buchstaben in den Schnee pinkeln. Wer lange genug Stoff gesammelt hatte, konnte „Otto" in den Schnee malen. Bis eines Tages Ingrid von gegenüber mitspielen wollte. Mit ihren hellen Haaren, den Funkel-Augen und der Stupsnase war sie die Märchenfee unserer Straße. Gestochen scharf schrieb sie sich mit einem „Tilo", ohne „h", in unser Guinnessbuch der Rekorde. Wir wussten, warum wir Angst vor Mädchen hatten.

Es schwang kein Vorwurf mit, wenn Nunni auf die rechte Ecke des roten Sofas im Roten Salon zeigte. Sie war mehr strapaziert, durchgesessener als der Rest des Möbels: meine Leseecke, die Startrampe für den Flug der Phantasie. Heute liest kein Mensch mehr Paul Schreckenbach, ich liebte seine historischen Romane. Der Kampf des Rothenburger Bürgermeisters Heinrich Topler gegen die Trägheit seiner Zunftmeister, wie er sie doch einte und zum Kampf für die Stadt mobilisierte, um schließlich von ihnen verraten, für Geld verraten und getötet zu werden, ließ die Welt um mich versinken. Es versank der Bücherschrank, in dem „Der böse Baron von Krosigk" und „Der getreue Kleist" auf mich warteten. Das Portrait des Großvaters über dem Tisch, den wir leichtfertig „Barocktisch" nannten, nahm die Konturen der Burg des Friedrich von Hohenzollern an, Toplers Gegenspieler.

Der Ruf zum Essen blieb ungehört, die Zeit stand still. Der Niedergang der Ostgoten in Felix Dahns „Ein Kampf um Rom" bereitete mir nicht nur seelische Schmerzen. Die Tränen über Totilas Tod rührten auch vom Schmerz in meinem Arm her. Nachts lesen war streng verboten, das machte nichts. Schlimm war: das Licht in meinem Zimmer war vom Flur aus zu sehen, von dem die übrigen Räume aus gingen. Betraten Nunni oder Omi den dunklen Flur, musste meine Leselampe sofort ausgeknipst sein, sonst war ich entdeckt. Deren Schalter war nur mit ausgestrecktem Arm zu erreichen, wo die Hand stets ruhen musste, um sofort reagieren zu können. Als Winnetou starb, hatte ich das Lesen beim Schein einer Taschenlampe unter der Bettdecke entdeckt. Auch nicht ungefährlich, unbemerkt konnte jemand das Zimmer betreten. Erwischt zu werden, bedeutete einen ernsthaften Klaps.

Flucht und zögernde Ankunft

1

1954 waren die acht Jahre vorbei, die jeder in dem Land zur Schule gehen musste, das sich von der Sowjetisch Besetzten Zone zur Deutschen Demokratischen Republik gewandelt hatte. Danach teilte sich der Weg zu Oberschule oder Berufsausbildung. Im gleichen Jahr, in dem Deutschland Weltmeister im Fußball wurde, stand ich an der Weichenstellung für's Leben. Die Franzosen verloren die Schlacht um Dien Bien Phu gegen die Viet-Minh-Armee in Indochina. Vietnam erlebte die Teilung, die Franzosen das Ende ihrer Kolonialzeit in Asien. Moskau hatte der DDR gerade das Recht eingeräumt, nach eigenem Ermessen über ihre inneren und äußeren Angelegenheiten zu entscheiden. Auf mich kam eine völlig überraschende Entscheidung zu.

Mich auch nur in einem einzigen der vergangenen Jahre in die Gruppe der Glanzschüler stellen zu wollen, wäre ein gewagtes Experiment im Umgang mit der Wahrheit. Ohne geneigte Lehrerinnen, allen voran Frau Schneider, die sich gerne in meiner Nähe aufhielt, und ohne die Hilfe vor allem von Volker Steffen hätte ich trotz kurzer Hosen und rosig-runder Bäckchen alt ausgesehen. Mein Zeugnis war am Ende der achten Klasse nicht glorreich, auch nicht schlecht, jedenfalls eines der besten, das ich je hatte. Es ist mir kürzlich in die Hände gefallen, und ich schwankte zwischen Stolz und Erstaunen: alle Fächer „gut", glatte 2.

Trotzdem durfte ich die Oberschule nicht besuchen.

Heute sind die Komplikationen, die dazu führten, schwer zu verstehen. Sie sind es nur aus den Verklemmungen des Jahres 1954. Ich hatte den Makel, im Arbeiter und Bauernstaat nicht Kind eines Arbeiters oder Bauern zu sein. Das war schon schlimm genug. Noch strenger bemängelten die Ämter: Mehr aus Trägheit und Desinteresse weniger aus ideologischem Eifer war ich kein junger Pionier und kein FDJler geworden. Auch an anderer Stelle hatte ich nichts zum Aufbau des Sozialismus beigetragen. Das nahm man mir übel. Aber sie boten mir eine Möglichkeit, das Versäumte nachzuholen: Ich sollte meine Begeisterung und Treue zum ersten sozialistischen Staat auf deutschem Boden durch die Tat beweisen. In Verhandlungen, deren Verlauf mich nicht von meinen Büchern und der Sofaecke trennen konnte, gaben sie Nunni auf, ich sollte im Sommer und Herbst dem sozialistischen Ernährungsprogramm als Erntehelfer dienen. Nach Weihnachten sollte ich zur Reanimierung meiner Lernbereitschaft wieder in die Schule, die 8. Klasse, gehen. Danach sollte mir, so sicherten sie ihr zu, der Weg zur Oberschule, so hieß in Weimar das Gymnasium, offen stehen. Nun hieß es, sich doch von den Büchern loszureißen, und ich zog als Erntehelfer aufs Land.

*

Libbesdorf ist ein unbedeutender Ort zwischen Dessau und Bitterfeld. Der Hof der Familie Pittkow dort ist groß. Ich fühle mich klein. Nicht im Sinne von niedergemacht, Ernst und Petra Pittkow behandeln mich gut. Sie sind Hilfskräfte im Kindesalter gewöhnt. Vor mir hat ein Mädchen hier gearbeitet, ein Mädchen, das auch Petra hieß. Ich arbeite schon drei Monate bei den Pittkows im Dorfweg. Habe mich an mein kleines Zimmer gewöhnt, das zum Obstgarten hinausgeht. Die Äpfel sind schon geerntet.

Auf dem Hof kenne ich mich noch immer nicht gut aus. Eine Scheune geht in die andere über. In der großen steht der Mähdrescher, ein Vorkriegsexemplar, das erkenne sogar ich. Ich fühle mich klein, weil alles außer den Wohnräumen groß ist. Es gibt einen großen, zwei mittelgroße und einen kleinen Leiterwagen, auch der ist groß. Kühe habe ich 42 gezählt, ich liebe ihr leises Muhen, das Klirren ihrer Ketten. Es gibt Hühner, Enten und natürlich Pferde. Ich suche keinen Traktor, es ist auch keiner da, aber es gibt Pferde. Das kann ich schon: Pferde anspannen, große, dickleibige Tiere. Max und Moritz gehen immer zusammen, sie sind mir die Liebsten. Sie sind stark, haben gezügeltes Temperament. Wenn ich auf ihre mächtigen Schweife achte, mit denen sie nach den Bremsen schlagen, kann mir nichts passieren. Sie sind meine Freunde.

Ich soll mit dem großen Wagen losfahren und Heu vom Feld holen. Was Ernst sagt, wird gemacht. Den großen Leiterwagen durch das Tor in der Umfassungsmauer des Hofes bugsieren ist eine schwere Aufgabe für mich. Es ist kaum breiter als der Wagen, dessen dicke Speichenräder, gefasst in ein Stahlband, auf dem Sandboden knirschen. Eine Sekunde lang träume ich, es war mein Geschick, es heil auf die Straße zu schaffen, aber ich weiß, Max und Moritz wollen mich nicht blamieren. Auf welches Feld sollen wir fahren? Die beiden wissen es. Petra wartet schon mit drei Frauen, nicht auf mich, aber auf den Wagen. Die Sonne brennt, den Flug der Vögel beachte ich nicht. Das Heu riecht herrlich, lädt ein, darin zu baden. Wir laden es auf den Wagen so hoch, wie bei ausgestreckten Armen die Spitze der Heugabel reicht. Es gut schichten ist keine Kunst, setzt aber Übung voraus. Ich lerne rasch. Die Arbeit gefällt mir.

Endlich ist es soweit. Petra winkt mir aufzusteigen auf das duftende Gebirge. Die Zügel reichen kaum bis oben hin, ich rufe stolz „Los!", Max und Moritz ziehen an. Es schwankt, mein Gebirge, es riecht himmlisch. Ich strecke mich aus, versinke noch tiefer in den Wohlgeruch, sehe um mich nichts mehr von der Erde, sehe nicht Max und Moritz, nicht den Weg. Nur den Himmel und ein paar weiße Wolken. Und die Schwalben, die ich von zu Hause her liebe, deren helle Rufe ich aber nicht hören kann, weil die Räder im Boden knirschen. Der Wagen schwankt, die Welt tanzt und ist sehr weit weg. Ich erwache, als alles aufhört, die Bewegung und das Rauschen. Wir stehen im Pittkowschen Hof. Brave Max und Moritz.

Das war das schönste Erlebnis, das schrecklichste war dies: Die Tage werden kürzer, Zeit der Getreideernte. Der Mähdrescher hat Hochkonjunktur. Er fährt nicht aufs Feld hinaus, sondern blieb in der großen Scheune stehen, in die wir das geschnittene Korn bringen. Der Tag ist kühl, es hat leicht geregnet. Die Last zweier Wagen wartet darauf, gedroschen zu werden. Jeder Griff muss sitzen. Auf dem Dach der riesigen Maschine steht Petra. Mit der Heugabel sorgt sie für den gleichmäßigen Zustrom des Korns, das von kreischenden Rotoren in die Tiefe gezogen wird, wo es geschüttelt, zermahlen und ganz unten als Häcksel wieder zu Tage tritt.

Ich bin bei Max und Moritz, als der Schrei Mensch und Tier erstarren lässt. Selbst die Bremsen und Fliegen scheinen einen Moment innezuhalten. Wie alle renne ich in die Scheune. Das Dach des Mähdreschers ist leer, Petra ist nicht zu sehen. Nach Sekunden der Starre entdecke ich ihre Hände, fest geklammert an den Rand der Maschine, das Weiß der Fingernägel blutrot. Petra ist in die laufende Maschine eingebrochen. Keiner stellt sie ab, endlich aber doch. Die Leiter, wo ist die Leiter. Da erscheint Petras Kopf oben über dem Rand. Sie stemmt sich hoch. Jetzt ist ihr ganzer Oberkörper zu sehen. Auch die Leiter ist da. Ernst hastet hinauf und zieht seine Frau aus dem Kasten. Als er sie über den Rand hebt, können wir es sehen. Über dem Knie hat der Rotor das linke Bein abgeschlagen. Wie ein breites Farbband führt die Blutspur durch die Scheune, den Hof und verschwindet, kaum dünner, hinter der Tür zur Wohnstube.

2

Gerd war 12 Jahre alt, zwei Jahre jünger als ich. Der einzige Sohn der Pittkows liebte Max und Moritz, diese Liebe begründete unsere Freundschaft. Er stotterte nicht, er lispelte nicht, aber das „s" konnte er nicht aussprechen. Auch das „h" nicht, wie die Russen. Sein Baumhaus zeigte er mir sehr bald. In einem Birnbaum, groß genug auch für mich. Sehr spät lud er mich in sein geheimes Reich ein. Es lag ganz hinten im Schafsstall, da wo auch die Schafe nicht mehr hinkommen. Ein Reich voll von gestohlenen Kleinigkeiten. Die Luftpumpe für das einzige Fahrrad auf dem Hof, hier fand ich die Luftpumpe. Ernst hatte sie verzweifelt gesucht. Ich brachte sie ihm wieder. Unserer Freundschaft hat das nicht geschadet.

Wir wussten beide nicht von dem Sturm, der durch die Bauernschaft ging. Vor zwei Jahren hatte die Zwangskollektivierung angefangen, die sie hier „Vergesellschaftung von Produktionsmitteln" nannten. Die Vokabel „Landwirtschaftliche Produktionsgenossenschaft" hatten wir noch nicht gelernt, auch nicht das Kürzel LPG. 200 Bauern brachten sich in diesem Sturm selbst um, 11.000 Bauern flohen in den Westen. Bis 1960 ging fast alles Ackerland in 20.000 LPG's auf. Oder unter, uns interessierte das nicht.

*

Heute ist Rüben-Tag. Die Rüben-Tage kommen wenn die Kartoffel-Tage vorbei sind. Beide ähneln sich auf entmutigende Weise. Ihr Stichwort heißt „Nachlese". Wenn die Erntemaschinen das ihre gemacht haben, geht eine Kette von 10–15 meist Frauen über den Acker und liest die übrig gebliebenen Kartoffeln oder Rüben auf. Heute besteht die Kette aus drei Leuten, einer bin ich. Die beiden anderen Frauen habe ich noch nie gesehen. Es regnet, es ist Oktober und es ist kalt. Aus Thüringen kenne ich solche Felder wie die der Pittkows nicht. Die Tiefen des Weltalls können nicht freier von Abwechslung sein als diese Landschaft. Soweit das Auge reicht kein Haus, kein Baum, kein Strauch. Die Spuren der Erntemaschinen führen ins Endlose, das Grau-Braun des Ackers verbindet sich am Ende des Blicks mit dem Grau des Himmels. Rechts, Rübenacker mit leichtem Regen soweit das Auge reicht. Links, soweit das Auge reicht leichter Regen mit Rübenacker.

Wann kann ich sagen: Ziel erreicht? Ich ziehe meinen Sack hinter mir her, werfe eine Rübe hinein und schaue nach der nächsten. Die beiden anderen sind schon ganz weit vorne. Ich höre ihr Reden nicht mehr. So umfassend allein war ich noch nie. Sind es nur Regentropfen, die mir die Wange herunter laufen? Da lugt wieder eine Rübe aus dem Boden. Ich buddele sie mit den Händen aus. Plumps, sie liegt im Sack.

3

Vor Weihnachten ging es wieder in die Schule. Achte Klasse, wie mit der Behörde verabredet, Pestalozzi-Schule, wie gehabt. Wir hatten unseren Teil eingehalten. Die andere Seite nicht. Um Ostern schlug die Nachricht ein: Wer zweimal die 8. Klasse besucht, darf von Gesetzes wegen nicht auf die Oberschule. Fassungslosigkeit. Ratlosigkeit. Was tun? Nur zwei Wege zeigten sich. Frau Dolgert von der Schulbehörde fand eine Lehrlingsausbildung das Beste. Ich hatte doch bei den Pittkows gezeigt, fürs Praktische zu taugen. Im Uranbergwerk Wismut fehlten Leute. Da wollte sie mich anmelden. Der andere Weg: Flucht in den Westen.

Nunni ließ mir die Wahl und ich habe sie sofort getroffen. Es war kein Votum für die FDGO, die Freiheitlich Demokratische Grundordnung des Grundgesetzes. Sie interessierte mich so wenig, wie mich der erste Arbeiter- und Bauernstaat auf deutschem Boden interessierte. Der 15-Jährige wählte das Abenteuer. Später, als ich lernte, Abenteuer ist nicht nur die außergewöhnliche Geste, sondern das Bewältigen des Alltags, habe ich für die DDR neben der entschlossenen Gegnerschaft auch Verständnis entwickelt. Es hat für mich etwas Anrührendes, dieser Versuch, sich Wurzeln ausreißend vom Nazireich abzuwenden, dessen materielle und sittliche Zerstörung Deutschlands den umfassenden Neuanfang nahelegte. Viele Gründer waren Idealisten. Sie wollten besser sein, eine bessere Welt schaffen, Gleichheit und Glück für alle bringen. Es ist die gute Absicht des Anfangs, die dem Scheitern die Dignität der Tragik gibt. Doch all das interessierte den Knaben nicht, er wollte das Abenteuer – und er kriegte es.

*

Der Tag riecht nicht nach Besonderem. Nicht nach Grundsatz, nach Entscheidung. Nicht nach abgebrochener Brücke. Schon gar nicht riecht er nach Schrecken oder Katastrophe; auch nicht nach Geschichte. Die Sonne ist einfach aufgegangen, hat die Wolken nur teilweise beiseite geschoben, und jetzt sitze ich mit Nunni im 9.15 Uhr Zug nach Berlin.

Wir machen große Geschichte trotz des kleinen Koffers, kaum größer als ein Aktendeckel. Er liegt oben im Netz. Er darf nur klein sein, damit wir Geschichte machen können. Fluchtgeschichte. Wir kennen uns nicht, doch in 100 Zügen im ganzen Land der Arbeiter und Bauern sitzen wir Geschichtsschreiber. Wir zwingen Herrn Ulbricht erst zur Lüge, dann zum Mauerbau in Berlin. Wir bereiten den Triumph der Wiedervereinigung vor, weil wir die Schmerzen der Trennung auf die Höhe treiben. Der Koffer darf nur klein sein, denn es gibt Schergen an den Bahnhöfen, die Leute wie mich herausfischen wollen aus dem Strom der Menschen. Die uns vor Gericht stellen wollen, Republikflucht ist strafbar. Wer große Koffer hat, ist verdächtig. Mit kleinem Koffer wechselt niemand sein Leben. Damals stimmte das noch, später gingen die Menschen ohne alles Gepäck.

Nunni und ich reden nicht viel. Wir schauen zum Fenster hinaus, Täler, Hügel ziehen vorbei. Erich Kästners „Eisenbahngleichnis" kenne ich noch nicht: die Mehrheit sitzt auf Holz. Die meisten Pflüge werden von Traktoren gezogen. Es gibt nur noch wenige Pferde auf den Feldern. Die Sonne verdrängt noch mehr Wolken, Licht- und Schattenspiele. Berlin Friedrichstraße. Wir gehen breite Treppen hinauf, Richtung S-Bahn. Viele Uniformen beobachten uns. Ich habe keine Angst, spüre, Nunni ist verkrampft. Ein Volkspolizist will

46

den Inhalt meines Koffers sehen: zwei Hemden, zwei Unterhosen, ein Pullover erregen keinen Verdacht. Auch die Zahnbürste nicht. Wir dürfen weiter gehen. In der S-Bahn redet Nunni wieder. In Lichterfelde steigen wir aus. Gehen zum Flüchtlingslager. Die Pforte liegt in der Sonne. Viele Menschen stehen am Eingang. Wir stellen uns ans Ende der Schlange. Als wir dran sind sagt Nunni, ihr Sohn wolle in die Bundesrepublik Deutschland. Dann umarmen wir uns. Nunni fährt nach Weimar zurück. Ich bin Flüchtling.

4

Ich habe eine Reise gemacht. Eine Reise in eine große Stadt. Das war alles. Die Idee vom Rubicon kam nicht auf. Die Aufteilung Deutschlands in Himmel und Hölle begann ich erst zu ahnen. Was ich kannte, war Nein-Sagen. Niemand sagte Ja zu dem Staat, der sich selbst so lachhaft pries. Dessen überall präsente Freundschaftsbekundungen mit der Sowjetunion hilflos wirkten. Kaum ein Schaufenster ohne die Köpfe von Marx und Engels. Zwanzig, dreißig Meter lange Transparente mit gestanzten Lobpreisungen des Sozialismus. Pieck, Ulbricht, Grotewohl an jeder Ecke. Rot war überall präsent und hatte aufgehört, die Farbe der Liebe zu sein.

Berlin: die Stadt des 17. Juni? Wir hatten zu Hause vom Einsatz russischer Panzer gegen Arbeiter zwar Jahre zuvor gehört. Omi, Nunni, Frau Meffert hatten die Köpfe zusammengesteckt und leise gesprochen. Oben am Weimarer Bahnhof, im Waggonwerk, soll es Schüsse gegeben haben. Wie der Flügelschlag eines am Boden liegenden Vogels zuckte Hoffnung auf. Die Deutsche Demokratische Republik verlor spätestens in diesen Tagen ihre Unschuld.

Der Versuch, ein Gemeinwesen zu gründen, das Harmonie zwischen Regierenden und Regierten ansteuerte, war zu Ende gegangen. Mit dem verfehlten Ziel, Ungleichheit zwischen Individuen durch Organisation auszugleichen, war der Herrschaftsanspruch der guten Absicht zur Tyrannei verkommen. Nunni und Eberhard Lüdde, dem sie sich zuwandte, haben das gespürt. Ich nicht. Wie ich auch nicht spürte, dass Propaganda-Beschwörungen wie „Von der Sowjetunion lernen, heißt siegen lernen" so kurz nach Ende eines furchtbaren Krieges mit Russland wie Saatkörner auf einen Boden fielen, der von bitteren Erfahrungen fest gestampft war.

Von all dem wusste ich nichts, es interessierte nicht. Das Abenteuer hatte begonnen, das hämmerte mir im Herzen. Wie sich zurechtfinden in dieser Enge? Die Ansammlung von Menschen im Lager nahm mir den Atem. Das hatte ich noch nie erlebt. Niedrige Räume, kaum höher als die zweifachen Stockbetten, auf denen Frauen, Männer und Kinder saßen und aus dem Fenster starrten. Wenig Licht und eine Luft, die kaum hinein passte in die Lunge. Viel zu Boden geguckt. Mit niemandem gesprochen. Am nächsten Tag, ja was? Eine Befragung? Ein Verhör? Name, woher, warum, wohin!

Schrecklich, diese Fragen. Sie zwangen mich heraus in die Wirklichkeit. Heraus aus der Welt der Aufopferungsbereitschaft für andere und Treue zu sich selbst. Sie nötigten mich, auszuziehen aus dem Reich der Phantasie, aus hohen Sälen, beleuchtet von flackernden Feuern. Abschied zu nehmen von Gedanken über Mut und List. Schnitten Betrachtungen ab über Farbenspiele, die der Wind mit Blättern in der Sonne trieb. Wie albern, einem Klang nicht mehr nachzulauschen, der sich verebbend im Lärm der Menschen verliert, nur um

Auskunft zu geben. Woher? Kein Problem. Wohin? Keine Ahnung. Nur weg, war das Thema der letzten Tage. Das Ziel wird sich finden. Gut so. Die Wirklichkeit war ja in mir. Wie sollten mich Schattentänze schrecken?

Sehr bald wurde ich dem nahen Schulinternat einer Ordensgemeinschaft zugeteilt. 15-Jährige waren wohl selbst in diesem Zentrum des Durcheinanders einer Sonderbehandlung wert. Vor allem einen Talar erinnere ich, der durch kluges Fragen und Hören den Firnis zu lösen begann, der sich zur Abwehr des Übermaßes neuer Eindrücke gebildet hatte. Oft eine Stunde und mehr am Tag wanderten wir einen Kiesweg entlang, nicht weit vom Schulgebäude. Als er mir den Arm um die Schultern legte, fühlte ich mich geborgen. Die Sonne schien, der Lärm der Schüler vermischte sich mit dem Rauschen der Blätter. Der Arm des Talars wurde eifrig, seine Hand testete meine Muskeln, wanderte hier und da hin. Ich machte einen Schritt zur Seite und wieder einen, als der Arm wieder eifrig wurde.

„Das ist mir unangenehm", sagte ich. Worauf erst der Arm verschwand und dann das Gespräch kraftlos wurde. Ich hatte einen Freund verloren und wusste nicht warum.

5

Acht Wochen Berlin, acht Wochen Fallingbostel, ein großes Sammellager für DDR-Flüchtlinge in der Lüneburger Heide. 15-Jährige sorgen sich nicht um die Zukunft. Die brach an mit der Ankunft in Limmer. In Limmer, einem Örtchen bei Alfeld in Niedersachsen, betrieb das Christliche Jugenddorfwerk ein Lehrlingsheim. Das Jungenddorfwerk überzog den westlichen Teil Deutschlands mit Häusern, in denen Kinder Aufnahme und Ausbildung fanden, deren Eltern im Krieg umgekommen oder noch verschollen waren. Dazu gehörten auch einige Gymnasien mit angeschlossenem Internat. Das nächste war 20 Kilometer von Limmer entfernt, nahe Elze. Dort sollte ich zur Schule gehen und in Limmer wohnen. Wieder in die 8. Klasse, zum dritten Mal. So wurde mir gesagt. Und so passierte es auch.

Das Lehrlingsheim war mit seinen vier einstöckigen Gebäuden wieder einem Lager ähnlich. Hier lebten 60 Knaben, unter ihnen wir zehn Gymnasiasten, in den Augen der anderen die Weichlinge und Muttersöhnchen. Alle Gymnasiasten hatten ihre Eltern in der DDR. Wir mussten um 6 Uhr aufstehen, eine knappe halbe Stunde die Straße vom Lager herunter zur Bundesstraße 3 laufen, uns links zum Bahnhof wenden, den Zug nach Elze nehmen, dort eine noch etwas längere Strecke laufen, insgesamt etwa 7 Kilometer, damit wir pünktlich zum Unterricht kamen. Aber das genügte nicht, um aus dem Hemd der Muttersöhnchen herauszukommen. Wir blieben die „Tintenwichser" für diese Knaben, denen als Lehrlinge noch härterer Wind blies. Sie bestanden auf Gegnerschaft, die nur durch den zeitweiligen Austausch von Zigaretten unterbrochen wurde. An guten Tagen konnten wir uns sogar eine „für hinters Ohr" ausleihen. Eine Zigarette war ein Wert. Noch nach drei Wochen wurde gemahnt, wenn einer von uns den Ausgleich „vergessen" hatte. Die normale Schachtel enthielt sechs Zigaretten. Der Kauf einer einzelnen im Tabakgeschäft war üblich. Ich begann auch zu rauchen.

Zu Prügeleien kam es zwischen Lehrlingen und Gymnasiasten selten. Mich hat niemand geschlagen. Aber ich hätte es verdient. Zurückgezogen in meine eigene Realität war mein

Auftreten für andere ein Ärgernis. „Habe nun, ach! Philosophie / Juristerei und Medizin / und leider auch Theologie / durchaus studiert, mit heißem Bemühen. / Da steh ich nun …" auswendig herzusagen – wie entsetzlich maniert. Kein echter Kerl sagt „Ach". Das sagen nur Kotzbrocken. Von Rietschels Denkmal vor dem National-Theater in Weimar zu schwärmen, der den kleinwüchsigen Goethe auf Schillers Höhe streckte und Schillers Mangel an Konvention durch eine falsch geknöpfte Weste in Erinnerung hielt – wie öde für 15- und 16-Jährige. Ein richtiger Kerl dieses Alters quatscht Mädchen an und trinkt Bier. „Wer jetzt kein Haus hat, baut sich keines mehr" – furchtbar. Heute verstehe ich jeden, der mich damals großräumig mied.

Die Wucht der selbsterzeugten Ablehnung trieb mich immer tiefer hinein in mich selbst. Ich fühle mich von Feinden umzingelt und verfiel in Schreckensstarre, wenn ich mehr als drei Menschen beisammenstehend fand. Die Vereinzelung wurde durch den ersten Preis bei einem Kultur-Wettbewerb zwischen den Jugenddörfern noch verstärkt. Nach einem Vortrag „Schimmelreiter contra Tom Prox", das war ein damals populärer Western-Held, fiel mir wie zum Hohn eine tellergroße Goethe-Plakette zu. Ich war mitten unter Menschen und nicht weniger allein als auf den Pittkowschen Rüben-Feldern.

6

Vor allem Harry Schrott ist mir von unserer Zehner-Gruppe der Gymnasiasten in Erinnerung geblieben. Er war in allen Fächern ein Einser-Schüler, kannte sich bei Schopenhauer und Nietzsche aus. Sein Sarkasmus richtete sich gegen jedermann, vor allem gegen sich selbst. Ungewöhnlich wie sein Name – Harry hieß damals niemand und Schrott, du meine Güte – war seine Erscheinung. Von ungelenker Figur, mit großen Ohren, schiefem Mund und leichenhaftem Jung-Männer-Bart, wenn nicht entstellt so doch benachteiligt, zog er lärmend die Aufmerksamkeit aller auf sich. In seiner Verletztheit war er der Fokus, in dem wir uns alle spiegelten. Die Kette immer neuer Einfälle riss ihm nie ab, um das elternlose Unbehaustsein zu übertönen.

Wir trampten regelmäßig nach dem Unterricht von Elze nach Limmer, günstige Zugverbindungen gab es nicht. Ich stand oft eine halbe Stunde an der Straße und konnte keinen Fahrer bewegen, mich mitzunehmen. Plötzlich tauchte Harry Schrott auf, winkte in gebückter Haltung den kleinen und mit großartiger Geste den großen Autos – er brauchte nie länger als fünf Minuten, und weg war er. Er sagte lange Gedichte auswendig. Verkündigte am Anfang der Osterferien, nach Troja zu trampen und zum Schulbeginn zurück zu sein. Mit 5 DM fuhr er los und als er pünktlich mit 15 zurück kam, bezweifelte niemand, dass er wirklich Ilios gesehen hatte. Ich bewunderte ihn. Und fürchtete gleichzeitig den Mephisto in ihm. Die Verstörung über seinen Tod hallt bis heute in mir nach. Auf mehr als hundert Metern soll sein Körper verstreut gewesen sein. Er hatte sich auf die Schienen gelegt. Auf die Schienen, die ganz dicht am Schulgebäude vorbeiführten.

Bernd Kaufmann war stets gut gekleidet, was damals nicht viel hieß. Gut gekleidet war, wer die Löcher in seinem Pullover stopfte und keine allzu großen Flecken auf seiner Hose zuließ. Keiner hatte so blank geputzte Schuhe wie er, unser Skatkönig. Stufen zu seinem Thron waren die langen

Wartezeiten an den Bahnhöfen und die für 20 Kilometer erstaunlich zeitfordernden Fahrten. Er war ein sympathischer Souverän: bescheiden im Sieg und großmütig, wenn es mal anders kam. Bernd war der einzige, der ebenfalls bis zum Abitur durchgehalten hat.

Die anderen sieben sprangen ab, ergaben sich den Umständen. Weniger wegen des frühen Aufstehens und der aufwendigen Fahrt zur Schule. Auch nicht wegen des bildungsfeindlichen „Umfelds" von Limmer, wie es Fachleute heute nennen würden. Es lag vor allem an der schwülen Wolke mangelnder Aufrichtigkeit, die über der Schule in Elze lag. Als Internat auch offen für Tagesschüler war ihr ursprünglicher Auftrag eines Auffangbeckens für elternlose Kinder überholt. Die gab es zehn Jahre nach dem Krieg kaum noch. Jetzt spielte das Einkommen, die Spendenbereitschaft der Eltern die Hauptrolle. Klaus Thalmann wurde versetzt – Anni von Berg hatte es vorhergesagt. Er war ein schlechterer Schüler als Karl Walz, der sitzen blieb. Sein Vater besaß aber in Hildesheim ein Bauunternehmen und war spendabel. Von Harry Schrott war finanzielle Unterstützung nicht zu erwarten. Seine oft befremdende Art, Hilfe zu erflehen, wurde ausschließlich als das geahndet, was sie ebenfalls war: Regelverstoß und Unbotmäßigkeit. Dieser selektierende Geschäftssinn taktierte eingekuschelt in eine kalte Frömmigkeit. Das Morgengebet war Knute, nicht Inbrunst. Bibeltexte dienten Direktor Freytag, einem freundlichen Herren, zur Rechtfertigung, nicht zur Verkündigung.

*

Herr Dr. Schwender war Lehrer für Latein und Deutsch. Von seinen Lateinstunden habe ich nicht viel gehabt, meine Kenntnisse waren zu gering. Seinen Deutschunterricht habe ich geliebt. Die Art, wie er Heinrich von Kleist, seiner Zeit 100 Jahre voraus, mit Fürst Pückler verwandt machte, lockte mich. Es regte mich an, wie er die Konzentration von der Vielzahl griechischer Götter deutete, jeder versehen mit eigener Zuständigkeit, hin zu einem all-zuständigen Gottvater, der nicht mehr auf dem jedem bekannten Olymp, sondern in den endlosen Weiten des Himmels wohnte. Ich fühlte mich angesprochen, wenn er empfahl, das Höchste, das Reinste, die in Hingabe gespiegelte Selbstlosigkeit als Fahne zu ergreifen, unter der das eigene Leben gestaltet werden kann. Dr. Schwender redete packend. Er behauptete diese Ideale nicht plump als die seines Lebens, ließ aber durchblicken, sie seien Kompass für jeden klugen Menschen.

Nach dem Unterricht sah es anders aus. Das Gerücht, er verleugne einen außerhalb seiner Ehe gezeugten Sohn, hat mich nie in meiner anhänglichen Liebe zu diesem großen Lehrer gestört. Viel zu spät bemerkte ich aber seinen unausgewogenen Hass gegen Adlige, den Anni von Berg, Otto von Mitzlaff und ich als Peitschenstriemen zu spüren bekamen. Anni hat er aus der Schule geworfen, weil sie während einer Arbeit gespickt hat. Ich hatte die vier Jahre Lateinunterricht, die ich in Weimar nicht hatte, nie recht ausgeglichen. Das hätte er mit der Note 5 ahnden können. Aber er gab mir in der 11. und 12. Klasse die 6, damit ich sitzen bleiben musste.

Minderjährige brauchten einen Vormund. Mein Vormund hieß Ruth Quaet-Faslem, war eine Jugendfreundin von Nunni und lebte mit ihrem Mann und den Kindern Wibke, Hasko und Peter in Hannover. Bei einer anderen Freundin Nunnis aus Vorkriegsjahren, Gisela von Wehren, feierte ich in den ersten Jahren nach der Flucht Weihnachten. Alle nannten sie Tante Pünktchen, verheiratet mit Onkel Punkt. Ich liebte diese energische wie herzensgute Frau. Ihr „So, jetzt erzähl mal" und ein gemeinsames Zigarettchen im Salon nach der Ankunft war regelmäßiger Auftakt zu Tagen in familiärer Geborgenheit in Hamburg. Das schmale Budget – Bargeldlosigkeit gab es damals noch nicht – pflegte sie am Monatsanfang in Tüten aufzuteilen mit Aufschriften wie „Miete", „Essen und Trinken", „Reisen", „Ausbildung der Kinder". Ruhm erlangte und oft zitiert haben wir die Aufschrift der Tüte, die nie voll und stets zuerst leer war: „Spaß und Kleinigkeiten".

Wehrens hatten das Gebiet der späteren DDR 1949 verlassen. Auf der Suche nach einer Schule für die 14-jährige Erika, das älteste der vier Kinder, holte sich Tante Pünktchen in der Jeilwig-Schule die Abfuhr: „Russenkinder nehmen wir nicht!" An dem Vorhang, der später der „Eiserne" wurde, haben die Menschen schon früh auch im Westen genäht und gebastelt.

In den zweiten Weihnachtsferien lernte ich Tatjana kennen. Kennen? Ich verliebte mich auf die zarte, gedankenreiche Weise in sie, wie das nur sehr junge Menschen können. Ich habe nie herausgefunden, ob meine Liebe erwidert wurde. Doch das war fast egal. Sinnsuche, Zukunftserwartung und die Bereitschaft, sich an eine große Sache hinzugeben, hatten ein Ziel gefunden. Ein kleines Passfoto von Tatjana war mein Altar im untersten Stockbett in Elze. Jeder Gedanke gehörte ihr. Das Braun ihrer Augen nicht nur zu erinnern, sondern vor sich zu sehen, war das Ziel intensivster Konzentration vor dem Einschlafen. Leichter war es, den Fluss ihrer Körperbewegung in Einklang mit dem eigenen Herzschlag zu bringen. Der Glanz ihrer Haare verschmolz spielend mit dem Licht der Vorfreude, sie bald wiederzusehen. Weihnachten, Weihnachten. Wenn das Jahr nur rascher vergehen würde. Trafen sich unsere Blicke gerade in dem Stern, der unruhig am Sommerhimmel stand? Aber gewiss in den tief hängenden Dezemberwolken, wenn der Zug endlich die Stadt, Tatjanas Stadt, erreicht hatte. Hamburg, das Tatjana vor allen Städten der Welt auszeichnete, weil sie dort das Göttliche ihrer Person irdisch machte.

8

Nach zwei Jahren in Limmer war ich in das Internat eingegliedert. Auf dem Fußmarsch zur frühmorgendlichen Bahnfahrt zur Schule hatte mich in regenschwarzer Dunkelheit ein Motorrad angefahren und weit ins Feld geschleudert. Mit Schädelbasisbruch lag ich dort viele Stunden unbemerkt, bis jemand nach dem Abtransport des Motorradfahrers auf den Gedanken kam, da müsste doch noch jemand am Unfall beteiligt sein. Ein Suchtrupp fand mich weit ab von der Straße. Drei Tage später kam ich im Krankenhaus wieder zu Bewusstsein. Der Arzt meinte, meinem ramponierten Kopf würden Märsche durch Kälte und Unwetter übel bekommen. Und so wurde ich Schüler im Internat der Christophorus-Schule in Elze.

9

Junge Menschen gehen großzügig mit dem Wort Freund um. Das liegt an der Weite junger Herzen. An der Schwierigkeit, die Geborgenheit in der Aura eines anderen von der Freude zu unterscheiden, mit Bekannten zu trinken, zu lachen oder zu reisen. Keine Maske zu brauchen und keiner Maske zu begegnen, macht einen Großteil der Freundschaft aus. Der Freund meiner Internatszeit in Elze hieß Dirk Vetter.

Er war Sportler, sportlich denkend und sportlich in seinem Handeln. Nicht sehr groß von Wuchs, nicht so sehnig wie Otto von Mitzlaff, der die Schule bei auswärtigen Wettkämpfen noch ehrenvoller vertrat. Fröhlich, mit leicht abstehenden Ohren, die ihm etwas Kindliches gaben und nervösen Fingern war er stets auf dem Sprung. Sein Vater, Geschäftsmann in Hannovers Nobelviertel Kleefeld, pflegte seine Briefe auf der Schreibmaschine zu tippen. Er schrieb mit zwei Fingern und das in einem Tempo, bei dem nicht mehr ein tip-tip der einzelnen Anschläge zur hören war, sondern ein durchgehendes Schnurren wie bei einer Katze vor dem Herd. Weltmeister im Schnelltippen, sagte Dirk, arbeiten nicht mit zehn, sondern immer mit zwei Fingern. Von Dirk lernte ich den 1000 Meter-Lauf.

*

„Hast Du die richtigen Schuhe an?"

„Ja, ja." Richtige Schuhe, richtige Schuhe. Ich habe nur ein
Paar und die werden schon richtig sein. Es kommt nicht auf
die Schuhe an, auf Ausdauer und Kraft kommt es an. Wir laufen langsam die Schulstraße mit ihren Obstbäumen zu beiden Seiten bis zur Bundesstraße hinauf. Durchatmen. Dann
geht es los. Dirk bestimmt das Tempo. Er läuft leicht und
locker. Nach 100 Metern geht mir der Atem wild, die Schritte
werden schwer. Das habe ich schon begriffen: den Atem unter Kontrolle kriegen, dem Rhythmus der Schritte anpassen.
Nach dem ersten Ansturm lockern sich die Muskeln, es geht
leichter. Jetzt passt der Atem zu den Schritten. Dirk dreht
sich um, winkt mir. Ich soll Tempo zulegen. Vom Radfahren
kenne ich die kaum bemerkbaren Steigungen und Senken
der Straße. Jetzt sind sie doppelt zu spüren. Ich muss schneller atmen, tiefer, neue Harmonie mit den Schritten finden.
Es ist, als ob ich in Sirup laufe. Immer schwerer sind die Füße
vom Boden zu lösen. Nichts von der Leichtigkeit, mit der
Dirk läuft. Aufgeben? Kommt nicht in Frage! Überholende
Autos stören die Konzentration. Bis zu dem Pfahl da vorne
will ich auf jeden Fall durchhalten. Endlich ist er erreicht. Da
vorne ist ein neuer, den schaffe ich auch noch. Dirk erhöht
das Tempo. Ich versuche mitzuhalten. Der Fahrtwind wird
kaum spürbar stärker. Durchhalten, vor allem durchhalten.
Keinesfalls schlapp machen.

Dirk erzählte fröhlich, er lachte viel. Sein Gegenwartsmut setzte mir Ziele. Ich schaute immer auf morgen. Welche Gefahr lauert wo? Wie kann ich ihr heute schon begegnen? Dirk lebte ganz in der Gegenwart. Ich hatte auch gesehen, wie Mister Rickets in der Nase gebohrt hat. Das passiert eben. Dirk beschrieb die gschamige Drehbewegung nach hinten, mit der unser Englischlehrer die Entgleisung vertuschen wollte. Wir lachten beide. Ich war glücklich, einen so wunderbaren Freund zu haben.

*

In den großen Ferien darf ich acht Tage mit Familie Vetter an die See fahren. Sankt Peter Ording, Nordsee. Dirk hat eine kleine Schwester, Melanie. Sie ist zart und geht sehr geschickt mit dem Hulahupp-Reifen um. Seine Mutter, blond, ist stabil gebaut; Typ nordische Germanin. Das Zarte der beiden Kinder kommt vom Vater, der so schnell auf der Schreibmaschine tippen kann. Von ihm hat Dirk auch die dunklen Haare, die hellen Augen.

Die Wolken hängen dunkel und tief. Der scharfe Wind hat den Strand fast menschenleer gefegt. Das Wasser ist aufgewühlt und schwarz. Das Weiß der Schaumkronen ist kein wirkliches Weiß, ist helles Schwarz. Dirk und ich schlendern gelangweilt durch die im Sand auslaufenden Wellen. Wassermassen strömen zurück ins Meer, krachend werden neue Wellen an Land geschleudert. Es ist eigentlich zu kalt für Badehosen.

„Da hinten ertrinkt eine Frau!", der ausgestreckte Arm einer Greisin zeigt auf das offene Meer. „Zwei Männer haben schon versucht, sie zu retten."

Weit ab sehe ich einen Kopf mit den Wellen auf- und absteigen wie ein Korken. Dirk und ich schauen uns kurz an, schon sind wir im Wasser. Es ist schwierig, einen Menschenkopf im tosenden Meer im Blick zu halten. Die Wellen wollen uns zurücktreiben an den Strand. Wir tauchen durch die Wassermassen. Der Kopf will nicht näher kommen. Wir keuchen, als wir die Frau endlich erreichen. Was haben die damals im Rettungsschwimmer-Kurs gesagt? Von hinten heran. Ertrinkende klammern sich an den Retter und beide ertrinken. Diese Frau klammert heute niemanden mehr. Dirk packt die rechte, ich die linke Schulter. Wir schwimmen auf dem Rücken. Bei jeder Welle stemmen wir sie hoch, sie soll atmen können. Dabei sinken wir ein ins Wasser. Bald schaffen wir es nicht mehr, sie über den Kamm der nächsten Welle zu heben. Müssen wir denn die ganze Nordsee durchqueren? Wann sind wir am Strand? Endlich fester Boden unter den Füßen.

Wir schleppen die Frau an Land. Ich nehme das Oberteil ihres Bikinis ab – wie war das noch mit der Wiederbelebung? Den Brustkorb drücken, aber wo? Die Frau auf den Bauch legen – aber atmen im Sand? Endlich: ein Arzt kommt. Neugierige bilden einen Kreis. Wir wissen die Frau in guten Händen und gehen. Zwei Tage später: die Sonne scheint. Dirk und ich haben eine Sandburg gebaut. Eine massige Gestalt beugt sich über den Sandwall, pickeliges Gesicht, die Zähne stehen auseinander. Breites Sächsisch: „Scheen Dank och, das se mer das Lem gereddet ham." Weg ist sie. Wegen so einer solche Mühen? Nicht mal hübsch. Wir lachen. Ich bin glücklich.

Meine Pflegeeltern trugen einen Namen, der ihre Herkunft aus Holland preisgab. Jürgen Quaet Faslem war im Krieg U-Boot Kommandant und hatte jetzt nicht mehr viel zu sagen. Seine freundlichen blauen Augen signalisierten Einverständnis mit fast allem, was seine Ruth sagte oder unternahm. Ruth war geladen mit der Energie von Frauen gedrängten Wuchses. Es gab nur wenige Augenblicke, in denen ihre dunklen Augen nicht blitzten. Das Zentrum ihres runden Gesichts war ein stark geschminkter Mund, der das „O" des Erstaunens und der Missbilligung noch deutlicher zum Ausdruck brachte, als ihre Worte. Auch denen fehlte selten das Eindeutige.

Das kleine Haus in Hannover-Döhren war die Burg der Quaet Faslems. Als Fremder durfte ich sie betreten, Tante Ruth gewährte Aufenthalt. Das passierte ein oder zweimal im Monat am Wochenende. Im dritten Jahr dieser Gunst kam ich vor ein verschlossenes Haus, wusste aber, die Familie würde in einigen Stunden nach Hause kommen. Überzeugt, in jedes Haus eindringen zu können, ohne irgendetwas zu zerstören, fand ich auch diesmal eine ungesicherte Stelle und machte es mir mit einem Buch bequem. Strahlend ging ich den endlich Heimgekehrten entgegen. Ruths rundes „O" wurde zur Sichel: „Du Verbrecher!" war der Gruß des Nachmittags.

Volljährig wurde der Mensch damals mit 21 Jahren. Tante Ruth hatte also recht lange die Verfügungsgewalt über ein Bankkonto auf meinen Namen. Es wurde von einer bescheidenen Hinterbliebenenrente gespeist. Der Kontostand und Tante Ruth erlaubten keine großen Sprünge. Aber ich war niemandes Kostgänger. Für ein Fahrrad habe ich sogar den Kampf mit ihr aufgenommen – und gewonnen. Es begann eine Liebesgeschichte vergleichbar der Old Shatterhands mit seinem Pferd Hatatitla (Blitz) oder Winnetous mit Iltschi (Wind). Blitz und Wind war es mir für viele Jahre, bis es mir in Hannover gestohlen wurde.

12

Auch die Reise nach England musste ich Tante Ruth ab-trotzen. Notwendig war sie. 5 Jahre in der DDR verpassten Unterrichts in Englisch waren am besten in England nach-zuholen. Doch das Geld für die Sprachschule fehlte. Ruth: „Es reicht gerade dafür, das Internat zu zahlen." Gut, dann musste ich eben in England Geld verdienen. „Aber Du fin-dest Dich da gar nicht zurecht ohne Sprachkenntnisse."

Ich machte mich am ersten Ferientag 1956 mit einem Sprachvolumen auf den Weg, in dem die Worte „Yes", „No" und „I want to work" etwa 10 Prozent ausmachten. In den ersten Tagen lag London für mich rund um die Uhr in Nacht. Die Sterne dieser Dauernacht waren U-Bahnhöfe und hießen Sloane Square, Bond Street, Green Park, Bayswater, Notting Hill Gate. Drei Tage bewegte ich mich unter diesem Himmel, mit der Circle-Line, der District-Line, der Central-Line von einer Hoffnung zur anderen. Hier ein Buchladen, dort die Reparaturwerkstatt, ein Lebensmittelladen. Die Menschen waren freundlich, gaben mir Tipps, brauchten aber keinen Knaben, der nicht einmal die Landessprache beherrschte. Dabei hatte ich mindestens 60 Worte dazugelernt.

Endlich: Der Victory Ex-Services Club am Marble Arch brauchte einen Tellerwäscher. Ich stand am Beginn eines Erlebnisses, das sich mir als die steilste Karriere meines Lebens eingeprägt hat. Der Aufstieg vom Tellerwäscher zum Headwaiter in vier Wochen. Erster Tag, Teller waschen. Entsetzliche Monotonie. Tellerwäscher waren Tellerabtrockner. Das Waschen erledigte schon damals eine Maschine, deutsches Fabrikat, wie ich mit einigem Stolz feststellte. Teller vorne reiben, Teller hinten reiben, abstellen. Neuen Teller nehmen, vorne reiben, hinten reiben, abstellen. Nächsten Teller nehmen, vorne reiben, hinten reiben. Am Abend wankte ich ausgelaugt in meine Bleibe. Lieber das Beschimpfen falsch bedienter Gäste ertragen, als einen weiteren Tag diesen Stumpfsinns. Am nächsten Morgen nahm ich das Angebot an, als Hilfskellner zu arbeiten.

*

Hoffentlich ist sie heute wieder da. Sandra aus Kanada. Sie ist mit ihrer Mutter hier, hat sie mir gesagt. Ich spreche nicht mit meinen Gästen. Schon gar nichts Privates. Ich nehme Bestellungen entgegen. Manche Gäste sprechen mich an. Einen Smalltalk kann ich schon machen. Sandra musste ich ansprechen. Ihre Schönheit hat mich überwältigt. Ihr Lächeln, meine Güte, was kann ich noch tun, dieses Lächeln auf ihr Gesicht zu zaubern. Ich habe nicht die passenden Worte gefunden, um sie zu fragen, wie sie mit ihrer kanadischen Mutter in den Victory Ex-Services Club kommt. Das sechsstöckige Hotel mit seinem Restaurant im Basement ist für die Offiziere der englischen Armee reserviert, die nach dem Krieg entlassen wurden und hier preiswert absteigen können. War ihr Vater Engländer? Selbst wenn mir die Frage gelungen wäre, die Antwort hätte ich nicht verstanden. Also habe ich es gelassen.

Ich habe heute Nacht von ihr geträumt. Das werde ich ihr nicht sagen. Ich bin traurig und froh zugleich: Sandra hat vorgestern mein Angebot abgelehnt – sie lächelte so hinreißend – ihr die Stadt zu zeigen. Was hätte ich ihr zeigen können? Ich lebe seit drei Wochen in London, kenne nichts von der Stadt als die Underground-Verbindungen von der Jugendherberge zum Marbel Arch. Vorgestern war die Angst, mich zu blamieren kleiner als das Verlangen, ein paar Schritte neben ihr zu gehen. Gestern war ein schrecklicher Tag: Sandra ist nicht gekommen. Sie kommt immer unregelmäßig. Selten mit ihrer Mutter. Wenn sie alleine kommt, kommt sie bestimmt meinetwegen. Oder wenigstens auch meinetwegen. Jetzt nach ihr Ausschau zu halten, ist albern. Zum Frühstück war sie noch nie hier.

Heute ist Bob der Neue. Der Club ist schlecht gemanagt. Das Personal im Restaurant wechselt wie die Besucher einer Badeanstalt. Mit meinen drei Wochen bin ich schon der Dienstälteste, habe Bob einzuweisen in seine Arbeit. Er soll die vier Tische rechts vom Eingang übernehmen. Der Gast hat immer recht. Das muss Bob wissen. Das Auflegen muss er lernen, diesen Griff, ein Stück Fleisch oder eine Kartoffel zwischen Löffel und Gabel gehalten vor dem Gast von der Platte auf seinen Teller zu bugsieren. Elegant und rasch muss das gehen. Den Löffel auf dem gekrümmten Mittelfinger, den Daumen auf der Gabel und den Zeigefinger dazwischen wie selbstverständlich bewegen, setzt viel mehr Geschick voraus, als ich selbst auf Anhieb hatte. An dem Tag, als Sandra erstmals das Restaurant betrat, war es schief gegangen. Das Steak landete auf dem Schoß eines Luitnants aus Sussex. Kein Trinkgeld.

Richtig, auch das muss ich Bob sagen. Aber wahrscheinlich weiß er das als Engländer – oder ist er Chinese? Das Trinkgeld wird nicht in die Hand gedrückt. Es liegt unter dem Teller. Das dringliche Bitten des Gastes beim Kellner, endlich sein Essen bezahlen zu dürfen, gibt es hier nicht. Der Kellner schreibt eine Rechnung, bezahlt wird an der Kasse am Ausgang. Sehr sympathisch; der unangenehmste Part des Kellnerjobs, das Abräumen des schmutzigen Geschirrs, wird wie zu Ostern zum fröhlichen Eiersuchen. Was ich Bob nicht sagen werde, ich habe meinen Frieden mit dem Trinkgeld gemacht. Am Anfang hatte ich Bedenken. Schickt sich das, Trinkgeld anzunehmen? Kurzer Kampf. Das Trinkgeld hat ihn gewonnen. Ich nehm's.

Bob zeigt sich wenig interessiert an meinen Hinweisen. Ob er morgen wieder kommen wird? Beim Abräumen packt er gut zu. Frühstück hängt von den Schlafgewohnheiten ab. Für viele ist 9 Uhr gut, für andere 11 Uhr. Fest steht, mittags muss das Lokal tip-top aussehen. Bob kriegt schnell mit, wo die Teller, die Gläser, Messer und Gabeln sind, wie er sie auflegen muss. Die ersten Mittagsgäste kommen. Sandra wird nicht dabei sein. Wenn sie kommt, kommt sie spät. Ich habe sechs Tische hinten im Raum. Wer den Tisch hat, hat das Trinkgeld.

Ich mag es nicht, in Gespräche verwickelt zu werden. „Where do you come from?" Vor allem nicht, wenn alle Tische besetzt sind. Da heißt es rennen, die Augen überall haben. Jetzt muss ich erst mal einen Schock überwinden. Diese Engländer. In der Küche ist mir eben eine Portion Eis mit Schlagsahne auf den Boden gefallen. Weil ich abgelenkt war, von einer unglaublichen Beobachtung abgelenkt war. Rauchende Frauen, das gibt es zu Hause kaum. Frauen mit einer Zigarette auf der Straße – never seen. Hier raucht sogar die Köchin bei der Arbeit. Zigarette locker im rechten Mundwinkel. Rührt die Suppe in einem großen Topf. Der Quirl macht weite Runden. Die Asche an der Zigarette wird immer länger. Und dann, sie fällt mitten hinein in den Topf. Für kurze Zeit macht der Quirl knappe Runden da, wo die Asche in die Suppe eingetaucht ist. Dann nimmt er den vorigen Takt wieder auf. Rums, ich laufe gegen eine Tür, die offen geblieben war, das Eis liegt am Boden. „I will pay the ice cream", ist das erste, was mir einfällt, als der Koch kommt. Er winkt begütigend ab, befördert das Eis mit einem Löffel zurück in die Schale, schlägt eine Portion Sahne drauf und winkt mir, es zum Gast zu bringen.

Mit diesem netten Herren muss ich sprechen. Auf das „Where do you come from?" bin ich vorbereitet. Der Manager hat mir schon bei der Einstellung gesagt, ich soll auf diese Frage nicht mit „Germany" antworten. Die meisten Gäste haben als Offiziere gegen Deutschland gekämpft, der eine oder andere könnte verärgert sein, von einem deutschen Kellner bedient zu werden. Ich habe schon oft Bern als meine Heimat angegeben. Ich weiß von Bern nichts, nur das eine: dort wird deutsch gesprochen. Bisher hat das immer geklappt. Meine Gesprächspartner schätzten Genf, Zürich oder Luzern. Mein Bern ist ein sicherer Hafen und guter Grund, französische Sprachangebote meiner Partner abzulehnen. Dieser Herr, Vizeadmiral aus Plymouth, kennt Bern. Kennt es nicht nur, sondern liebt die Stadt, in der seine Ehefrau aufgewachsen ist. Wir führen ein Gespräch in außerordentlicher Harmonie. Ich bevorzuge die gleichen Straßen und Plätze, kenne und schwärme für die gleichen Lokale wie er und finde die Berner Küche hervorragend, genau wie er.

Da kommt sie, sie kommt, sie kommt, sie ist da. Sie setzt sich an einen meiner Tische. Das ist ein gutes Zeichen.

Sandra ist heute noch schöner als sonst. Ihr Gang. Mir bleibt das Herz stehen. Wie das Haar wippt. Ich höre nicht mehr, was der Vizeadmiral sagt. Der Rock – nur ein bisschen übers Knie, so wie ich es liebe. Nein, nicht sofort hinrennen, das ist aufdringlich. Soll ich noch einmal die Stadtführung anbieten? Und was, wenn sie heute ja sagt? Heute ist alles möglich. Ich spüre es. Wahrscheinlich scheint draußen die Sonne. Wenn es regnet, merke ich das in unserem Basement-Lokal an den nassen Mänteln der Besucher. Ich kann nicht länger warten. Noch ein „okay, wonderful" zum Vizeadmiral und dann zu ihr. Ganz locker, nur keine Hast. Ich erzähle ihr, wie Big Ben in der untergehenden Sonne aussieht – atemberaubend. Habe ich gestern auf einer Postkarte gesehen. Mehr Touristen denn je sind in der Stadt, erfinde ich. Sandra sagt, sie fährt heute mit ihrer Mutter nach Wales. Kein Lächeln, sie ist ganz geschäftsmäßig. Sagt „Good by", gibt mir sogar die Hand. Beim Abräumen finde ich ein großes Trinkgeld unter dem Teller. Wie entsetzlich. Mein Herz ist müde. Ein Trinkgeld für meine Liebe. Wie soll ich diesen Tag zu Ende bringen?

13

Peter, der Jüngste, hatte keine Lust. Also durfte ich nach Steinhude mitkommen. Die Quast Faslems waren Mitglieder im Schaumburg-Lippischen Segelclub. Onkel Jürgen fuhr, das ließ er sich nicht nehmen. Ich saß im Auto zwischen Wibke und Hasko. Wibke schaute schweigend zum Fenster hinaus. Sie schwieg oft. Hasko redete auf mich ein. Er redete viel. Seine engen, blonden Locken tanzten um sein rundes Gesicht mit der leicht geröteten Haut. Die Hände sprachen mit.

„Die Wende geht gegen den Wind. Halsen, also wenden mit dem Wind, ist gefährlich. Unsere H-Jolle hat 15 Quadratmeter Segelfläche. Wenn der Wind da richtig reinhaut, kann man schnell kentern."

Da war schon der kleine Parkplatz, eingefasst von gepflegten Hecken. Linker Hand der große Schuppen, in dem die Boote überwinterten. Links auch das Clubhaus, dessen große Fenster dicht am Wasser stehen, das sich wie eine Zunge bis zu dem Kran herausstreckte, der die Boote am Ende der Saison ins Trockene hievte. Jetzt lagen sie wie die dazugehörigen Zähne an ihren Stegen. Ein scheuer Wind trug das Glucksen, das Spiel der müden Wellen mit ihnen herüber. Als Hasko unser Boot los machte, war der Wind fast eingeschlafen. Die Sonne tat den Augen weh, noch nach einer halben Stunde Fahrt war der Kran mit bloßem Auge zu sehen. Hasko wollte Ingenieur werden. Wollte bauen, erfinden. Seine Locken tanzten. Die Segel hingen schlaff am Mast. Ich drückte den Baum ganz nach außen. Ein bisschen Wind geht immer. Was wollte ich eigentlich werden? Erst einmal durchhalten. Mit Hasko war sogar ein Törn ohne Wind in Ordnung.

*

Kaffee und Kuchen gibt es auf dem Rasen vor dem Clubhaus. Die runden Tische sind mit blau-weißen Decken und kleinen Blumensträußen geschmückt. Onkel Jürgen hat rote Flecken vom Mittagsschlaf auf der rechten Wange. Tante Ruth erzählt, was sie von Frau Dölzer über die Tochter von

Frau Glabke gehört hat. Fürst Philipp-Ernst von Schaumburg-Lippe kommt aus dem Clubhaus und geht zum Parkplatz. Onkel Jürgen und Tante Ruth erheben sich. Sie setzen sich erst, als der Fürst nicht mehr zu sehen ist. Ich erinnere mich, im Hause Quaet Faslem roch es gestern nach Kohl. Am Sonntag fahren wir zurück. Die Quaet Faslems sind liebe Menschen.

14

Nunni habe ich zwei Jahre nach der Flucht zum ersten Mal wieder gesehen. Die Trauer hatte uns ermutigt. Wir hatten es gewagt. Großvater Gustav war gestorben, ich sollte zum Begräbnis nach Weimar kommen. War es eine Falle? Oder warum bekam ich die Aufenthaltsgenehmigung innerhalb weniger Tage? Respekt vor der Trauer? Aus anderen Gründen? Ohne Aufenthaltsgenehmigung keine Einreise in die DDR. Ich hatte sie pünktlich in Händen.

*

Die Luft im Zug ist stickig. Bei geschlossenem Fenster stöhnen alle. „Es zieht", ruft immer einer, wenn es herunter gezogen wird. Die Frau an meiner Rechten trägt schwarz. Sie zupft an ihrem Schal. Zwei Männer gegenüber unterhalten sich, vorbei an einer Dame in Stiefeln, die zwischen ihnen sitzt. Die redet auf ein Mädel ein, meine Nachbarin zur Linken. Wir wissen alle längst voneinander, woher wir kommen, was uns in die DDR treibt.

Die Dame in Schwarz: „Mein Vater ist aus dem Zug gerissen worden, weil er sein Westgeld nicht richtig angegeben hatte. Einer Freundin wurde die Einreise verweigert, sie musste umkehren. Sie hatte zu viel Kaffee für Freunde in Freyenstein im Gepäck. Der Kaffee wurde ihr abgenommen. Dem Vater das Geld."

Einer der beiden Männer: „Auf der Transitstrecke von Helmstedt nach Westberlin, ich war plötzlich bleimüde. Was macht man da? Ab auf den nächsten Parkplatz. Ein 10-Minuten-Schläfchen habe ich gemacht. Sie haben mich erwischt, die Mistkerle. 500 DM Strafe um fahrtüchtig zu bleiben. Herrje!"

„Mein Bruder hat dieselbe Transitstrecke verlassen, um einen Freund im nahen Magdeburg zu besuchen. An der Grenze musste er die Sitze seines Autos ausbauen. Sie suchten nach Flüchtlingen. Der Freund verlor seine Arbeit im Guericke-Institut."

Der andere Mann: „Die Züge werden beim Verlassen der DDR genauestens nach Flüchtlingen untersucht. In den Wagons nehmen sie alle Wandverkleidungen ab. Auch zwischen den Rädern suchen sie nach Menschen." Die Luft wird von den Erzählungen schwer und schwerer. Die Anspannung steigt, Nervosität.

Der Zug fährt in Bebra ein, die letzte Station vor der Grenze. Plötzlich redet niemand mehr. Die Stille mischt sich mit der stickigen Luft. Als ob ein Wort das Gemisch entzünden könnte. Jeder konzentriert sich auf sich selbst. Wir sehen die DDR-Grenzer in den Zug einsteigen. Die „Grenzformalitäten" werden während der Fahrt erledigt. „Unser" Mann ist gut gewachsen, hat ein sympathisches Gesicht, schlanke, fast edle Hände. Klirrend reißt er die Tür des Abteils auf. Er ist darauf trainiert, abweisend und herrisch aufzutreten. Ist ihm das selbst peinlich? Alle müssen ihre Koffer öffnen. Nur die Frau in Schwarz nicht. Ich schaue zum Fenster heraus, um nicht in fremde Wäsche sehen zu müssen. Die Stille wird zur Doppelstille. Es klingt wie ein Schuss, wenn der Grenzer auf der vor seinem Bauch hängenden Platte Zettel abstempelt. Zettel, die gerade mit zitternden Fingern aus Brieftaschen geholt wurden. Jetzt schaut er in eine Liste. Ist für einen von uns die Reise zu Ende? Einer der Männer hat die *FAZ* im Koffer. Er soll sich bereit halten, den Zug in Gerstungen zu verlassen. Eisiges: „Gepäck bitte mitnehmen." Die Frau beginnt zu weinen, das Mädchen neben mir schluchzt laut. Ich habe meinen Koffer wieder ins Netz gelegt. Der Mann lächelt verlegen als er in Gerstungen aussteigt. Er geht grußlos. Der Zug fährt weiter Richtung Eisenach. Auf einem Feld wird das erste Korn gemäht.

Zu Hause war wie früher. Nunni nahm mich in die Arme. Erstaunlich, wie wenig sich verändert hatte. Und doch war alles fremd. Die tanzenden Bilder der Kindheit waren grau geworden. Meine Aufenthaltsgenehmigung galt nur für zwei Tage. In der Carl-von-Ossietzky-Straße konnte ich die An- und Abmeldung in einem erledigen. Ich war fast ein bisschen gekränkt, weil mich niemand als Spion anwerben wollte. Es sollte noch drei Jahre dauern, bis ich das einzige Mal an der innerdeutschen Grenze aus dem Zug geholt und gründlichst durchsucht wurde. Nicht von DDR-Grenzern, sondern von BRD-Grenzern. Sie waren gründlich in der Sache und freundlich im Auftritt.

15

Ein Päckchen? Es war nicht Weihnachten. Ich hatte nicht
Geburtstag. Und trotzdem eine Päckchen. Wie aufregend.
Ein kleines Päckchen schlug die Brücke zu der großen Tro-
tha-Familie. Es kam von Gebhard, Gebhard Trotha aus
Braunschweig. Ich kannte weder ihn noch einen anderen
Träger dieses Namens. Ich habe nie über sie nachgedacht,
sie spielten keine Rolle in meinem Leben. Nunni kannte sie
nicht, also kannte ich sie auch nicht. Verwandte nicht zu
kennen oder nicht zu wissen, wo sie lebten, hörte Ende der
50er Jahre auf, an der Tagesordnung zu sein.

Vorbei war die Zeit der Suchmeldungen im Radio, die so
selbstverständlich waren wie heute die Staumeldungen von
der Autobahn. Aber zehn Mal so lang. Wie heute nach einer
entlaufenen Katze gefahndet wird, hingen hunderte und tausende handgeschriebener Zettel an den Bäumen, Zäunen,
Straßenlaternen. „Hat jemand meinen Mann gesehen: Karl
Marlow, Jahrgang 1928, braune Augen, 179 groß, letzter Gruß
aus Russland." Oder „Suche meine Eltern, Franz und Gisela
Schmidt, zuletzt wohnhaft in Köln, Parkstraße 14." Deutschland musste sich nach der Zertrümmerung aller Werte wieder
finden. Zuerst aber mussten sich die Deutschen wiederfinden.
Wiederfinden, nachdem sie aus ihren Häusern gebombt und
ihrer Heimat geflohen waren. Das war weitgehend geschehen.

Nunni hatte gar nicht die Gelegenheit gehabt, nach ihrer
Hochzeit in die weit verzweigte Familie ihres Mannes hinein
zu wachsen. Dazu war in den beiden Jahren vor Kriegsbe-
ginn keine Zeit. Und im Krieg erst recht nicht. Das Paket von
Gebhard überbrückte den Zeitraum von zwei Jahrzehnten.
Klein war es für diese große Aufgabe, klein aber gehaltvoll.

Es enthielt 1 Kilogramm Dextro Energen, hunderte Täfelchen Traubenzucker, in Packungen zu acht handlich verpackt. Sportlerspeise, Muntermacher, hoch willkommen. Meine Adresse hatte er von der Redaktion einer Zeitung bekommen. Die Zeitung, die im Fünf-Zeiler einer Sommerlochmeldung über Dirks und meine Rettungsaktion in St. Peter-Ording berichtet hatte.

Gebhard klärte später im Auftrag des Familienverbandes die Schuldfrage. Hat er oder hat er nicht? Hat Thilo von Trotha, von 1466 bis 1514 Bischof von Merseburg, in Liedern seiner Zeit als ein „gar jähzornig Herr" besungen, seinen Kammerdiener Johannes schuldhaft umgebracht oder nicht. Eines Tages war der Bischofsring verschwunden, hoher Wert, Gold, Lapislazuli. Schlimmer, wohin sollten die Gläubigen zum Gruße küssen? Der Ring musste wieder her, blieb aber verschwunden. Es half Johannes nicht, seine Unschuld flehend zu beteuern. Er wurde geköpft. Morgens vor Sonnenaufgang geköpft, so stellte ich es mir vor. Über dieses Detail gibt es keine sichere Erkenntnis. Auch nicht, wie der Bischof erschrocken zusammensank, als Jahre später der Ring bei Dachreparaturen in einem Rabennest gefunden wurde. Sicher ist, es hat ihn zutiefst getroffen.

Zur Sühne eigener Schuld und als Mahnung für die Nachwelt vor übereiltem Urteil ließ er einen stattlichen, zimmergroßen Käfig bauen. Und verfügte, es soll bis ans Ende aller Zeit ein lebender Rabe darin gehalten werden. So geschah es. Noch heute steht er groß und prominent vor dem Merseburger Dom, beliebtes Fotoobjekt für Touristen. Und es leben Raben darin. Nicht einer, wie der Bischof wollte, sondern zwei, wie der Tierschutz empfiehlt.

Von Gebhards Recherchen hatte die Braunschweiger Zeitung erfahren. Ihr Bericht erschien unter der fettgedruckten

Überschrift „Thilo von Trotha ist unschuldig". Ich führe diesen Artikel ständig bei mir. Im Streitfall lege ich ihn auf den Tisch – wenn es sogar in der Zeitung steht!

Der Bischof hatte einen jüngeren Bruder namens Hans. Er ist bis heute als Hans Trapp in der Pfalz und im Elsaß bekannt. Den Begriff „Raubritter" gab es im angehenden 15. Jahrhundert noch nicht. Trotzdem war er einer. Erst machte er seine Burg Berwartstein uneinnehmbar. Dann legte er sich mit allen an. Zuerst mit dem Kloster Weißenburg, das er nach vorherigem Anstauen des dorthin führenden Flüsschen Wieslauter erst dem Durst auslieferte und dann überschwemmte. Dann per Briefwechsel mit dem Borgia-Papst Alexander VII., der ihn in Bann warf und exkommunizierte.

Der eine Bischof, der andere Raubritter, und beide Brüder. So liebe ich meine Familie. Sie hat in den fast 800 Jahren Lebendigkeit der Welt Menschen verschiedensten Charakters und verschiedenster Gesinnung geschenkt. Auf einige sind wir stolz, Carl-Dietrich war ein Mann des Kreisauer Kreises. Andere bedauern wir, der Bruder meines Vaters, Schriftsteller, war Nazi und enger Mitarbeiter von Rosenberg. Es gab Generäle, Illo und Lothar, der wegen seines harten Vorgehens 1904 gegen die Hereros und Nama in Namibia immer wieder angegriffen wird. Die Admiräle Adolf und Clamor haben die Geschichte des 20. Jahrhunderts mit geschrieben. Klaus hat als Wissenschaftsminister in Baden Württemberg die Hochschulpolitik der Nachkriegszeit entscheidend geprägt. Dischka und Desiree haben als Filmemacher weithin gut klingende Namen. Hans ist ein Schriftsteller im Aufwind.

Zu all dem hat das Päckchen von Gebhard die Brücke geschlagen. Ich bin sie gegangen. Gegangen in die Tradition der Kameradschaft, die Wärme einer ganz normalen Familie.

Das heißt einer großartigen Familie. Die Ferien verbrachte ich in dieser Familie, die Tagseite des Lebens. Die Schulzeit blieb ich in Elze, die Nachtseite des Lebens.

16

Das Nachbeben des Krieges vibrierte aus. Die Völkerwanderung der 12 Millionen Menschen aus Osteuropa in dem zertrümmerten Raum zwischen Oder und Rhein war abgeebbt. Auf der Schlotwiese in Stuttgart standen keine Baracken mehr. Diese fensterlosen Nissenhütten, in denen, verlaust und verwanzt, Hungernde nach endloser Flucht zusammengepfercht lebten. Ausgemergelte Greise, Frauen und Babys, 3 Quadratmeter für jeden. Die Glücklichen, die überlebt hatten. Mehr als 1 Million waren auf der Flucht ums Leben gekommen. Hunderte Orte im ganzen Land waren mit der Verdoppelung ihrer Einwohnerzahl binnen weniger Monate überfordert und doch zurechtgekommen. Das vollkommen Unversöhnliche zwischen katholischen Süddeutschen und protestantischen Flüchtlingen hatte einen großen Teil seiner Gewalt verloren. Gemeinsam machten sie sich daran, die Zerstörungen ihrer Seelen durch das Nazi-Regime und die Zerstörung des Landes durch den Krieg zu heilen. Arbeit an gemeinsamen Zielen verbindet.

Abgeebbt ja, aber ganz überwunden waren die Konflikte noch nicht. Doch das war nicht der alleinige Grund, warum ich ein Jahr vor dem Abitur aus Internat und Schule in Elze flog. Es gab Edith, diese Mitschülerin mit Gesichtszügen, so ebenmäßig, so anziehend, so überwältigend, da fiel der

75

aus den Fugen geratene Körperbau nicht ins Gewicht. Die Vermieterin achtete darauf, um den Fußboden zu schonen, musste Edith ihre Pfennig-Absatz-Schuhe an der Tür ausziehen, wenn sie mich in meiner „Stadtwohnung" besuchte, die vom Internat angemietet war. Ich habe sehr spät erfahren, warum sie oft nach Braunschweig fuhr. Ich fragte nicht danach, wenn sie in meine kleine Stube dicht am Bahnhof von Elze kam. Wenn sie da war, war ich glücklich. Oft war sie nicht da, sondern in Braunschweig. Sie schmissen uns beide zugleich raus. Edith heiratete später den Vater ihres Kindes. Ich weigerte mich zunächst zu gehen.

Nach damaligem Schulrecht war ein Schulwechsel am Ende der 12. Klasse nicht erlaubt. Wohin sollte es gehen? Eine Lehrlingsausbildung hätte ich auch in der DDR haben können. Ich erklärte, so lange zu bleiben, bis die Direktion eine Schule für mich gefunden hätte, an der ich Abitur machen konnte. Das war die Schiller-Schule in Hannover, deren kühle Luft der Sachlichkeit wie das aufgerissene Fenster im Warteraum einer Landarztpraxis wirkte. Jürgen Koar, Reinhard Lohrberg lauter vernünftige Jungen, die sich nicht erst scheu umschauten, bevor sie von den Mädchen erzählten, die sie rumgekriegt hatten. Wo Religion ein Schulfach und kein Minenfeld war. Eine Schule auf flachem Land und nicht in einer Talmulde gelegen. Wo bisher der Mythos und seine Deutung galten, kam es nun auf Tatsachen an und deren Erklärung.

Der Deutschlehrer war Dr. Schweckendieck. Nach zwei Monaten lud er mich für den frühen Abend zu sich nach Hause ein. Ich brauchte nicht ja oder nein zu sagen, könne einfach kommen, wenn es mir recht war. Als er es nochmals sagte, ging ich ein paar Tage später wirklich in diese schlichte Lehrerwohnung mit den Werken der großen Dichter im

Regal und der Büste von Epikur. Seine Frau stellte mir nach einer kurzen Begrüßung belegte Brote auf den Tisch, und ich durfte auf einem nicht mehr frischen Sofa fernsehen. Eine Stunde, zwei Stunden.

Gegen 10 Uhr wurde das Fernsehen ausgeschaltet. Niemand forderte mich auf zu gehen. Oft saß ich ganz alleine, manchmal schauten Herr oder Frau Schweckendieck mit mir in den Apparat. Ob ich noch ein Brot haben wolle? Ich könne wieder kommen, hieß es beim Abschied. Ich kam 10 oder 12 Mal wieder. Stets wurden wenige Worte gewechselt, kaum ein Gespräch geführt. Meine Schulnoten verbesserten sich, die Gespräche mit den Klassenkameraden wurden länger. Ich durfte in der 1000 Meter-Staffel mitlaufen, sogar als Schlussmann. Wir gewannen.

Erst nach dem Studium habe ich die liebevolle Weisheit dieses Lehrers begriffen, der mir im Hagelwetter meiner Verstörungen einen Ruheraum geschaffen hat. Eine Stille, in der ich mich neu zusammensetzen konnte. 15 Jahre später habe ich ihm einen langen Dankesbrief geschrieben, ihm gesagt, wie rettend mir sein wortloses Verständnis, seine Zuwendung durch Zurückhaltung waren. Wie das Wissen darum zuerst im Wirbel von Studium und Berufswahl untergegangen war, mit der Klarheit des Rückblicks immer deutlicher wurde und nun als ein Wendepunkt in meinem Leben deutlich vor meinen Augen stand. Tage später kam ein Brief seiner Frau. Ihr Mann war vor drei Monaten gestorben. Dank, der nicht abgetragen werden kann, verwandelt sich in Hass oder Liebe. Ich verehre Lehrer Schweckendieck noch immer.

Der Rauswurf aus dem Internat hatte mich auch zum Obdachlosen gemacht. Ein Unterschlupf in der Großfamilie schied aus, nur die Schule in Hannover war bereit, mich zu nehmen. Im Gästezimmer Quaet-Faslem konnte ich drei

Tage lang unterkommen. Am vierten Tag zog ich mit meinen beiden Koffern, einem kleinen und einem mittelgroßen, zur Untermiete bei Frau R. in der Geibelstraße ein. Nicht zu teuer, nicht zu laut, nicht allzu klein. Sehr nett. Eine schmale Steintreppe führte in den ersten Stock. Außer meinem Zimmer gab es die beiden für Frau R. und ein kleines für Ulrike R., die eine Ausbildung zur Frisörin in Celle machte. Sie war selten zu Hause, hatte einen Bubi-Schnitt und den verschleierten Blick enttäuschter Mädchen. Frau R. war untersetzt, von ihren Gewichtsproblemen redete sie nicht. Sie sprach kultiviert, wobei sie das hannoversche „St" schroff betonte. Zwischen zwei Bücherregalen stand ein Sofa mit einem Tischchen davor und einem Sessel gegenüber. Eine Stehlampe gab aus gelblich-braunem Schirm gelblich-braunes Licht.

*

Frau R. raucht viel. Ich rauche auch viel. Wie fast jeden Abend seit Monaten sitzen wir im abendlichen Schein dieser Lampe. Frau R. ist Typ Muttchen, kultiviert, freundlich, liebevoll, Bildungsbürgerin. Sie stellt wieder viele Fragen. Die gemeinsamen Abende wurden von Woche zu Woche länger. Heute sitzen wir noch länger, rauchen und reden. Über das Buch, das sie gerade liest. Noch lebhafter redet sie über das Buch, das ich gerade lese: John Steinbecks „Früchte des Zorns". Ob ich zornig bin, will sie wissen. Ich?

„Nein, ich musste doch keine Farm an die Bank abgeben."

„Aber die Joads sind Flüchtlinge – so wie du", sagt sie.

„Sind wir nicht immer Flüchtlinge, vor der Bank, vor uns selbst, vor Neugierigen?" Ich war Flüchtling, das ist vorbei. Ich lese keinen Flüchtlings-Roman. Ich lese ein Buch, dessen Autor realistisch schreibt, Fakten beschreibt.

„Ich kenne das Buch", sagt sie, „nur nicht den Schluss. Er kann nur traurig sein."

„Es ist ein amerikanisches Buch, es wird zuversichtlich enden."

Der Schein der Lampe ist im Zigarettenrauch trüb geworden. Keiner öffnet das Fenster. Ich fühle mich wohl. Niemand verjagt mich. Noch eine Zigarette. Frau R. schenkt Wein nach. Ich erzähle von den neuen Klassenkameraden. Sie sind herrlich normal, leben bei ihren Vätern und Müttern, sprechen vom Tennisverein und Ferienfahrten. Frau R. streichelt mir über den Arm.

Ich denke nicht an die Schule morgen. Was heißt morgen? Ich fühle mich geborgen. Frau R. steht auf. „Komm mit" – sie zeigt auf das andere Zimmer, ihr Schlafzimmer.

Was meint sie? Was soll das? Der Wein, mein Kopf arbeitet langsam. Oh Himmel. Wie komme ich aus dieser Lage heraus, ohne die Frau zu kränken?

„Ihre Tochter, ich habe mich in Ulrike verliebt." Die Idee finde ich gut, das kann helfen. „Sie verstehen meine Zurückhaltung, ihre Tochter."

Am nächsten Morgen kündigt Frau R. mein Zimmer. Noch am selben Tage ziehe ich mit dem kleinen und dem mittelgroßen Koffer aus. Das will sie so.

Corps Borussia und die SPD

1

Das Abitur schaffte ich in einem Alter, in dem flotte Studenten ihr Abschlussexamen machen. Nach einem Praktikum in einem Kinderkrankenhaus in Hannover entschied ich mich für ein Jurastudium und ging nach Bonn. Dort trat ich in das Corps Borussia ein und bald darauf in die SPD.

2

Das Corps war mir zunächst fremd, heute liebe ich es. Für viele Corpsbrüder kannte die Begeisterung für diesen altertümlichen, zugleich modernen Männerclub keine Grenze. Für einige, weil sie die Neigung hatten, sich zu unterwerfen. Dazu musste in Grenzen jeder bereit sein, der im ersten Semester als Fux aktiv wurde. Es hat mich immer verblüfft, viele kamen als frisch gebackene Leutnants direkt von der Bundeswehr in diese Drillmaschine eigener Art. Im Vorstand, dem Konvent, gab es neben den Erstchargierten (x), Zweitchargierten (xx) und Drittchargierten (xxx) eigens einen Fux-Major. Er hatte die Aufgabe, die Neuen, noch nicht in den engen Kreis des Corps aufgenommenen, in das strenge Ritual einzuführen. Das geschah vor allem durch eine straffe Hand, die Außenstehenden als Drill erscheinen konnte, tatsächlich jedoch als Zuneigung und Ausdruck kerniger Männerfreundschaft fast durchgehend akzeptiert war. Mehr spielerisch als ernsthaft wurde den Füxen bedeutet, noch einen langen Weg vor sich zu haben, bevor sie als vollwertig in den engen Kreis des Corps aufgenommen werden konnten. Sie mussten die Burschen bedienen, jeden „Befehl", am liebsten die überflüssigsten und unsinnigsten, ausführen und vor allem Bier trinken lernen. Das heißt, sie mussten lernen, mehr zu trinken, als ihr Körper wollte, und auch dann Haltung zeigen, wenn der Alkoholpegel in ungesunde Höhen geschnellt war.

Vor der Aufnahme ins Corps, bei einer sogenannten Spefuxen-Kneipe, wollte ich mein Gemäß – die Bezeichnungen Glas, Humpen, Maß waren verpönt – nicht zum dritten Mal auffüllen, „scharf" machen, wie das im Jargon hieß. Ich verstand erst später, warum meine Begründung, „Ich habe keinen Durst mehr", mit dröhnendem Gelächter quittiert wurde. Der Fux war die Zukunft des Corps. Deswegen gehörten das Fuxen-Keilen, das Anwerben und das Einkleben, der Akt der Aufnahme ins Corps, zu den heiligen Handlungen. Nie wurde der Fux verachtet. Der scharfe Comment drückte vielmehr auf männlich-verquere Weise Zusammengehörigkeit aus. Er war Signal nicht der Abgrenzung, sondern innerer Verbundenheit, Kern des Corpsgeistes.

Nicht nur die Füxe wurden hart rangenommen. Feste Regeln hielten das gesamte Corpsleben zusammen. Wir haben sie einerseits willig, einige auch freudig, eingehalten, andererseits großzügig durchbrochen. Die für mich unangenehmste waren die Kneipen. Semesterantritts-Kneipe, Semesterabschluss-Kneipe, Apollo-Kneipe, Renoncierungs-Kneipe, Fuxen-Kneipe, Überraschungs-Kneipe, Spontan-Kneipe, fast wöchentlichen traten wir zu diesen ritualisierten Besäufnissen zusammen, die nur erträglich waren, wenn der eigene Bierkonsum groß genug war, seine betäubende Wirkung entfalten konnte. Nüchtern waren sie schrecklich. Der Ablauf war seit Urzeiten festgelegt. Der acht Meter lange, wertvoll geschnitzte Tisch aus Vorkriegsjahren im Kneipenraum war im Nu mit Bierflaschen und überschäumenden Gemäßen übersät. Wir tranken uns zu, kamen einander „einen zuvor", baten um „Spezielle", rieben „doppelte Schoppensalamander", machten die „Gemäße scharf", gerieten „in Bierverschiss", boten einander „Bierjungen" oder nahmen sie mit einem „hängt" an.

„Bierjunge" war der Auftakt zum Schlimmsten des Schrecklichen. Die „Kombattanten" suchten sich einen „Sekundanten" und bestimmten gemeinsam einen „Unparteiischen", der sie feierlich nach dem Grund der Bierfehde fragte. Jedes Gelalle galt als hinreichend aufklärende Antwort. Lässig prüfte er, ob gleich viel „Stoff" in den Gemäßen war. Auch die Temperatur musste gleich sein. Um das zu ermitteln, steckte der Unparteiische Zeige- und Mittelfinger gleichzeitig in die beiden Gemäße. Dann gab er das Startkommando: „Auf den Boden, an den Hoden, an den Nabel, an den Schnabel, Prost sagen, sauft's." Sieger war, wer zuerst „ex" getrunken hatte, es sei denn, er hatte über Gebühr „geblutet", also Bier rechts und links aus dem Mund den Hals hinab ins Hemd laufen lassen. Beim doppelten, dreifachen oder vierfachen Bierjungen musste jeder der Kombattanten zwei, drei oder mehr Gemäße leeren. „Stafetten-Bierjunge" war, wenn mehrere Personen pro Partei ein oder mehrere Gemäße zu bewältigen hatten, wobei der nächste nur zu trinken beginnen durfte, wenn der Vordermann ausgetrunken hatte. Die Sekundanten tauschten sich über das „Bluten" der Gegenseite aus und berieten mit dem Unparteiischen, der schließlich per Handschlag immer dem Unterlegenen als dem „zweiten Sieger" gratulierte. Der oder die Sieger gingen stolz, aber ohne Handschlag vom Platz. Ich habe den Brauch, den Verlierer ohne Hohn und Häme zu beglückwünschen, als eine der liebenswürdigsten Züge des Corps in Erinnerung.

Eröffnet wurde die Kneipe mit einer Ansprache des Erst-chargierten (x), oft nicht älter als 20 Jahre. Er begrüßte die Gäste und ehrte sie mit einem „Schoppensalamander": Stehend klapperten alle mit den Gemäßen auf dem Tisch und leerten sie auf Kommando auf einen Zug. Die Begrüßten, Aktive oder Inaktive der Saxo-Borussia und Saxonia, die mit der Borussia Bonn den Weißen Kreis bildeten, befreundeter Corps, Alte Herren und Gäste dankten ihrerseits jeweils für ihre Gruppe mit kurzen Reden und „rieben Schoppensalamander".

Das Präsidium – stets im vollen Chargenwichs – prostete dem „Fuxsenstall" am unteren Ende der Tafel zu und dieser, geschart um den Fux-Major, prostete zurück. Nach etwa zwei Stunden war der Lärm absoluter Herrscher im Raum. Der x, zwischen xx und xxx sitzend, erklärte den „offiziellen Teil ex", seines „hohen Amtes noch lange nicht müde" zu sein und dennoch den Vorsitz an einen Alten Herren oder Gast abgeben zu wollen. Wer glaubte, Lärm, Durcheinander, Trunkenheit, Lachen, Getorkel, Lallen und Geschwätzigkeit könnten nicht mehr gesteigert werden, sah sich nun getäuscht. Es ging noch lauter, noch wilder, ausgelassener und fröhlicher, Gejohle, Umarmung, Blödeln und Saufen bis tief in die Nacht. Mal fand ich es herrlich, mal schrecklich, ganz nach Laune.

Üblich war eine beachtliche Distanz zur Universität. Dort eingeschrieben zu sein, war zwar Voraussetzung, um im Corps aktiv zu werden. Davon erkennbar Gebrauch zu machen, galt jedoch als unschicklich. Aber Bräuche ändern sich. In den ersten Nachkriegsjahren war es verpönt, von der Uni auch nur ernsthaft zu reden. Der Corps-Betrieb nahm keinerlei Rücksicht auf die studentischen Erfordernisse. Mitte der 60er Jahre – zu meiner Zeit – war der Besuch der Friedrich-Wilhelm-Universität geduldet. Ende der 60er Jahre richtete sich sogar der gesamte Corps-Betrieb – seine Reisen, Gelage und Feste – nach dem Rhythmus der Uni. Doch das blieb nicht so. Über Jahrzehnte konstant jedoch galt: Corps-Studenten machten im Durchschnitt früher und bessere Examen als andere.

Eisern festgehalten haben wir am regelmäßigen Fechten. Zwar gab es zeitweise heiße Debatten über dessen Sinn, nicht nur in der Borussia, sondern in vielen schlagenden Verbindungen und deren Dachverbänden, etwa dem Kösener Convent. Die Anzahl der Pflichtpartien sank im Corps Borussia von drei auf eine. Am „Pauken", den täglichen Fechtübungen zur Vorbereitung der „Mensur", hielten die Aktiven durchgehend fest. Sie fanden morgens statt, das disziplinierte. Egal, wie kurz die Nacht war, wie viel Bier geflossen war, wie lange getanzt, gefeiert, gereist, geredet worden war, um 7 Uhr mussten alle Aktiven auf dem Paukboden erscheinen. Wehe wenn nicht. Im Schlafanzug, manche in Puschen, die Paukstunden mit Lehrer Metzger durfte keiner schwänzen. Er war ein kleiner, dicklicher, alles andere als sportlich wirkender Mann. Bei schlechter Laune, und das war oft, konnte er uns mit einem Hieb hart treffen. Das tat herzhaft weh, da half auch der Helm nicht, den wir bei allen Übungen trugen.

Wenigstens dreimal mussten wir „auf Mensur" mit scharfer Klinge beweisen, wir haben es gelernt, dieses Wechseln von Angriff und Verteidigung. Die morgendlichen Übungen waren ungefährlich, die Schläger schwer, aber stumpf, der

Kopf geschützt vom Lederhelm, ähnlich einer Imker-Maske, Schulter und Arme in Lederpolster bandagiert. Bei uns waren nur Hiebe auf Stirn und Kopf erlaubt: Prim, Terz, Quart. Tiefe Hiebe, also der Versuch, durch Abknicken des Handgelenks den eigenen Schläger unter den des Gegenübers zu führen, um Hals, Wange oder Ohr zu treffen, waren verpönt. Die Gefahr ernsthafter Verletzung war zu groß. Fritz Freiherr von Schnurbein kannte den landläufigen Vorwurf des Unzeitgemäßen gegen das Fechten genauso wie Olaf Baron von Engelhardt. Die Überlegung der Gegner des Fechtens, es komme heute mehr auf Zivilcourage an als auf den Mut vor blanker Waffe, stimmten. Aber sie sprach nicht dagegen, jeden Morgen den inneren Schweinehund zu überwinden, um Nerven, Mut und Geschicklichkeit zu trainieren. Gerko Freiherr zu Knyphausen und Reimar von Alvensleben wehrten sich wie wir alle gegen das Argument, Fechten passe nicht in die Zeit von Atomkraft und Globalisierung. Wir sprachen nicht davon, doch im Stillen war jeder für sich einverstanden, in der Rotationstrommel des Zeitgemäßen nicht zu den Schnellsten zu gehören.

*

Heute ist „Bestimmtag", meine erste Mensur. Mit scharfer Klinge, ohne Kopfschutz. Kein Gedanke mehr über den Sinn des Fechtens. Ich stehe hier nicht, um aus dem Fuxenstall in den Stand der Burschen „rezipiert" zu werden, obgleich das passieren wird, wenn alles klappt. Es interessiert mich jetzt überhaupt nicht, ob Fechten mehr ist als bloßer Sport. Ich stehe hier, um meine Angst zu beherrschen. Angst ist das einzig Wirkliche in mir. Ein Bestimmtag findet alle vier bis sechs Wochen statt, der Tag, an dem sechs oder acht Partien ausgefochten werden, nicht nur der Borussia, sondern aller fünf schlagenden Verbindungen in Bonn. Vier Partien sind schon vorbei, jetzt bin ich dran. Ich weiß, ich sehe aus wie mein Gegenüber, wie Michael vom Corps Hansea. Der sieht schrecklich aus. Er steckt in einem Lederwams, der bis zu den Knien reicht, verschlissen von hundertfachem Gebrauch. Schnittstellen von scharfen Klingen, Blutflecken. Michael ist Linkshänder.

Also ist sein linker Arm von der Schulter bis zur Handwurzel in dickem Lederfutteral bandagiert. Spuren von zahllosen Einschlägen in Jahrzehnten, Wattefetzen hängen heraus. Das dicke Lederband um den Hals ist schwarz. Es sitzt eng und lässt Kopfbewegungen nur schwer zu. Die Brille ist aus grauem Metall, vor jedem Auge eine zwei Finger breite Röhre, statt Gläser ein eisernes Drahtgeflecht. Zwischen diesen Röhren schwingt sich ein eiserner Vorbau, der Schutz für die Nase. Die Brille wird von einem breiten Band gehalten, das Teile der Ohren abdeckt und am Hinterkopf zusammen geführt ist. Wangen, Stirn und Kopf sind frei. Michael hat einen zurückliegenden Haaransatz, schwarze Haare buscheln sich oben. Er sieht aus wie der Raubvogel aus einem Gruselfilm. Ich sehe nicht besser aus. Ich weiß, er hat Angst wie ich. Wir stehen uns auf Schlägerlänge, etwa ein Meter, gegenüber.

Meine Montur, seit 50, seit 80, seit 100 Jahren im Gebrauch, riecht scharf. Das Brillenband sitzt zu fest. Wie soll ich den Arm je hoch kriegen. Sylvius Graf von Carmer ist mein Sekundant. Er sekundiert alle Preußen-Partien, er macht das gut. Er sieht genauso schrecklich aus wie Michael, ebenso dessen Sekundant. Der Unparteiische hat als einziger keinen Schläger. Alle drei achten peinlich auf Einhaltung der Regeln. Die Sekundanten lauern darauf, ihre Waffe schirmend über ihren Schützling zu halten. Es schwatzen, rauchen, trinken etwa 30 junge Männer in dem fensterarmen Raum. Dr. Hammesfahr, ein Schönheitschirurg, unterhält sich lebhaft mit dem xx der Rhenanen. Jeder Bestimmtag erhöht seinen Umsatz.

Aber nicht jede Partie. Ich nehme mir fest vor, keinen ärztlichen Eingriff zu provozieren, nicht bei Michael, nicht bei mir. Die Luft ist schweiß-schwer von Bier und Zigarettenrauch. Sylvius sagt mir, ich muss nach jedem Schlag den Arm noch mehr nach links nehmen als sonst, damit der Linkshänder nicht über die Deckung kommt. Ich sage mir: Arme hoch über den Kopf, nach jedem Schlag hoch über den Kopf, als Schutzschild. Den Schläger links herunter, dicht am Körper, um die Flanke zu schützen. Werden meine Knie weich? Nein. Ich brauche keine Schwächen in Michaels Verteidigung zu suchen. Es kommt nicht darauf an, den anderen zu verletzen. Sonst würde ich das ganze Spiel nicht mitmachen. Ich will niemanden verletzen. Ziel der Partie ist, sie „zieht", wenn ich nicht „kniese", nicht mit dem Kopf zucke, wenn ein Hieb kommt. Ob er trifft oder nicht, ist egal. Selbstbeherrschung ist das Ziel. Nicht an Michael kann ich scheitern, nur an mir selbst.

Die Klingen sind vorne nicht spitz, sondern abgeflacht. Auf beiden Seiten sind sie rasiermesserscharf. Die Sekundanten prüfen ihre Einsatzfähigkeit. Die trübe Lampe funkelt schwach in Michaels Klinge. Der ältere Sekundant gibt das Kommando: „Hoch bitte!" Zwei Arme fliegen hoch, die Schläger gen Himmel gestreckt. Er kommandiert „Ehrengang". Die Schläger stoßen aneinander, kreuzen sich in der Luft. Der helle Klang zeigt an, gleich wird es ernst. Michaels rechte Hand, meine linke krallen sich hinter dem Rücken am Gürtel fest. Es wird etwas leiser im Saal. Hatto von Bevern, Gerko, Olaf, mein Freund und unser xx, zuständig für's Pauken, Dieter Brinks, Hartwig Graf von Dürckheim, Manni von der Heydt, Nico von Köckritz, Falk von Hoff stehen im Halbkreis um uns. Die Angst ist jetzt zu groß, um frei zu atmen. „Hoch bitte, Mensur, fertig, los." Irgendwie schaffe ich meinen Arm über den Kopf. „Los." Schon saust der erste Hieb auf meinen Arm, den ich im Bogen über dem Kopf halte. Jetzt werfe ich ihn nach vorne, krachend haut die Klinge auf Michaels Lederschutz. Blitzartig abdrehen und den Arm zurück, wieder hoch, nach vorne, schlagen und zurück, vor, zurück. Es geht wie es soll. Ich habe keine Zeit, mich um meine Angst zu kümmern.

„Halt", ruft Sylvius, fährt mit seinem Rapier zwischen uns. Metall schlägt krachend auf Metall. „Los." Arm hoch, vor, zurück. „Halt". Der erste Gang ist überstanden. Nach der fünften stehen Perlen auf Michaels Stirn. Mein Atem geht hastig. Weiß der Himmel warum, immer unterbricht einer der Sekundanten. Schade, es fließt so schön. Umsorgt zu sein schafft Ruhe. Sylvius macht gute Arbeit. Dumpf schlagen die Klingen auf Leder. Die Schläge werden langsamer. 15. Gang. Michael ist unverletzt. Ich habe einmal den Arm nicht hoch genug gekriegt, die Klinge ist flach auf meinen Kopf geschlagen – ein kurzer Schmerz. Arm hoch. Wir keuchen jetzt beide. Ich höre nichts von den Gesprächen ringsum. Den Blick fest auf Michael. Er schlägt sauber, will mich so wenig verletzen wie ich ihn. 22. Gang. Sylvius debattiert mit Michaels Sekundanten und dem Unparteiischen. Er muss sich rechtfertigen, wenn er den Kampf unterbricht. „Ich habe ein Blitzen an der Decke gesehen", sagt Sylvius. Das sagen sie mir nachher. Jetzt verstehe ich kein Wort.

Der Arm mit der Waffe hängt schlaff. Die Klinge berührt fast den Boden. Michael starrt auf mich. Ich auf ihn. „Hoch bitte." 26. Gang. Der Arm will nicht mehr hoch genug. Ich habe jetzt zwei flache Schläge auf den Kopf eingesteckt. Ob es blutet? Egal. Hoch den Arm. Wieder gibt es einen Grund für Sylvius, den Kampf zu unterbrechen. Ich bin dankbar für die Pause. Sylvius raunt mir zu: „Noch drei Gänge." Ich nicke. Blick auf Michael. „Hoch bitte. Los." Die linke Faust krallt sich noch fester in den Gürtel, das gibt Halt. Noch ein Gang. Ich sehe, der Schweiß tropft von Michaels Stirn. Kurz vor dem Ende werde ich ganz locker. Vor, zurück, vor. Michaels Sekundant springt zwischen uns. „Hoch bitte, los." Letzter scharfer Gang. Der 30. Gang ist wieder ein Ehrengang. Beide Sekundanten halten ihre Waffen schützend über unsere Köpfe. Ende. Naja, war doch nicht so schlimm. Hände schütteln. Die Partie zieht. Ein Bier. Nur raus aus dieser furchtbaren Montur.

3

Freude, sich einfügen und mitmachen, war eine der Quellen oft übertriebener Begeisterung junger Männer für das Corps. Die andere eine tief sitzende Sehnsucht nach Halt und Orientierung. Entstanden sind studentische Zusammenschlüsse aus landsmannschaftlicher Verbundenheit. Am Ort des Studiums, in der Fremde also, wollten die Sachsen, die Preußen oder Pfälzer ihresgleichen treffen, sich unterstützen, ein Stück Heimat geben. Im Jahrhundert der geforderten Heimatlosigkeit – Flucht, Vertreibung, Globalisierung – bewegte dieser Wunsch vor allem Studienanfänger, die im Treibsand der Nachkriegszeit nach Resten von Tradition suchten. Damals fragten sich viele, welchen

Werten noch zu trauen war. In den Jahren des Nationalso-
zialismus hatte es sich gezeigt, wie umstandslos Gefolgsbe-
reitschaft in Kadavergehorsam und Wille zur Treue in Hass
gegen Minderheiten umschlagen können. Vertrauen gab
Sicherheit. Damals wie heute.

Corps Borussia stand im Ruf, Traditionen besonders nahe
zu stehen. Dazu trug schon die Zusammensetzung der Akti-
vitas bei. 1818 wurde die Universität Bonn gegründet, 1821
das Corps, in dessen Namensliste zunächst wenige Adlige
standen. Das änderte sich Mitte der 30er Jahre und bald
galt Borussia als das feinste Corps, dem Prinzen, Grafen
und Barone beitraten. Allein 12 Prinzen des Hauses Hohenzollern sowie Prinz Albert von Sachsen-Coburg und Gotha,
der spätere Mann der englischen Königin Victoria. Auch
Kaiser Wilhelm II. war in der Borussia aktiv.

Tradition haftete leicht etwas Lächerliches an. Im Gegen-
satz zu Gepflogenheit, Gewohnheit oder Sitte, umfasste sie
Begriffe und Haltungen, die steif in der Zeit standen. Für
die einen war traditionelles Verhalten bloße Nachahmung
des von Ahnen Vorgelebten. Andere nahmen die seelische
Kuschelecke als Ruhekissen, um keine eigenen Maßstäbe für
ihr Handeln entwickeln zu müssen. Die ganz Schlimmen
drückten mit Traditionsliebe Verachtung der Gegenwart aus.
Sie stellten das Vergangene bedenkenlos über Gegenwärti-
ges. Im Corps waren alle Varianten vertreten, meistens unbewusst, in Gemengelage. Und jeder setzte sich ein bisschen
gerader hin, wenn er von ihr sprach. „Tradition" war neben
„Freundschaft" das häufigst gebrauchte Wort in Gesprächen
über den Sinn des Corps.

Vor dem 1. Weltkrieg gehörten die Aktiven zu den wohl-
habendsten Familien des Reichs: Man fuhr vierspännig vor,
die Professoren machten Antrittsbesuch auf dem Corpshaus.

Nun entstammten sie vorwiegend aus Flüchtlingsfamilien. Die stille Gewissheit, als eine Gemeinschaft der Besonderen die Kraft eines Vorbildes entwickeln zu sollen, hatte sich trotzdem erhalten.

Für mich wurde das Corps zum unendlich wertvollen Geschenk. Nach acht Jahren zum ersten Mal nicht in Bruch und Widerstand, sondern in Übereinstimmung mit meiner Umgebung leben, tat mir gut. Ich war nicht etwa mit allem einverstanden. Das viele Bier, die oft rohe Art, Männerfreundschaften zu zelebrieren, blieben mir fremd. Die Intensität dieser Freundschaften war nicht immer gleich. Der eine fand mich zu lasch, der andere zu versponnen, ganz legitim. Doch niemand feindete mich an. In dem Geflecht von Geradheit, auch wenn sie oft roh war, von Zuverlässigkeit, oft als Gehorsam karikiert, und von trotz aller kleinen Intrigen wunderbaren Lauterkeit des corpsbrüderlichen Umgangs habe ich mich erstmals eins gefühlt mit meiner Umgebung.

Hier habe ich den ersten Handkuss meines Lebens geübt, ohne zu grübeln, ob diese liebenswürdige Geste zeitgemäß war. Hier habe ich die Regeln der leichten Unterhaltung gelernt, die vielen Zeitgenossen als Firlefanz erscheinen mögen, doch im kultivierten Umgang mit wenig bekannten Menschen helfen können. Hier habe ich die Quadrille gelernt. Jeder kann sein Leben auch ohne diesen zierlichen Tanz gut führen, in dem vier Paare sich auf streng festgelegte Weise bewegen, jeder Herr mit vier Damen, jede Dame mit vier Herren auskommen muss. Es ist allerdings eine angenehme Erfahrung, sich in diesem herrlich Überflüssigen lächelnd bewegen und kleine Fehler im verwickelten Ablauf tapfer korrigieren zu können. Das bot das Corps zu lernen an, Dingen außerhalb der eigenen Person Wert beizumessen und sich zugleich selbst nicht allzu wichtig zu nehmen.

4

1964. Nach drei Semestern war die Zeit der Konzentration auf die kleine Gemeinschaft der Corpsbrüder schlagartig zu Ende. Mit Götz Blome, Olaf und Fritz wurde ich inaktiviert, in die Vorstufe eines „Alten Herren" entlassen. Wir traten in eine Welt, die dabei war, aus den Fugen zu geraten. Das, was schon über den Anfang hinaus war, nannten die Historiker später „Studentenunruhen". Tatsächlich war es das Ende der Nachkriegszeit, war die Phase, in der die Westdeutschen die Demokratie erprobten und annahmen, die ihnen die Siegermächte verordnet hatten.

Die Menschen waren der scharfen Abgrenzung gegen den anderen Teil Deutschlands überdrüssig. Nachdem Deutschland unter der Führung Konrad Adenauers und seiner beiden Nachfolger fest im Westen angekommen war, drängten andere Fragen nach vorne. Die Schatten der Vergangenheit verdunkelten die Szene. Die Jungen erkannten schockiert, wie bedenkenlos ihre Eltern die zwölf Jahre der Nazi-Tyrannei abgeschüttelt hatten, wie sie gleich Badegästen aus dem Wasser der Vergangenheit gestiegen waren, sich abgetrocknet und erlesene Sonnenschutzmittel aufgelegt hatten. An Einzelbeispielen machten sie das Versagen einer Generation fest. Hans Filbinger, Ministerpräsident von Baden-Württemberg, warfen sie vor, als Militärrichter noch in den letzten Wochen des Krieges Deserteure zum Tode verurteilt zu haben. Bundespräsident Lübke war an Bauprojekten der Nazis beteiligt. Der Mitverfasser der Nürnberger Rassengesetze von 1935, Hans Globke, wurde bei Adenauer Chef des Bundeskanzleramtes. Den eigenen Eltern warfen sie vor, durch blinden Gehorsam an den Grausamkeiten des Regimes mitschuldig zu sein. Die von der Elterngeneration aufgebauten Autoritäten und Institutionen wollten sie zerstören. Als Akt der Befreiung zerstören.

Der Protest begann zunächst friedlich, war Teil einer die ganze Welt umspannenden Erneuerungsbewegung, die fast überall von Studenten ausging. CDU und SPD hatten unter Bundeskanzler Georg Kiesinger die große Koalition gebildet, die parlamentarische Opposition der kleinen FDP überlassen und so zum Entstehen einer außerparlamentarischen Opposition, der APO, beigetragen. Nur sie konnte Gegenpositionen vor allem zu Wiederbewaffnung und Notstandsgesetzen wirksam artikulieren.

Zusammen mit Nico Köckritz bezog ich eine Wohnung auf der Beueler Seite Bonns, direkt am Rhein gelegen, der Blick über den Fluss auf das strenge Haus der Jesuiten gegenüber. Die Scheiben klirrten im Fensterrahmen, wenn einer der Lastkähne flussaufwärts fuhr. Gebückt durch einen Tunnel gehend, erreichte der Besucher über ein Gärtchen am Ufer die Stufen, die über die schmale Veranda in die 2-Zimmer-Suite führte.

Während die Ostermarsch-Bewegung immer stärkeren Zulauf erhielt, rückte für mich endlich das Studium in den Mittelpunkt. Ich hatte mir schon am Tag der Einschreibung in die Uni fest vorgenommen, das Abschlussexamen in der damals kürzest möglichen Zeit von sieben Semestern zu machen. Die Folge war, ich betrat die Uni selten, eigentlich nur, wenn Klausuren anstanden. Stattdessen ging ich sofort zum Repetitor Schneider in der Kaiserstraße der „einzigen Hochschule Deutschlands", so nannte Schneider seine beiden Räume, weil er im zweiten Stock eines bescheidenen Wohnhauses residierte. Während ich mich langsam vom „Gammelkäfig" auf die Sitzplätze vorarbeitete, die Schneider den Examenskandidaten reservierte, war in den Schlagzeilen der Zeitungen immer häufiger „antiautoritär", „nieder mit dem Establishment", „sit in", und „Marsch durch die Institutionen" zu lesen. Die meiste Prüfungsangst hatte ich vor der 6-Wochenarbeit. 45 Tage Qual, Selbstzweifel, Überwindung. Vor diesem Martyrium wollte ich Nunni besuchen, die vor einem Jahr als Rentnerin aus der DDR ausreisen durfte und nun in München lebte. Die DDR wollte Rentner loswerden, die kosteten nur. Vor allem wollte ich Charlotta sehen, ich hatte Sehnsucht nach ihr.

Nunni wohnte in der Nürnberger Straße, Schwabing. Wolfdietrich war zwei Jahre nach mir in den Westen geflohen. Auch er war in München gelandet, in der Stadt der Sehnsucht der Deutschen, dem Ort der Widersprüche. Stadt der „Bewegung", die hier stark wurden, die Stadt des Zauberbergs, den Thomas Mann hier schrieb. Nunni hatte eine wunderbare Art, mit Menschen umzugehen. Ich wusste, sie würde in der bayerischen Weltoffenheit bald zu Hause sein. Wolfdietrich war auf Reisen. Charlotta sagte, sie müsse sich wieder an mich gewöhnen. In jeder Altersstufe ist eine andere Glücksquelle die wichtigste. Damals war Charlotta die wichtigste Quelle meines Glücks. Charlotta mit den runden Bäckchen unter den mattblonden Haaren, dem großen Mund, den ganz weißen kleinen Zähnen. Vor einem Jahr war sie von Bonn nach München übergesiedelt.

*

Es ist Sommer. Die Vögel lärmen in den Zweigen. Die Luft steht still. Autolärm. Wir gehen Arm in Arm die Ludwigstraße hinauf, Theatinerkirche. Die Tische vor dem „Tambosi" sind zur Zeit von Kaffee und Kuchen bis auf den letzten Platz besetzt. Die Staatsbibliothek, provinzielle Pracht. Wie die Kerls hier herumlaufen? Hemden aufgeknöpft bis zum Bauch hängen über die Hosen. Ich habe Charlotta noch nie in Jeans gesehen. Sie kann diese neue Mode mit ihrer knabenhaften Figur gut tragen. Die helle Bluse passt dazu. Ihre Haare sind wieder zu lang, glänzen in der Sonne. Ich glaube, Nunni wird sie mögen, ich will ihr Charlotta heute vorstellen. Wir müssen uns ranhalten, zu Fuß ist es bis zur Nürnberger Straße eine gute halbe Stunde.

Wir sind aus dem Tritt gekommen. Ich mach einen kleinen Zwischenschritt. Jetzt passt es wieder, wir setzen unseren rechten und linken Fuß zugleich nach vorne. Charlotta trägt eine Sonnenbrille, ihre Haare wippen im Rhythmus unserer Schritte. Sie lächelt mich an, zaghaft?, zufrieden?, verstimmt? Ich kann es nicht deuten, sehe ihre Augen nicht hinter der Brille. Ich liebe Charlottas Augen, sie sprechen die klarste Sprache. Sie sind groß und braun, oft sehr leuchtend, aber jetzt unsichtbar wie die starken Brauen darüber und die schwachen Wimpern. Unsere Hände haben sich gefunden, schwingen mit unseren Schritten. Wir müssen einen Zahn zulegen. Nunni erwartet uns.

Linker Hand die Universität. Charlotta nennt sie die Uni Berthold Brechts, Rainer Maria Rilkes. Werner Bergengruen hat hier studiert, sagt sie. Charlotta weiß so etwas, sie weiß sehr viel. Manchmal bin ich erschrocken über ihre Intelligenz. Aber das interessiert jetzt nicht. Jetzt interessiert der Geschwister-Scholl-Platz, die Menschenmenge auf dem Platz. Genau besehen sind es zwei Menschenmengen, eine links vom Springbrunnen, eine rechts davon. Beide Menschenmengen sind getrennt von einem Streifen Niemandsland, menschenleer. Er reicht, so breit wie der Brunnen vor uns, bis zu der Rundbogenfassade der Universität.

Auf der linken Seite steht die Menschenmenge der Polizei, in mehreren Reihen hintereinander, eine Linie von uns zur Fassade, preußisch-exakt, eine Kette blank geputzter Schuhe. Kein Windhauch geht durch die schwarzen, braunen, blonden Haare. Helme tragen die Polizisten nicht, helmtragende Polizisten gibt es erst in späteren Jahren. Außer dem Schlagstock am Koppel sind sie unbewaffnet. Auch die großen Plastikschilde kommen erst später. Die blauen Jacken ihrer Uniformen werden durch breite Gürtel zusammengehalten. Sie machen gute Figur. Wir sehen nur wenige Dickbäuche. Keine Bartträger. Das Tragen von Bärten im Dienst ist untersagt.

Bärte gibt es in der anderen Menschenmenge, auf der rechten Seite des Niemandslandes. Bärte? Das wollen erst Bärte werden. Zarter Flaum auf Oberlippen, herunter gezogene Koteletten. Wenige Vollbärte sind darunter, kaum ein Graubart. Dafür lange Haare. Lange Haare sind die neueste Mode. Sind weniger Mode als Symbol, Symbol der Verweigerung, des Protestes. Der Protest ist heiter. Es ist noch immer windstill, hin und wieder hören wir Gelächter.

Charlotta zieht mich. Ich will zu Nunni, sie hasst Unpünktlichkeit. Charlotta will auf den Scholl-Platz. Ich lasse mich in das Lager der Jugend ziehen. 500 oder 1000 Menschen, ich kann es nicht schätzen. Einige stehen, die meisten sitzen, andere liegen auf dem Pflaster. Musik aus Transistorradios tanzt durch die stehende Luft. Wir finden einen Platz nahe dem Niemandsland. Einer zupft eine Gitarre, wir setzen uns neben ihn. Sein Lied ist traurig, es quält sich durch den Sonnenschein. „Das ist die einzige Melodie, die ich kann", sagt der Spieler, eine schwarze Locke fällt ihm in die Stirn. Er lächelt zufrieden. „Mach weiter", sagt ein Nachbar. Er liegt lang ausgestreckt mit seiner Freundin, löst seinen

Mund kaum von ihrem Mund. „Traurig ist gut." Seine Hand wandert über den Bauch des Mädchens Richtung Knie.

Ein Jüngelchen ruft laut: „Es lebe die Internationale." Einige skandieren mit, es klingt ungeübt. Der Rufer trägt kurze Hosen, sein Hemd hat er ausgezogen, es hängt, die Ärmel über dem Bauch geknotet, über seinem Po. Seine Schuhe hat er abgestreift. Eine Zigarette in der Hand schlendert er ins Niemandsland, betritt kein bisschen den Rücken durchgedrückt diesen Raum der Leere, durchquert ihn sehr allein. Hunderte Blicke auf ihn gerichtet. Die Gitarre ist still geworden. Schweigen macht sich breit. Spannung liegt in der Luft. Das Jüngelchen bietet einem der Polizisten aus seiner Zigarettenschachtel an. Zückt gleich ein Feuerzeug, will ihm Feuer geben. Der Polizist lächelt verlegen, er hat eine Zahnlücke, reibt sich ein Ohr und weicht nur einen Zentimeter zurück. Die preußisch korrekte Reihe ist stehen geblieben. Die Zigarette nimmt er nicht.

Ich kann das kurze Gespräch zwischen den beiden nicht hören. Der Gitarrist erzählt die Geschichte von Erich Habersaath. Der Arbeiter Habersaath starb im Kugelhagel des Militärs, als er 1918 Soldaten zu überreden versuchte, auf die Seite der Revolution zu wechseln. Das erste Todesopfer der März-Revolution. Das Jüngelchen streckt die Hand aus. Der Uniformierte ergreift sie. Kurzes Händeschütteln. Das Jüngelchen zieht an seiner Zigarette, schlendert, leicht gekrümmter Rücken, durchs Niemandsland zurück in unser Lager. Kein Lüftchen geht. Ein Spatz hüpft mit ruckartigen Bewegungen, pickt ein paar Krumen auf.

Ich puffe Charlotta in die Seite, will aufbrechen. Charlotta blickt zu zwei Männern, die sich küssen. Drüben packt einer belegte Brote aus. Das Knistern des spröden Papiers dringt bis zu uns. Der Hauch säuerlichen Geruchs breitet sich aus.

Charlotta redet mit dem Gitarristen. Ich ziehe Charlotta an mich, schlinge meine Arme um ihren Hals. Sie wendet sich mir ganz zu. Ich halte ihren Kopf wie eine Frucht in der Schale meiner Hände. Wir küssen uns. Die Sonne scheint. Die Luft steht. Plötzlich ist Aufbruch.

„Dutschke!", in der Nähe des Brunnens bricht der Ruf auf, schwingt durch die stehende Luft. „Rudi, Rudi", plötzlich kommt Bewegung in die eine Menschenmenge. Die andere rührt sich nicht. Ein Zug bildet sich. Fröhliche Gesichter, Arm in Arm die Paare. Der Gitarrenspieler versucht seine traurige Melodie gehend zu spielen. Kein Gleichschritt. Jetzt kommt auch in die andere Menschenmenge Bewegung. Wie der Rahmen eines Bildes begleiten die Polizisten den Zug in Richtung Odeonsplatz. Die Luft steht noch immer still. Wir haben es eilig, in die Nürnberger Straße zu kommen. Nunni ist sehr einverstanden mit Charlotta.

5

Sie kam in einem schlichten Brief, die Sechs-Wochenarbeit. Meine Rheinwohnung in Beuel war schön, die Qual dieser Arbeit war groß. Absolute Isolation, kein Kino, kein Bier. Das Leben tobte draußen. Fritz Teufel, Kommunarde in West-Berlin, bewarf den amerikanischen Vizepräsidenten Hubert Humphrey mit Pudding und Mehl. Er kam ins Gefängnis. Bei mir riss das Bettzeug, ich schlief schlecht. Dieter Kunzelmann gründete den „Zentralrat der umherschweifenden Haschrebellen" und übernahm in der Kommune I die Rolle des Chef-Provokateurs. Ich saß von 8 Uhr morgens bis 8 Uhr abends über meinen Rechtsfragen, von denen ich nichts verstand. Rainer Langhans verhöhnte in seinen Flugblättern die Amerikaner, nannte ihre Napalm-Attacken im Vietnamkrieg Mord. Das Lebensgefühl veränderte sich draußen auch für die Menschen, die Nacktfotos im *Stern* und Bekennerschreiben von Frauen, die abgetrieben hatten, im *Spiegel* geschmacklos fanden. Rufe wie „Unter den Talaren der Muff von 1000 Jahren" wirkten wie geöffnete Fenster in verqualmten Raucherzimmern. Ich verlor völlig die Übersicht über mein Thema, balancierte an der Grenze der Hilflosigkeit.

Nico Köckritz war ausgezogen. Ich hatte jetzt beide Zimmer für mich. Kurz vor Abgabe der Arbeit bemerkte ich, wie ich meine Pantoffeln in den Eisschrank stellen wollte. Eine Sekretärin tippte die wirr beschriebenen Seiten. Die letzten Korrekturen auf dem Postamt. Über die fristgerechte Abgabe entschied der Poststempel. Endlich: mal muss Schluss sein. Die fast 100 Seiten in den Umschlag gesteckt. Das Klebeband belecken, widerlich. Es war weit über 24 Uhr. Der Postbeamte war großzügig. Sein Stempel hatte sechs Rädchen: zwei für den Tag, zwei für den Monat, zwei für das Jahr. Er lächelte und stellte ein Rädchen zurück.

6

Hinter den Bergen sind Berge, sagt ein Sprichwort. Nach dem ersten Staatsexamen kam das zweite. Zur Vorbereitung sollten die Referendare an sechs verschiedenen Arbeitsplätzen, Stagen, die praktische Arbeit der Juristen kennenlernen. Meine erste Stage war im Vorzimmer des Stadtdirektors der damals noch selbständigen Stadt Beuel, auf der anderen Rheinseite, Bonn gegenüber. Meine erste Stage und erste Gelegenheit, die von beherzten Eigeninteressen gesteuerte Arbeitsweise von Behörden kennenzulernen.

Der Regierungssitz sollte größer, Beuel sollte geschluckt werden, eingemeindet, wie die Verwaltungsleute sagten. Die meisten Bewohner waren von diesen Plänen „not amused", die Zeitungen hielten kräftig dagegen. Die einfachen Angestellten der Stadtverwaltung zuckten lediglich mit den Schultern, ihre Ablehnung war mehr Pflichterfüllung, sie hatten nichts zu befürchten. Das änderte sich mit der Höhe der Charge. Am erbittertsten kämpfte der Stadtdirektor selbst, sein Posten war konkret in Gefahr. Für ihn stand am kompromisslosesten fest, das Glück der Beueler Bürger war in höchster Gefahr, die Entwicklung des linksrheinischen Raumes aufs Fürchterlichste bedroht, die Zukunft aller schrecklich verdunkelt.

Naivität kann schmücken, nur selten schützen. Ich wurde Opfer meiner Naivität und beharrte auf meinem Vorschlag. Schwungvoll beste Bedingungen für die Zustimmung zu einer Entwicklung verhandeln, die doch nicht gestoppt werden konnte. Wohnte doch den Plänen eine erkennbare Vernunft inne. Jeder verstand, der Regierungssitz wollte seine Einwohnerzahl auf eine Größe bringen, die dem internationalen Spott als „Bundesdorf" wenigstens im Ansatz den Boden entzog.

Die bis zum Hass gesteigerte Zurechtweisung meiner Vorgesetzten bewog mich, die nächste Stage im gelobten Land der Referendarausbildung anzustreben, in Bayern. Ich hatte gehört, dort war die tägliche 8-Stunden-Präsenz verpönt, die in Beuel gnadenlos exekutiert wurde. Da sollte auch Raum sein, mit meiner Dissertation zu beginnen.

Zweite Stage, Amtsgericht Rosenheim, erster Tag. Fünf Referendare saßen Amtsrichter Bäuerle gegenüber, darunter ein Preuße, so hießen hier auch die Rheinländer. Amtsrichter Bäuerle rauchte. Er war gemütlich. Seine Sprache im bayerischen Idiom auch. Er begrüßte uns, redete kurz, wünschte gute Zusammenarbeit. Damit war die Sitzung beendet. Alle durften gehen, ich sollte bleiben. Der Raum leerte sich, plaudernd verließen ihn alle Kollegen. Amtsrichter Bäuerle zeigte nicht auf einen Stuhl am Konferenztisch, wo wir eben noch alle beisammen saßen. Er winkte mich auf den Besucherstuhl vor seinem Schreibtisch. Aha, jetzt wurde es amtlich. Kein klärendes Wort, Stille. Oh je, warum saß ich hier als Einziger? Stand etwas in meiner Akte? Hatte ich etwas falsch gemacht oder gesagt? Amtsrichter Bäuerle nahm an seiner Seite des Schreibtisches Platz, immer noch wortlos. Die Zigarette hatte er ausgedrückt. Nun strich er sich bedeutungsvoll mit der Rechten über seinen Lippenbart. Sein Blick war ernsthaft, dringend auf mich gerichtet. Der Satz kam aus dem Bauch.

„Damit Sie es wissen, die Kollegen erscheinen einmal in der Woche."

Dann durfte ich gehen. Der Verdacht gegen den Norden saß tief. Er sorgte sich, ich könnte zweimal pro Woche im Amtsgericht erscheinen. Es lebe Amtsrichter Bäuerle, es lebe Bayern.

Dritte Stage, Landgericht Augsburg. Auch hier: einmal die Woche. Aber jeden Tag „Die Fortentwicklung des föderativen Systems der Bundesrepublik Deutschland durch die Einführung von Gemeinschaftsaufgaben", so das Thema meiner Promotionsarbeit, die endlich vorankommen musste. Bei Professor Friauf in Köln hatte ich angeklopft, er hat mich mit diesem sperrigen Thema beauftragt.

Ein Fernrohr. Nichts. Wer ein Fernrohr an die Augen setzt, sieht zunächst nichts. Kein Rechts, kein Links. Tunnelblick auf das ferne Ziel. Mein Ziel liegt im Nebel. Die Stunden frieren, werden starr und steif. 9 Uhr Aufbruch in der Lerchenfeldstraße, München. Olaf Engelhardt hat mir sein Zimmer auf Zeit überlassen. Eine Viertelstunde, länger dauert der Weg zur Universitätsbibliothek von hier aus nicht. Es ist schön, durch den morgendlich ruhenden Englischen Garten zu gehen. Am Hirschanger vorbei über den Schwabinger Bach. In die Veterinärstraße hinein, in das drei Quadratmeter-Büdchen, ein Schreibtisch, ein Stuhl, sonst nichts.

9.15 Uhr Betreten des Räumchens. Es ist ein Vorzug, hier arbeiten zu dürfen. Ich kann nicht nur Bücher ausleihen, sie können hier 14 Tage liegen bleiben. Ich betrete meinen abschließbaren Bücherfriedhof. Die Bücher zeigen mir den Rücken, ihre Lesezeichen stecken mir die Zunge heraus – gelb oder grün, meist weiß. 13 Uhr der kurze Gang zur Mensa. 20 Minuten Mittagsruhe. 14 Uhr wieder allein mit den Büchern. Sie werden von Tag zu Tag hässlicher. 8 Uhr abends, Schluss für heute. Ein paar Brote schmieren, frische Luft schnappen im Englischen Garten, Bett. Der Tunnelblick wird immer enger. Erst ziemlich, dann ganz, dann furchtbar. Kaum Konturen im Nebel. Sei's drum. Ich will. Habe zu viel Zeit aufzuholen. Keinen zusätzlichen Ausbildungstag soll mich die Doktorwürde kosten. Die ich nicht um wissenschaftlicher Lorbeeren willen anstrebe. Sondern weil ich die Arbeit angefangen habe. Ich hätte es ja lassen können. Jetzt stecken schon 100 Stunden Arbeit drin. Jetzt wird sie auch fertig gemacht.

Ich durfte sie nicht hineinlassen, die Stürme der Welt, in meinen drei Quadratmeter-Bücher-Friedhof. Die Verfassungswirklichkeit der Zusammenarbeit zwischen Bund und Ländern sowie den Ländern untereinander musste mir wichtiger sein als die Schockwelle. Die Schockwelle, die der Einmarsch der Truppen des Warschauer Pakts in die Tschechoslowakei und die gewaltsame Beendigung des Prager Frühlings ausgelöst hatten. Ich nahm es mir übel, die Entstehungsgeschichte der Vorschriften über die Gemeinschaftsaufgaben höher zu halten als den Tod Jan Palaschs, der sich aus Protest gegen die sowjetische Invasion selbst angezündet und auf dem Wenzelsplatz verbrannt hatte. Mit dem Rücktritt de Gaulles als französischer Präsident konnte eine Epoche zu Ende gehen, ich klammerte mich an das Verhältnis von Art. 79, Abs. 3 und Artikel 20 Abs. 2 Grundgesetz. Die Landung Neil Armstrongs auf dem Mond durfte nicht mehr beanspruchen als eine durchwachte Nacht. Selbstverstümmelung ist das härteste Mittel der Züchtigung. Die großen Ereignisse mussten draußen bleiben. Die kleinen erreichten mich doch.

*

Mittagessen muss sein. Es ist wieder spät geworden, die Mensa macht gleich zu. Der Sonnenschein entkrampft mir das Herz. Die Mensa ist fast leer. Ich wähle Fisch, er ist nicht mehr ganz warm. Wer zu spät kommt, darf nicht klagen. Fast alle Tische sind frei, ich setze mich an einen, den die Sonne umarmt. So umarmt wie den Nachbartisch, an dem eine junge Frau sitzt, mir geradewegs gegenüber. Ich kann gar nicht anders als sie ansehen. Nur wenn ich auf den Fisch gucke oder zur Seite sehe, sehe ich sie nicht. Ich schaue geradeaus. Sie lächelt knapp. Mein Blick hält ihre Augen fest, geht langsam zum Mund, zum Kinn, über den Hals zu ihrem Ausschnitt. Ein den sommerlichen Temperaturen angemessener Ausschnitt. Gelbes Kleid, wie die Sonne, gebräunte Haut. Sie schiebt ihr Tablett mit dem leeren Teller zur Seite, legt die Arme verschränkt auf den Tisch, beugt sich wie zufällig nach vorne, so dass ihre Brüste auf den Armen aufliegen. Der Ausschnitt öffnet sich ein wenig, gewährt Einblicke. Ist da Schalk in ihrem Gesicht? So leicht kann nur der Sommer in Schwabing sein. Sie richtet sich wieder gerade auf. Als ich gehe, begegnen sich unsere Blicke im schwebenden Einverständnis, Absichtslosigkeit, Spiel. Augenblicke, in denen das Leben schön ist.

8

Die Bücher fraßen mich. Der Friedhof erstickte mich. Mein Blut ging in Fesseln. Aber es gelang. Nach zehn Monaten war die Dissertation fertig, das furchtbare Bündel geschnürt und abgegeben. Noch drei Tage der Starre, dann warf das Blut die Fesseln ab. Drei Monate Walpurgistag und Walburgisnacht: leben, leben, umarmen, küssen, lachen, reden, reden, rauchen, trinken. Andrea, Beatrix, Charlett, Doris, Esther, Frauke, Gabriela …

9

1969 ging ich nach Bonn zurück und trat der SPD bei. Nicht aus hüpfender Begeisterung für deren Sozialprogramme. Der Idee, sich anders als allein und eigener Kraft aus misslicher Lage zu befreien, schien mir verbogen. Mein Interesse galt der deutschen Einheit. Adenauer hatte Stalins Angebot vom März 1952 abgelehnt, über die Wiedervereinigung wurde gar nicht erst verhandelt. Die CDU schied also als Betätigungsfeld für Politik aus. Willy Brandts „Wandel durch Annäherung", das hatte was. Wenn Wiedervereinigung möglich war, dann unter Führung der SPD. Allerdings hielt sie damals kaum jemand für möglich. Ich war überzeugt, sie wird kommen. Wenn die Menschen sie wollen. Da war eine Aufgabe. Also Beitritt.

*

Ein G. Kirchner hat mein Mitgliedsbuch unterschrieben. Am 3. April 1969, mitten in der Zeit, in der Stürme das Laub des Vorjahres aufwirbeln und die Knospen der Kastanien jugendlich glänzen. Bezirk Mittelrhein steht in dem blauen Buch aus haltbarem Plastik, Beruf: Rechtsreferendar. Adresse Elsa-Brandström-Straße 99 in Bonn-Beuel. Die Beiträge steigen von 1 D-Mark monatlich in den ersten Jahren in Stufen auf 30 DM. Eine Sondermarke zu 50 DM für den Bundestagswahlkampf 1976 ist hinten eingeklebt. Sie zeigt Häuser im Sonnenschein, vorne eine Familie mit Hund unter einem Baum. Sie ist größer als eine Briefmarke.

Die Bonner Republik war aus dem Häuschen. Flower Power hatte ausgedient. Das Ballett, die heiteren und fröhlichen Proteste, waren ausgetanzt, das Florett ausgetauscht gegen Säbel. Lagerdenken und Feindschaft hatten das Gespräch abgelöst. Die Schallwellen der Schüsse auf Rudi Dutschke zitterten in der Luft. Hunderttausende machten die Springerpresse für das Attentat verantwortlich. Studenten belagerten das Verlagshaus in Hamburg, sie wollten die Auslieferung von *Bild* und *Die Welt* verhindern.

Der Forderung an die Vereinigten Staaten, den Vietnamkrieg zu beenden, den sie mit die Wälder entlaubenden Schädlingsbekämpfungsmitteln führten, vereinte Menschen in Protestmärschen, die sonst nie Gemeinsames entdeckt hätten. Der Oktober 1969 brachte die Sensation. Willy Brandt wurde erster sozialdemokratischer Bundeskanzler. Die deutsche Einheit rückte nicht in Griffweite, aber Politik hatte nach Aufbauphase und Verankerung im Westen wieder ein Ziel.

Ich wollte dabei sein. Ein Jahr Referendarausbildung war geleistet, zwei weitere lagen noch vor dem Assessor-Examen. Als nächste Stage waren sechs Monate bei einem Rechtsanwalt an der Reihe. Graf Pückler, Corpsbruder, der Mann, der so langsam sprach, als wäre seine Stimme in dem Eis erstarrt, das den Namen seiner Vorfahren trug. Er gab mir die Freiheit und nach einem halben Jahr ein besseres Zeugnis, als ich verdiente. Statt Erfahrungen im prozessualen Streit anzusammeln ging ich zur Verwaltung des Deutschen Bundestages in der Hoffnung, ein Abgeordneter könnte meine Mitarbeit gebrauchen. Und hatte Glück. Heinz Frehsee suchte einen „hilfswissenschaftlichen Mitarbeiter" wie das hieß. Die sozial-liberale Koalition war gerade geboren, Willy Brandt war seit drei Wochen Bundeskanzler und Heinz Frehsee Parlamentarischer Geschäftsführer der SPD-Bundestagsfraktion.

*

Heute kommt es darauf an. Heinz Frehsee will mich sehen. Wenn es klappt, werde ich dabei sein. Wobei? Bei der Wiedervereinigung? Quatsch, keine falschen Erwartungen. Ich wohne wieder in der Elsa-Brandström-Straße. Eine schöne Wohnung, ein Zimmer, eine schräge Wand, ein gar nicht so kleiner Balkon. Gestern habe ich die große Fensterscheibe mit Zeitungspapier geputzt, ein guter Tipp, den mir eine Sekretärin bei Gericht gegeben hat. Ob das die Nachbarn beobachtet haben, ist mir gleichgültig. Aber heute sollen sie staunen.

Ich bin stolz. Ein spiegelblank geputzter Mercedes mit Fahrer und dem Nummernschild DB für Deutscher Bundestag steht vor der Tür. Steht für mich vor der Tür. Ein spiegelblank geputzter Mercedes holt mich ab, soll mich zum Gespräch mit Heinz Frehsee in den Bundestag bringen. Da müssen doch Frau Klein in der Nebenwohnung und Frau Kulitsch eine Etage tiefer vor Ehrfurcht erstarren. Ihre Männer sind immer weg, wenn es darauf ankommt. Sie werden es am Abend hören, ein spiegelblank geputzter Mercedes, der junge Mann von oben.

Ich habe es nicht eilig. Sollen die Nachbarn ruhig sehen, was da für ein Auto vor dem Haus steht, mit Fahrer. Ich trete gemächlich an die Haustür, schlendere zum Wagen. Das Gesicht um lässige Façon bemüht, die Blicke blitzartig nach

110

rechts und links geschossen. Keine Gardine bewegt sich. In keinem Fenster eine Neugierige auf Kissen gestützt. Die Passanten hasten vorbei, als ob es keine Sensation zu beobachten gäbe. Ein wichtiger Mensch steigt in ein spiegelblank geputztes Auto des Bundestages, mit Fahrer.

Jeden Tag kann ich von meinem Zimmer den „Langen Eugen", den Sitz des Bundestages, auf der anderen Rheinseite sehen. Die Fahrt dahin über die Südbrücke ist viel zu kurz. Am liebsten möchte ich dem Volk zuwinken. Natürlich geht das nicht, ich zügele meine Hand, die schon in die Höhe geschnellt ist. Niemand beachtet mich, als ich am Ziel aussteige. Nicht einmal der Fahrer ist zuvorkommender als ein ganz normaler Taxichauffeur. Hier, unter den vielen Abgeordneten des Bundestages, habe ich natürlich keine Chance mehr auf besondere Beachtung. Naja, sei's drum.

11

Das Gespräch mit Frehsee verlief gut. Noch vor Weihnachten zog ich in den viel zu kleinen Raum im 16. Stock des „Langen Eugen", der ihm als Büro diente. Frehsee war gedrungen, breit in Figur und Gesicht, freundlich und strahlte Ruhe aus, die als Firnis über einem nervösen Wesenskern lag. Abgeordneter des Wahlkrieses Hameln-Land, Heimatvertriebener, Vater zweier Töchter aus Bad Münder. Reihenhaus, Vorgarten, Eichen-Vertiko und weit ausholende Sessel im Wohnzimmer. Ein tapferer Mann. Ich lernte, ihn zu mögen.

Heinz Frehsee hatte Angst vor seinem Fraktionsvorsitzenden. Vor Herbert Wehner hatten alle Angst. Vor dem

Zuchtmeister mit den furchtbaren Bandwurmsätzen, vor seinem Spott und seiner Häme, den Injurien, für die er nicht einmal seine Tabakspfeife aus dem Mund nahm. „Los, sag was dazu", hatte er während einer Plenarsitzung Frehsee angeraunzt, der neben ihm saß. Und der stolperte nach vorne ans Rednerpult des Deutschen Bundestages, unvorbereitet, überrumpelt, weg war der Firnis. Er habe sich gut geschlagen, erzählte er später. Die fleischigen Ohrläppchen röteten sich, war die Stimme ganz fest?

Der „Lange Eugen" war ein in jeder Hinsicht herausgehobener Arbeitsplatz. Das Abgeordnetenhochhaus, wie er offiziell hieß, war gerade fertig gebaut. Die Zeitungen feierten es als Symbol für das Ende des Bonner Provisoriums, priesen es als Zeichen für den Anfang Bonns als Hauptstadt der Bundesrepublik Deutschland. Bei Eingeweihten stand es für die Zementierung der Teilung des Landes. Der Glanz edler Baumaterialien, die riesigen Foyers gehalten in Holz, das Beste des damals Guten, edle Velours-Böden, viel zu kleine Arbeitsräume waren allerdings für mich mehr Ausdruck der realen Republik: chic, teuer, eng. Weit war allein der Blick aus dem 16. Stock über Rhein, Petersberg, Drachenfels und Siebengebirge, ein grandioses Panorama, das es schwer machte, sich auf den Schreibtisch zu konzentrieren.

Das Hochhaus brummte wie ein Bienenstock. Jeder der Abgeordneten hatte wenigstens einen Mitarbeiter, für dessen Finanzierung seine Fraktion aufkam. Die meisten waren weiblichen Geschlechts und leicht erkennbar vor allem nach ihren optischen Reizen ausgewählt. Chice junge Frauen huschten durch die mit Begegnungs-Möbeln eingerichteten Foyers, rauschen mit den acht Aufzügen von Etage zu Etage. An jeder Ecke ein Lächeln, ein abtastender Blick, der Hauch eines Parfüms. Die Luft knisterte. Es gingen Gerüchte um, das Treiben des Nachts sei nicht weniger quirlig als am Tage, allerdings nur am Rande von Politik bestimmt. Das änderte sich erst, als Übernachtungen in den Büros verboten wurden.

Die Mitarbeiter der Abgeordneten machten, was ihre Chefs taten: Strategien entwickeln, Zukunft abschätzen, Koalitionen suchen, Verteidigungslinien aufbauen, Ranküne schmieden, Angriffe vorbereiten, den politischen Gegner beobachten. Nur mitentscheiden durften sie nicht. Geregelte Arbeitszeiten gab es keine. Bis tief in die Nacht Protokolle zu schreiben, Briefe an Wähler zu entwerfen, Redeentwürfe zu machen war Routine. Nicht die leiseste Ahnung wehte mich an, Redenschreiben könnte eines Tages wichtig für mein Leben werden. Der erste Entwurf war weder atemberaubend noch sonderlich erfolgreich.

*

Ich habe so etwas noch nie gemacht. Ob ich das überhaupt hinkriege? 62 Kolleginnen und Kollegen sitzen vor mir, wissenschaftliche Mitarbeiter der Fraktion, „Hiwis" wie ich, manche älter als ich, fast alle viel länger dabei. Wir Hiwis haben Gewicht in der Fraktion, spielen eine besondere Rolle im Heer der Mitarbeiter, haben einen Vorstand, zu dessen Sprecher sie mich vor vier Wochen gewählt haben. Nicht aus Begeisterung für mich, ich war Kompromisskandidat. Auf Neue kann man sich leichter einigen, sie sind in den Grabenkämpfen kollegialen Miteinanders noch unbeschädigt. Mit knapper Mehrheit haben sie sich für mich entschieden, weniger um meinetwillen. Andere sollten verhindert werden. Jetzt muss ich diese Sitzung leiten. Es wird schon gehen, es muss gehen, lass dich nicht hängen.

Was ist richtig? Haben nicht beide Seiten Recht? Die Fraktion ist nach der Bundestagswahl viel größer geworden, es sitzen mehr Abgeordnete im selben Fraktionssaal, er ist zu klein geworden. Auch die Zahl der Hiwis ist gewachsen, die Stuhl neben Stuhl an den Wänden sitzen, Schreibblock auf den Knien, lauschen, Witze machen und oft genug abfällige Bemerkungen über die gewählten Nichtakademiker. Die Abgeordneten fühlten sich bedrängt, wollten nur wenige Hiwis zu den Fraktionssitzungen zulassen. Wir sollen heute einen Weg finden, wie das geregelt werden kann. Meine Leute wollen selbstverständlich alle bei jeder Sitzung dabei sein. Das war immer so, ist auch vernünftig, wir brauchen die Infos aus erster Hand, wir wollen gute Arbeit für die MdB's machen. Eigentlich braucht es einen Politiker, um diesen Konflikt zu lösen. Das ist ja deren Job, in sich vernünftige, aber gegenläufige Interessen auszugleichen. Bin ich dazu schon in der Lage? Wo ist die Kompromisslinie?

Gestern hat mich Herbert Wehner zu sich bestellt. In sein Büro, Befehlsempfang. Der Raum war schwach beleuchtet, Herbert Wehner an seinem Schreibtisch schlecht zu sehen. Der Mund schräg und schmal, die Tabakspfeife drin, das erwartet man, das konnte ich sehen. Er sprach sehr leise. Sehr schwer zu verstehen, was er sagte. Am Schluss der 10 Minuten eine typische Wehner-Eruption. Die Pfeife im Mund. Ich verstehe nur „Sie werden das morgen schon machen". Wen Herbert Wehner mit „Sie" anredet, den mag er nicht.

Jetzt sitze ich auf seinem Stuhl, dem Stuhl, auf dem er die Sitzungen der SPD-Bundestagsfraktion leitet. Erich Ollenhauer als Ölbild im Rücken, rechts und links die lange Reihe der Tische, an denen nächste Woche wieder die Fraktionsführung, auch Heinz Frehsee, sitzen wird. Jetzt ist es sehr leer rechts und links von mir. Die 62 Kollegen haben sich locker auf die Sitze der Abgeordneten verteilt, reden miteinander, schauen in meine Richtung. Sie erwarten eine praktikable Lösung von mir. Ich bin ratlos, hätte mich besser vorbereiten müssen. Es bleibt mir nichts anderes übrig, ich muss auf die Diskussion bauen.

Hilft nichts, los, ran, das erste Wort ist erteilt. Nach 20 Minuten ist klar, ich kriege es nicht hin, verliere die Übersicht. Die Debatte ist mir über den Kopf gewachsen, die Redner sind laut, die Meinungen gegensätzlich, die Wogen nicht zu glätten. Welcher Teufel reitet mich denn jetzt? Schon zum dritten Mal fasse ich das eben Gesagte zusammen, bevor ich dem nächsten Redner das Wort gebe. Warum dieser Bruch der einfachsten Debattenregel? Um auch mal zu reden und nicht nur andere dazu aufzufordern? Um mich dicke zu tun? Der Lärm wird immer stärker. Ich benutze die Glocke des Vorsitzenden, Herbert Wehners Glocke. Wer die Glocke braucht, ist verloren. Am Abend bin ich sehr einsam.

12

1970 war das letzte Jahr vor dem Staatsexamen. Ich besuchte Stage um Stage, wohnte in der Elsa-Brandström-Straße, verlor mein Amt als Sprecher der Hiwis im Bundestag, arbeitete zunächst weiter für Heinz Frehsee und später für Helga Timm, auch eine der vier Geschäftsführer der Fraktion. Eine zierliche, kluge Frau, klein von Wuchs, brünettes Haar, auf weiblich-vorsichtige Weise resolut. Den Arbeitsplatz bei ihr teilte ich mit Sylvius Carmer, Corpsbruder und Freund, der vor allem mit seiner Art sich zu bewegen, mit der nicht erlernbaren Leichtigkeit und Sicherheit guter Familien, die Zustimmung aller gewann.

Willy Brandt brach mit der üblich gewordenen Haltung, die DDR politisch zu ignorieren, und reiste nach Erfurt. Die „Willy, Willy"-Rufe der Erfurter hallten lange auch in Bonn, Hamburg und München nach. Brandt, Egon Bahr und die SPD formulierten die „Neue Ostpolitik", trieben durch Verträge mit Moskau und Warschau die Entspannung zwischen den Blöcken in Ost und West voran. Alles Neue musste sich seinen Platz erkämpfen. Die neue Ostpolitik hatte starke Gegner. Ihre Befürworter wollten den Schlussstrich unter die Spannungen der Nachkriegszeit. Sie wollten die Ergebnisse des Krieges akzeptieren, auch die neuen Grenzen. Nicht aber den 20-fachen Overkill von Atomwaffen auf beiden Seiten, die den Status quo sichern sollten, in ihren Augen jedoch die Existenz der Menschheit gefährdeten. Ihre Gegner sahen in diesen Waffen eine Friedensgarantie, mit Standhaftigkeit und Ausdauer wollten sie die Gebietsveränderungen rückgängig machen. Sehr viele im Lande, fast alle, nahmen mit einer bis dahin nicht erlebten Intensität an der Debatte teil. Im Dezember peitschte Willy Brandt mit seinem Kniefall vor dem Mahnmal des Warschauer Ghettos die Emotionen in neue Höhen. Opposition schlug vielfach in Hass um. Auch im Innern sollte vieles neu werden. Horst Ehmke bemühte sich, die politische Verwaltung umzukrempeln. Eine Brise des Frischen wehte durch Deutschland, nicht kalt, sondern kühl, ermunternd und lebendig. Sie erzeugte auf der Haut der Nation die kribbelige Nervosität einer Gänsehaut. Ich fühlte mich mitten drin, jung, mit Zielen vor Augen, es war herrlich.

13

Die Politiker der Blöcke gingen aufeinander zu, trotzdem befestigte sich die DDR zunächst. Prignitz. Penzlin, das Haus, das ich heute das Haus meiner Freude nenne. Beherbergte es 1970 Sudel-Ede, den Goebbels der DDR, Eduard von Schnitzler? Den Mann, der im „Schwarzen Kanal" die DDR verherrlichte und den Arbeiteraufstand vom 17. Juni 1953 „Machwerk gekauften Abschaums der Westberliner Unterwelt" nannte. Nachzuweisen war das nicht, aber wahrscheinlich. Denn dort lebte seine langjährige Geliebte, Irene Krause, so erzählten die Nachbarn. Ein Gerücht, dem das Erscheinungsbild der Frau, ihre Körperfülle, das ondulierte Blondhaar über dem harten Gesicht wenig Nahrung zuführte. Von ihrem Selbstvertrauen allerdings zeugte die Stuhl-Szene.

Während der Renovierung des Hauses luden meine Frau Sophie und ich die Bewohner unseres 75 Seelen-Dörfchens Penzlin ein. Frau Krause war nicht eingeladen, erschien aber trotzdem. Sie erschien und nahm den Raum in Besitz, der später Wohnzimmer wurde und damals vollgestopft war mit Mischmaschine, Zementsäcken, Steinhaufen und Bretterstapeln. Er war nicht für sie gedacht, der Stuhl. Er war der einzige auf der ganzen Baustelle und ich hatte ihn für Frau Schimjek geholt, die es irgendwie geschafft hatte, mit ihren zwei Krücken über das herumliegende Baumaterial ins Haus zu gelangen. Nicht einen Augenblick zögerte Frau Krause. Kaum war das leichte Möbel aufgeklappt, schwupps, saß sie drauf. War da ein Blick des Triumphes in Richtung Schimjek? Ich stellte mir Schnitzler und Krause als sehr verliebtes Paar vor.

14

Die Zeit kennt keine Langeweile. Sie schenkt Jahre, die gleichmäßig dahin fließen wie ein breiter Fluss. Sie schenkt Jahre, in denen die Ereignisse wie eine Wasserkaskade donnernd stürzen, einen Nebel feinster Tröpfchen erzeugen, der weit in Land und Zukunft streicht. 1971 war für mich so ein Jahr.

Das erste Ereignis war die zweite juristische Staatsprüfung in Koblenz. Ich habe sie bestanden. Das Wichtigste war die Hochzeit mit Sophie. Das dritte Ereignis das Rigorosum, die Verteidigung der Dissertation. Das vierte der Eintritt ins Berufsleben.

Sophie und ich hatten uns vor weniger als Jahresfrist bei unserem gemeinsamen Freund Gernot von Grawert-May in Bonn getroffen, eigentlich nicht getroffen, denn wir waren zwar beide dort, haben aber keine Notiz voneinander genommen. Das passierte erst ein paar Wochen später.

*

Hm, klar. Wieder Stau. Ich hätte mich nicht breit schlagen lassen dürfen. Ahausen ist nicht weit. Aber lohnt es, wegen einer Geburtstagsfeier 70 oder 80 Kilometer zu fahren? Es sind nur wenig Bekannte zu erwarten. Titi Oer kenne ich flüchtig, das Geburtstagskind. Warum heißt es eigentlich immer Geburtstags-„Kind"? Auch bei 80-Jährigen? Gernot wird dort sein, vielleicht Stefan Mund-Hoym. Hoffentlich nicht zu viele. Es ist besser geworden, doch ich kriege noch immer feuchte Hände, wenn ich mit zu vielen Menschen in einem Raum bin.

„Wollen wir nicht umdrehen?"

„Ich freue mich auf den Abend." Irina hat recht, wir werden wegen eines lächerlichen Staus unseren gemeinsamen Beschluss nicht umwerfen. Ich habe sie von Herzen gerne: groß gewachsen, schmales Gesicht, Augen-Blitze, die dunklen Haare straff zurück gehalten, sehr schöne Beine, Lebensmut.

„Was willst Du da eigentlich? Du kennst doch noch weniger Leute als ich."

„Man weiß das vorher nie. Ich weiß aber, ich will mit Dir zusammen sein."

„Sehr nett, das geht auch in Bonn."

Irina redet, ich ärgere mich über den Stau. Sie spricht von ihrem Vater, er hat ihr aus Paris geschrieben. Jetzt scheint sich der Stau aufzulösen, ich kann zügig fahren. Sie beschreibt eine Lampe, die sie kaufen will. Ich muss doch wieder bremsen. Jetzt spricht Irina von der Hochzeit. Klaus und Hannah haben geheiratet, die ersten aus unserem Freundeskreis.

„Wie findest Du das?"

„Die Armen."

„Was soll das heißen?"

„Den meisten dieser Anfänge wohnt ein Ende inne, vor dem es keinen Schutz gibt, um Hermann Hesse zu variieren."

„Du bist ein Miesepeter, es gibt auch …"

„Es gibt auch Inflationsgewinnler, trotzdem ist die Geldentwertung …" Nur das Thema wechseln. Irina spricht verdächtig oft von lebenslanger Verbindung. Das dunkelgraue Vermuten, sie habe uns dabei im Sinn, lasse ich als Gedanken gar nicht erst zu.

Es sind doch mehr bekannte Gesichter bei Titi als ich erwartet habe. Helen hat sich mit einem Bankangestellten verlobt. Hendrik: „Einen Banker muss man heiraten, solange er noch frei ist." Alle lachen. Titis Wohnung ist klein, doch gediegen eingerichtet. Mit dem blauen Sofa, dem runden Tisch davor und den beiden Sesseln, den drei Stehlampen mit Jagdszenen auf den Schirmen, dem roten, dicken Teppich auf Eichendielen, den Bildern an der Wand, ebenfalls Jagdszenen, ist es sogar behaglich.

Ein neuer Drink ist gerade in Mode gekommen: Hennessy mit Apfelsaft und einem Schuss Gin. Tina, das Kleid über dem Knie, aufregend, verzichtet auf den Apfelsaft und konzentriert sich auf den Gin. Der Streit über den Film „O.K." verläuft einseitig. Niemand hat den Rücktritt der Jury der Berliner Festspiele bemerkt. Als Carola davon erzählt, ist keiner interessiert. Bis auf Tina, sehr enger Pulli. Sie hat den Film nicht gesehen, muss aber Partei ergreifen. Den Ausschluss des Films von der Berlinale nennt sie „Zensur". Sie sitzt sehr gerade, gut anzusehen, und spricht das Wort in dunkel drohendem Ton. Titi lässt das Unglück von gestern wieder passieren: Bringa, der Hund der Nachbarn, ist vor der Haustür überfahren worden. Irina ist im Gespräch mit Gernot, der sein abgehacktes Lachen hören lässt. Seine Haare kurz, fast so streng zurückgekämmt wie Irinas lange. Er hat den Taxi-Witz erzählt, den er mir vor einigen Tagen aufgetischt hat: Ein Fahrgast sitzt hinten im Fond des Taxis und tippt dem Fahrer leicht auf die Schulter. „An der zweiten Straße bitte rechts hinein." Der Taxifahrer zuckt zusammen: „Sie erschrecken mich zu Tode. Heute ist mein erster Tag als Taxifahrer. Ich habe jahrelang Leichenwagen gefahren, und Leichen konnten die Richtung nicht vorgeben."

Wir singen „Hoch soll sie leben". Der Alkohol fließt in Mengen, wir rauchen, albern, lachen, schwatzen, typische Partystimmung. Dann gehe ich ins Freie, Luft schnappen, mein Limmer-Syndrom, allzu viele Leute auf einmal bekommen mir nicht. 10 Minuten später bin ich wieder in Titis

Wohnung. Auf dem blauen Sofa sitzt ein Neuankömmling. Die Lampe bescheint einen Frauenkopf mit ungewöhnlichen Haaren. Sie stehen nach allen Seiten, bilden Büschel, lassen Lücken, keine Frisur. „Wer ist denn dieser Strubbelkopf?" sind meine ersten Worte zu Sophie. Keine zwölf Monate vergehen bis zur Hochzeit.

15

Das dritte Großereignis des Jahres war der Erwerb des akademischen Grades Dr. jur. Die Qualen der Dissertation hatte ich überwunden. Nun der letzte Akt, die Verteidigung, die mündliche Prüfung.

*

1. Februar. Schnee in Köln ist kostbar. Schnee ist nicht gefallen, aber es ist kalt. Der Motor meines VW-Käfers springt trotzdem an. Ich finde überraschend schnell einen Parkplatz vor der Uni. Ich bin zeitig aufgebrochen, um in Ruhe suchen zu können. Ich fühle mich gut, bin heiter-gespannt auf das, was kommen wird.

Vor mündlichen Prüfungen habe ich keine Angst. Das ging bisher immer glatt. Erst recht in meinem feierlichen Anzug. Pito, mein Schwager in spe, bestand darauf. Ich wäre mit der braunen Jacke gekommen. Er bestand darauf, es musste dunkler Zwirn sein. Ich besitze gar keinen dunklen Anzug, einen Smoking ja, aus der Corpszeit, einen dunklen Anzug nicht. Pito hat mir seinen dunklen Anzug geliehen, er sitzt ein bisschen weit, passt aber im Ganzen. Ich bin überzeugt, es ist ihm nicht leicht gefallen, das gute Stück aus den Händen zu geben. Ich kenne ihn als akkurat und sehr penibel mit seiner Kleidung. Er hat es trotzdem getan und ich bin ihm dankbar, werde beim Mittagessen zwei Servietten nehmen. Dem Anzug darf nichts zustoßen, das ist wichtig.

Ich betrete das Gebäude, es sieht alt und abgewirtschaftet aus mit vergilbtem Graffiti, den lieblos an die Wand gehefteten Zettelchen mit schwer lesbaren Nachrichten. Eigentlich ein Saustall, schade für die Wissenschaft. Das ist mir jetzt egal. Ich suche das Zimmer mit der Nummer 213, die mir die Uni auf schmucklosem Papier zugesandt hat.

Hier ist 213, die Farbe blättert. Das Zimmer ist ziemlich klein, menschenleer. Ein langer Tisch, zwei Stühle dahinter, einer davor. Bin ich zu früh? Ein Blick aus dem Fenster, Spatzen auf dem Pflaster. Die Seitentür öffnet sich, die Professoren Friauf und Stern kommen auf mich zu, lächeln, ich merke, sie wollen mich entspannen. Händeschütteln. Ich bin entspannt. Ein paar Worte über das Wetter. Ein dritter Professor tritt ein, wieder Händeschütteln. Er zieht sich einen Stuhl von der Wand an den Tisch. Die Prüfung beginnt.

Oh Gott, was ist los? Schwankt der Boden? Zittern die Fenster? Falle ich vom Stuhl? Mein Kopf – mit einem Schlag leer! Ich höre noch, aber keine Worte, nur dumpfes Blubbern. Friauf, Stern, der Protokollant, für eine Sekunde waren sie eben verschwunden, jetzt sind sie wieder da. Die Hitze plötzlich. Der Körper brennt. Ich versuche, Halt am Tisch zu finden. Mein Gott, und jetzt dieser Schweiß! Das habe ich noch nie erlebt. Schweißausbruch am ganzen Körper. Der Tisch steht wieder fest, das Fenster zittert nicht mehr. Ich höre wieder Worte, verstehe aber keine Frage, gebe keine Antwort, ich rede nur. Spüre, wie der Schweiß von den

Achselhöhlen ins Hemd tropft. Ich kann mich nur auf diese Tropfen konzentrieren. Wieder einer und noch einer. Ich weiß nicht, was ich sage, aber ich höre meine Stimme. Sie gehen doch alle ins Hemd und vom Hemd in Pitos Jacke. Pito! Ich wage nicht, den Arm an den Körper zu ziehen. Ich rede immer noch, das ist gut. Zweimal reinigen, ob das genügt? Für Pito bestimmt nicht. Noch ein Tropfen. Dann wieder Händeschütteln. Lächeln. Ich denke an Pito.

16

Ausbildung fertig, die Hochzeit war im Sommer, jetzt stand der Einstieg ins Berufsleben an. Damals suchten sich die jungen Leute aus, wo sie arbeiten und wann sie anfangen wollten. Jeder wurde überall gebraucht. Ich stellte mir ein Leben als Manager vor. Das klang gut, ich wusste zwar nicht genau, was ein Manager tut, alle sprachen aber gut von ihnen. Irgendetwas mit Aufbauen, Gestalten, das gefiel mir. In Düsseldorf, der Platz eines Assistenten bei Wolff von Amerongen, Vorsitzender des Ostauschusses der Wirtschaft in Düsseldorf, war frei geworden, hatte ich gehört. Da wollte ich das Gespräch suchen. Es kam anders. Louis Storck, Staatssekretär im Bundesministerium für Raumordnung und Bauwesen, suchte einen Persönlichen Referenten, sagte mir Heinz Frehsee. Na ja, Assistent oder Referent klang doch ganz ähnlich. Dann konnte ich mir die Reise nach Düsseldorf sparen. Der eine managt Wirtschaft, der andere Politik. Passt doch. Ich entschied mich für das Ministerium. Die Berufslaufbahn begann mit einem Fehler.

Ich war plötzlich im Öffentlichen Dienst, bald sogar Beamter, das hatte nun wirklich niemals auf meiner Wunschliste gestanden. Das Bauministerium hatte den Zenit seiner Bedeutung ganz eindeutig überschritten. Es hat nie zu den großen Ressorts der Bundesregierung gehört, jetzt auch nicht mehr zu den wichtigen. Die grandiosen Aufbauleistungen waren vollbracht, die Zerstörungen des Krieges fast alle beseitigt, Millionen Wohnungen gebaut. Die deutschen Städte hatten wieder Gesicht, Narben zwar, aber Gesichter. Es gab Wohnungsknappheit, aber keine Wohnungsnot. Die Zeit war gekommen, das Versprechen Konrad Adenauers einzulösen, das Haus aufzulösen, sobald der Wiederaufbau gelungen sei. Provisorien haben ein zähes Leben.

Beamte in Ministerien sind intelligent und fleißig. Das machte sie so gefährlich. Es genügte nicht, die Städte und Dörfer wieder aufzubauen, nun sollten sie modernisiert werden. Unter dem Banner „Flächensanierung" wurden ganze Stadtteile, oft die historischen Zentren, abgerissen, ihre ehrwürdigen Fachwerkhäuser, Renaissancebauten, Brunnen und Plätze zerstört, um Flächen zu schaffen für Banken, Kaufhäuser und Parkhochhäuser. Aus Städten mit narbigen Gesichtern wurden Städte mit Allerweltsgesichtern. Das Ministerium ist schuldig geworden, hatte nach dem „Auferstanden aus Ruinen", auch wenn das in Bonn niemand sang, die Vernichtung von mehr alten und schönen Gebäuden gesteuert, als Bomben und Granaten im Krieg auslöschen konnten.

Louis Storck war ein enthusiastischer Vollstrecker dieser Pläne. Zupackende Intelligenz, entschlossen zu allem, was ihm förderlich war, sympathische Nonchalance hatten ihn zu einem wackeren Zugpferd am Wagen des Zeitgeistes gemacht. Storck, das klang wie „Storch". So sah er aber nicht aus, untersetzt, breitschultrig, wenn ich vom Gesicht absehe, dessen spitze Nase und zurückgenommenen Mundwinkel etwas dem Vogel Verwandtes hatte. Aber Louis, das passte. Jeder verband mit einem Namen etwas anderes. Agnes klang wie Ruhe und Weite. Beatrix war chic und stylisch. Ein Karl war entschlossen und fest. Bei Louis schwang mit: pfiffig, schlitzohrig, alert, einer, der immer oben ist und alle runter kriegt. Federnder Schritt, Finger schnipsen, oft ein Lied pfeifend, Louis Storck war Staatssekretär, hatte es zu etwas gebracht, war so zufrieden mit sich wie der Türsteher eines Nachtclubs, der gerade eine feindliche Gang abgewehrt hat.

Widersprüchlich wie das Wirken des Bauministeriums war der Anblick seiner Gebäude. Den Blickfang machte das „Schloss" genannte, großzügige Landhaus im italienischen Stil, in dem der 20-jährige Johannes Brahms 1853 Gast des Kölner Bankiers Wilhelm Deichmann war. Rot angestrichen, mit barocken Rundungen behaglich gemacht, bildete es das Haupt einer Gebäudekette. Den Leib gaben drei angefügte Häuser, die gar nicht erst versuchten, irgend einem ästhetischen Anspruch zu genügen. 1950 hingehudelt, um Platz zu schaffen für die überraschend nach Bonn gekommene Regierung, waren sie baurechtlich nur für wenige Jahre genehmigt und aus für rasche Beseitigung gedachtem Material errichtet, hielten aber bis zum Umzug nach Berlin. Die Reste des zerstörten Schlossparks am Ufer des Rheins lagen wie ein Verband um eine brutal geschlagene Wunde. Eine Wunde, die noch vertieft wurde durch den schmuckfreien Bau der amerikanischen Botschaft im nördlichen Teil des Parks, dessen Baumbestand auf einen trotz allem noch achtbaren Rest zurückgeworfen war.

Der Minister Lauritz Lauritzen und sein Staatssekretär residierten im Schloss, Louis Storck im oberen Teil des Turms. Der Weg in mein Arbeitszimmer führte über eine schmale, gewundene Treppe. Oben war das Reich Storcks, das Vorzimmer beherrscht von „Fräulein", darauf legte sie Wert, Monning. Fräulein Monning konnte liebenswert und nett sein. Meist war sie schlechter Laune. So habe ich sie an meinem ersten Arbeitstag kennengelernt. Sie bestand darauf, mir zu zeigen, wie ein tapferer Beamter einen Papierbogen fehlerfrei in eine Klarsichthülle bugsiert. In der Bewegung ihrer Hände lag Missbilligung, Tadel.

Ich konnte ihn selten genießen, den Blick über den Rhein. Die lieblosen Anbauten lagen abseits, statt dessen konnte er über die Rheinfähre, die Silhouetten von Königswinter, das Siebengebirge schweifen. Ein Persönlicher Referent war jemand, der sich für andere zur Verfügung hielt, ein verlängerter Arm. Storck wollte etwas vom Referatsleiter Raumordnung – ich musste bitten, koordinieren, nachhaken, ermuntern, kontrollieren. Der Abteilungsleiter Z wollte etwas von Storck – ich musste vermitteln, verständlich machen, beurteilen, begründen. Ein persönlicher Referent ist ein Medium, weiter nichts. Das war schon schlimm genug. Noch schlimmer waren die gemeinsamen Morgenaktionen mit Louis Storck.

*

Ein Blick aus dem Küchenfenster: Nein, er ist noch nicht da. Der Fahrer des Ministeriums. Noch schnell eine Tasse Tee. Es ist gleich 7 Uhr, er wird pünktlich sein, ist immer pünktlich. Jetzt weiß er, wo der Hardtweg in Ittenbach ist. Jeden Morgen ist er pünktlich. Da ist er. Ich nehme meinen Beutel mit der Badehose, dem Handtuch. Es war schwer, mich an dieses morgendliche Ritual zu gewöhnen. Louis Storck besteht darauf, vor dem Gang ins Ministerium nach Bad

Honnef ins Schwimmbad zu fahren. Herr Kurth, der Fahrer, untersetzt, Kugelkopf, kräftige Hände, ist heute guter Laune. Hat er einen Bauch? Ich habe ihn noch nie stehend gesehen.

Wir holen den Chef ab. Erstaunlich viel Verkehr auf den Straßen zu dieser fast mitternächtlichen Stunde. Die Umkleide ist leer. Ein paar freundliche Worte. Storck schnippt mit den Fingern, Daumen und Mittelfinger. Er ist also gut drauf. Es regnet ganz zart. Wir springen ins Becken, schwimmen bis zur Gegenseite ein paar Mal hin und her. So weit, so gut.

Heute wieder diese Zusatz-Qual. Das Kältebecken ist sehr viel kleiner. Seine Temperatur gefühlt unter Null. Heute besteht der Chef wieder darauf. Platsch, seine massige Gestalt verschwindet im Wasser. Der frivole Dickbauch eines Genießers, der üppige Hintern, von einer viel zu kleinen Badehose gehalten. Weg ist er. Nacheinander tauchen sie wieder auf, der Kugelkopf mit der spitzen Nase zuerst, dann die Speckarme. Die blauen Augen richten sich auf mich. Das Leben ist kein Zuckerschlecken. Es bleibt mir nichts anderes übrig, ich springe hinterher. Die Kältenadeln stechen nicht so sehr in den Beinen. Aber furchtbar in Brust, Bauch und Rücken. Am meisten schmerzen sie in den Achselhöhlen. Raus, raus hier, sofort raus, diktiert mir der Überlebenswille. Aber das alberne Spiel muss noch gespielt werden: wer hält am längsten durch.

Die Kältenadeln haben inzwischen die Knochen erreicht. Nein, heute nicht, heute gehe ich als erster in die Kabine. Bei Louis Storck hat die Kälte einen erkennbar längeren Weg bis zu den Knochen. Trotzdem habe ich gestern gewonnen. 10 Minuten später sitzen wir im Auto. Nehmen die Fähre, die Konrad Adenauer von Rhöndorf kommend jeden Tag benutzt hat. Sind in der Deichmannsaue. Endlich mein Zimmer im Turm. Die Nadeln ziehen sich langsam zurück. Die

Wärme erobert meinen Körper. Mit ihr kommt die Müdigkeit, Müdigkeit wie aus schrecklichster Erschöpfung. Kein erfrischter Arbeitsbeginn. Ich kämpfe eine halbe Stunde lang mit dem Schlaf.

· 17

Das war ein anderer Typus von Mensch. In ihrer Grundhaltung unterschieden sich die Abgeordneten und ihre Mitarbeiter im Bundestag von der Beamtenschaft des Ministeriums. Bisher hatte ich mit Leuten zu tun, die sich als Einzelkämpfer verstanden und mit anderen zusammentaten, um ihre Ziele besser zu erreichen. Jetzt arbeitete ich mit Frauen und Männern zusammen, die sich in der Bereitschaft zum Dienst vereint sahen und in diesem Kreis zu profilieren suchten.

Ausgezeichnet ist das Michael Krautzberger gelungen. Fröhlich, sympathisch, zugleich einfühlsam und nachdenklich trat er etwa zur gleichen Zeit ins Ministerium ein. Er verließ es erhobenen Hauptes als Staatssekretär. Bielentahl war ein anderes Kaliber. Weicher Typ mit leiser Sprache und huschendem Blick, Chefjurist der Baugesetzgebung. Gegner verdächtigten ihn, Gesetze komplizierter zu machen als nötig. In der Phase ihrer Entstehung, während der Ressort-Verhandlungen, schrieb er die vorgebrachten Argumente der Teilnehmer mit. Kaum hatte das Gesetz Bundestag und Bundesrat passiert, war sein einflussreicher Kommentar gedruckt als erster auf dem Markt.

Ernst Hofmeister war stolz, stolz darauf, ein schlechter Beamter zu sein. Seine Fähigkeit, sich in das Gesamtgefüge des

Ministeriums einzuordnen, war begrenzt. Kein Wunder, er war eigentlich zur Kunst berufen. In der Godesberger Stadthalle präsentierte er seine Bilder, verkaufte sogar. Er wurde mein Freund. Die allermeisten waren gute Beamte. Waren geistig beweglich bis zur Selbstaufgabe, waren entschlossen, alles umzusetzen, was die Hausleitung von ihnen wollte. Klaglos arbeiteten sie, wenn erforderlich nachts und an Wochenenden, an Vorlagen und Entwürfen und wussten dabei, sollte es ein Fünkchen ihrer Fantasie durch den Fleischwolf der Abstimmungsmaschine schaffen und gestaltende Kraft entfalten, wird es nicht ihr Erfolg, sondern der des Ministers.

18

War es Langeweile, Furcht, nichts weiter sein zu können als Medium, als langer Arm? War es Begeisterung, Hingerissensein von der Möglichkeit, die Sache aller, die res publica, mitgestalten zu können? Angst, die Ostpolitik könne versanden, niedergetrampelt werden von den Kräften des Alles oder Nichts? Ungeduld, weil alles nicht schnell genug ging? Jugend hatte ihr eigenes Tempo. Politik lag in der Luft. Handele! Von jedem etwas, vor allem Begeisterung, trieb mich 1972 in einen Ein-Mann-Straßenwahlkampf.

Heute lache ich über so viel Naivität. Wo waren die schwärzesten Wahlkreise, die meisten CDU-Wähler, der stärkste Widerstand gegen die Ost-Politik? Da musste ich hin. Nicht dahin, wo ich auf Zustimmung hoffen konnte, sondern da, wo der Strom am reißendsten in die andere Richtung ging, da wollte ich überzeugen. Lächerlich. Ich meldete bei den

Behörden in Wertheim, Tauberbischofsheim, Bad Künzelsau, Mergentheim Demonstrationen an. Kaum ein Passant blieb stehen, wenn ich aus meinem Auto kroch, schüchtern das Schild hoch hielt „Deutschland gehört zusammen", selbstgemacht. Ein Einzelkämpfer, eine Lachnummer.

Crailsheim. Hier hätte ich alles wettmachen können. Günter Grass machte Wahlkampf in Crailsheim. Wir trafen uns zufällig, meine Ein-Mann-Marter rührte ihn. 700 Zuhörer, er überließ mir diese 700 Zuhörer für zehn Minuten. Die große Chance, hier war sie. Endlich alles sagen, Begeisterung rauslassen. Die Menschen mitreißen. Sie zu ihrem Abgeordneten schicken, Druck machen. Nach drei Tagen Schweigen fand ich nicht ein richtiges Wort. Kraftlose Phrasen. Abgestandene Sprüche. Keine Argumente, nicht einmal Pathos. Die Hand, gerade mal die Hand, gab mir Grass zum Abschied. Mehr nicht, kein Lächeln, kein gutes Wort, kein Schulterklopfen. Am nächsten Tag war Montag. Arbeit im Ministerium.

19

Die Umstellung hat Monate gedauert. Nach Stunden gezählt, hatte ich im Bundestag mehr gearbeitet, an Erschöpfung orientiert war der Einsatz im Ministerium höher. Mehr als die gedankliche Konzentration auf eine Aufgabe und ihre Erledigung, also auf die Arbeit und die Zeit, die dafür aufgewandt werden musste, empörte sich meine Seele über die Fremdbestimmung. Das Bereithalten und Bereitsein für Aufträge, die jederzeit von Louis Storck kommen konnten.

Mir die Herrschaft über meine Zeit und Handlungsziele aus der Hand zu rauben. Das alles zu lernen, am Ende sogar gutzuheißen, fiel schwer. Umso willkommener war die Anfrage von Heinz Frehsee. Er tastete sich in Gesprächen behutsam vor, schließlich kam heraus, ob ich bereit war, ihn im vorgezogenen Bundestagswahlkampf 1972 in seinem Wahlkreis Hameln-Land zu unterstützen, für ihn Wahlkampf zu machen. Ich sagte zu und nahm Urlaub.

Das hatte es noch nie gegeben in Deutschland, eine vorgezogene Bundestagswahl. Sie war so neu wie die Absicht Willy Brandts, eine Vertrauensabstimmung im Bundestag gezielt zu verlieren, damit die Wahl überhaupt stattfinden konnte. Vorausgegangen war der Versuch, Willy Brandt durch konstruktives Misstrauen zu stürzen. Rainer Barzel, Oppositionsführer, konnte diesen Versuch wagen, weil seine Fraktion Monat für Monat durch Übertritte von Abgeordneten stärker und die der sozial-liberalen Koalition schwächer wurde. Turbulente, schicksalhafte Zeiten. Barzel, Willy Brandt und Walter Scheel fesselten mit der Leidenschaft ihrer Reden im Bundestag Millionen an Radio und Fernseher. Die öffentliche Meinung war politisiert wie nie zuvor. Das Land kochte. Die Wahl sollte die Entscheidung bringen, Ende oder Vollendung der Ostpolitik mit der Hoffnung auf deutsche Einheit. Die Zukunft des Landes stand zur Abstimmung, so empfanden es die meisten Menschen.

*

Poeta nacitur orator fit. Der Dichter wird geboren, der Redner wird gemacht. Nach acht Tagen im Einsatz bin ich Redner geworden. Es ist später Vormittag. Der erste Auftritt heute. Der zweite abends in Rinteln, jetzt Hessisch Oldendorf. Bei diesem Wetter sind selbst die Fachwerkhäuser grau. Ich schlage den Kragen meines Mantels hoch, ziehe den Schal fester. Nehme mir vor, endlich eine Mütze zu kaufen. Diesmal ist es die „Post". Ein paar kahle Bäume davor, die Andeutung eines Kinderspielplatzes. Eine Bushaltestelle. Ich gucke auf meinen Zettel: die „Post" ist doch richtig? Ich gehe die drei Stufen des Lokals hinauf. Doch, da sind Menschen, es wird hier schon richtig sein. Ein Mann mittleren Alters kommt mir entgegen. Er trägt Pullover, natürlich einen roten. Sein Schritt ist weich, er drückt die Knie nicht durch.

Aufgeregt? Das war ich vor acht Tagen. Der erste Auftritt in Coppenbrügge. Habe vor zwanzig Leuten mein Manuskript abgelesen. Mich bemüht, ein bisschen Schwung in die Sprache zu kriegen. Am nächsten Tag, in Salzhemmendorf, habe ich mich nur an den unterstrichenen Worten im Text orientiert, Blick immer wieder ins Publikum. Die Leute waren schon mehr dabei. Am Nachmittag hat es ganz ordentlich geklappt. Jetzt habe ich überhaupt kein Manuskript mehr.

Der Mann mit den weichen Knien ist der Vorsitzende des Ortsvereins Hessisch-Oldendorf. 42 Personen sind gekommen. Naja, für einen politischen Frühschoppen am Sonntag bei diesem Wetter ganz o.k. Ich frage, wie lange ich reden soll, zehn Minuten, eine Stunde? Viel Zeit ist mir lieber, da muss ich mich weniger konzentrieren. Das Gemurmel hört auf, als ich den Raum betrete. Der frische Zigarettenrauch hat sich mit dem Zigarettenrauch von gestern und vorgestern vermischt. Die kleinen Fenster lassen wenig Licht herein, das noch von grau-braun karierten Gardinen gedimmt wird. Jugend ist nicht zu sehen. Die Anwesenden schauen kurz auf. Dann fällt der Blick der Frauen zurück auf die Kaffeetasse, der Männer auf das Bierglas vor ihnen. Die elektrische Birne. Eine der Lampen, deren Schirme zu den grau-braun karierten Gardinen passen, ist kaputt. Ein dunkler Extraschatten im halbdunklen Raum.

Wo ist die sympathischst aussehende Frau im Raum? Diese dumme Suche habe ich mir angewöhnt. Schönheit suchen ist wie auf Treibsand wandern. Hässlichkeit verliert in der Zeit ihren Schrecken, Schönheit ihren Glanz. Aber heute ist heute. Die Hübscheste sitzt ganz hinten, braunes Haar, gelbes Tuch um die Schulter, ich nicke ihr zu. Sie lächelt. Ist das eine Perlenkette? Ich kann es von hier nicht erkennen. Oho, eine Perlenkette in der SPD Hessisch-Oldendorf. Wer hätte das gedacht. Der bestgekleidete Mann sitzt neben ihr.

Ich habe einen Kaffee bestellt. Der Knieweiche stellt mich vor: „Mitarbeiter und Freund unseres langjährigen Bundestagsabgeordneten". Der Kaffee ist herrlich heiß. Dann stehe ich auf. Der Stuhl kratzt über den Boden, fällt aber nicht um. Ein Rednerpult gibt es nicht. Ich stehe am Tisch, rühre mit dem Löffel in der Tasse. Ich erzähle, was ich in den letzten Tagen als Wahlkämpfer erlebt habe. Wie ich die Stimmung der Wähler einschätze. Worum es geht: die Teilung Deutschlands und Europas überwinden. Hände nicht in die Hosentaschen. Die Beine etwas gespreizt, gleichmäßig mit dem Körpergewicht belasten. Vom Gürtel aufwärts den Körper bewegen, nicht zu heftig, Ruhe suggeriert Gelassenheit und Kraft. Nicht zu viel nach rechts in Richtung gelbes Tuch schauen. Links sitzt ein Kerl mit geschlossenen Augen. Schläft er? Ob ich ihn wach kriege? Nicht weit davon eine fabelhaft Dicke im Blümchenkleid. Schaut munter und interessiert in meine Richtung.

Knieweich hat mir 30 Minuten gegeben, eine gute Zeit für einen Wahlkämpfer. Allmählich lösen sich die Blicke von Tassen und Gläsern, wenden sich mir zu. Ein erstes Schmunzeln, bald ein Lacher. Der Schläfer ist noch immer ganz bei sich. Ich muss ein bisschen grober werden. Die meisten lachen. Er wacht nicht auf. Man soll nicht alles auf sich beziehen, wenn einer während einer Rede schläft, ist nicht auszuschließen, er ist wirklich müde. Der Applaus am Ende ist freundlich. Die abschließende Debatte ist bald bei der Klosterstraße nebenan, die auf keinen Fall verbreitert werden darf. Die große Politik ist oft schnell vergessen. Die Leute interessieren sich für die Politik im Kleinen. Ich schüttele ein paar Hände. Das gelbe Tuch fand meine Ausführungen sehr interessant. Es ist wirklich eine Perlenkette. Ich trinke noch einen Kaffee.

Heute Abend Auftritt in Rinteln. Im Hotel will ich heute kein Fernsehen, ich freue mich auf mein Buch. Bevor ich dazu greife, will ich Sophie anrufen. Es sind nur noch wenige Wochen bis zur Geburt unseres ersten Kindes. Sie hält sich fabelhaft. Eine tapfere und energische Frau. Ich brauche mir keine Sorgen machen. Morgen noch ein Auftritt in Bad Münder und einer in Lüdersen. Dann ist der Urlaub zu Ende.

Heinz Frehsee kriegt bei der Bundestagswahl mit großem Abstand die meisten Stimmen. Die SPD erzielt bundesweit das beste Wahlergebnis ihrer Geschichte. Die Ostpolitik hat den Durchbruch geschafft. Viele wissen es noch nicht, der Weg zur deutschen Einheit ist beschritten.

20

Wieder war ich Medium, verlängerter Arm. Die Vorbereitung der wöchentlichen Leitungsbesprechung mit Minister, Staatssekretär und Abteilungsleitern gehörte zu den Aufgaben des Mediums. Gleich nach der Wahl sickerte durch, Lauritz Lauritzen wird als Minister ins Verkehrsministerium wechseln. Nachfolger bei uns soll Hans-Jochen Vogel werden, Oberbürgermeister von München, der Held der Olympischen Spiele 1972. Mitte Dezember wollte er zum ersten Mal die Leitung unserer Runde übernehmen. Als frisch gebackener Minister und als frisch verheirateter Ehemann. Auch das wollte er in diesen drei Wochen erledigen, die Hochzeit mit seiner zweiten Frau Lieselotte. Aus den Flitterwochen ins Ministerium. Ein pikanter Start.

Mein Auftrag war, alles zusammentragen. Alles, woran die Beamten des Haues in den letzten drei Jahren gearbeitet hatten. Entwürfe und Texte von Gesetzen und Verordnungen. Skizzen, Pläne, Gedankenspiele. Problemaufrisse, Fehlschläge. Papiere, Papiere, 17 prall gefüllte Aktentaschen. Ein Fahrer aus München holte sie ab. Keiner glaubte, Vogel würde diese Mengen in den Flitterwochen auch nur teilweise bewältigen. Wir haben uns getäuscht. In der ersten Sitzung unter seiner Leitung begriffen wir alle: Er wusste über das Haus besser Bescheid als jeder von uns.

21

Doppelte Bescherung. Am 24. Dezember das Fest der Wiedergeburt Christi. Am 27. Dezember die Geburt von Max. Aber gemach. Sophie kochte. Kochte in Freckenhorst, im Haus ihrer Kindheit, wie jedes Jahr die Suppe, die unbedingt zur Bescherung gehörte. Ihr Bauch kugelrund, mächtig. Sie kochte, stellte die Teller auf den Teewagen, legte die Löffel dazu. Weihnachten wie im Vorjahr. Als ob keine Geburt unmittelbar bevorstünde. Der Teewagen blieb draußen, als wir alle in den Saal zogen mit „O du fröhliche" auf den Lippen. Er wurde erst später gebraucht.

Fünf Meter hoch war der Baum, um den wir uns versammelten. Funkelnd in seinem Lichterglanz, Äpfel, Nüsse, wenig Lametta. Onkel Emmanuel las die Weihnachtsgeschichte. Danach singen, beten, singen. Tante Luise sang wie immer am inbrünstigsten. Alle Strophen von „Es ist ein Ros entsprungen" und „Stille Nacht, Heilige Nacht" mussten erklingen. Darauf achtete sie. Ignatz, Fritz, Elisabeth und Johannes schielten auf die Geschenktische, sangen aber tapfer mit. Nunni war zum ersten Mal dabei. Ihre Stimme klang hell, sie wollte gehört werden. Ricki sprach das Gebet. Onkel Wilhelm brummte nur mit.

Das Feuer im Kamin, groß wie ein Handballtor, verschlang das bunte Einwickelpapier der Geschenke. Wieder und wieder loderten die Flammen empor, tauchten das Portrait der Äbtissin Westerholt darüber in zuckendes Glutlicht. Auf den Gabentischen standen die Knabberteller, gefüllt mit Zuckerkringeln, Pralinen, Schokoladenriegeln, Zucker-, Mandel- und Pfeffergebäck. Obenauf lag ein großes Lebkuchenherz das Moma, Sophies Mutter, mit Zuckerguss den Namen des Beschenkten geschrieben hatte. Daran hatte sie die ganze Nacht gearbeitet, das war Tradition.

Endlich beruhigten sich die Flammen. Die Geschenke waren ausgepackt. Sophie rollte den Teewagen herein. Holte die Suppe vom Herd. Der dicke Bauch behinderte sie nicht. Alle tranken Wein. Sophie nicht.

Zwei Nächte später rief ich den Krankenwagen. Es war gar nicht Nacht. Es war morgens, nachtdunkler Morgen, Dezember. Auf den Straßen kaum ein Auto. Weihnachtsruhe. Sophie lag entspannt auf der Trage, festgeschnallt. Ich hielt ihre Hand, sie war kühl. 10 Minuten später verschwand sie im Kreißsaal. Väter durften nicht dabei sein. Geburt wurde wie eine Krankheit behandelt. Ich habe mich nicht gedrängt, dabei zu sein.

*

Ich stehe in dem gekachelten Flur vor der Tür, die sich eben hinter Sophie geschlossen hat. Kein Mensch weit und breit. Eine zögernde Dezember-Sonne wirft den Schatten eines Fensterkreuzes auf den weißen Boden. Ich höre nichts, gehe auf und ab. Niemand sagt mir, was passiert. Plötzlich ein Schrei. Dieser furchtbare Schrei, herzzerreißend, klagend, verzweifelt, befreiend, tierähnlich. Ich kann die Tränen nicht halten. Ich habe seit vielen Jahren nicht geheult. Jetzt heule ich für 10 Jahre. Ich brauche die Tränen nicht zu verbergen, niemand sieht mich. Ich bin allein. Noch ein Schrei. Noch eine Ewigkeit. Das Fensterkreuz ist nach rechts gewandert. Dann die Nachricht: Alles ist gut.

Am Nachmittag darf ich an ihr Bett. In weißen Tüchern ein ruhiges Gesicht, das Glück zur schimmernden Schönheit gesteigert. Geheimnis der Geburt. Max liegt in ihren Armen. Haarlos, die Augen offen, die Speckbäckchen überragen die Naselänge. Sophie hält ihn hoch, überlaut und überfroh ruft sie: „Das ist mein erstes Kind, mein erstes Kind. Das ist mein liebes Kerlchen.“ Tränen der Freude laufen ihr über das Gesicht. Die Schwester guckt weg. Ich darf ihn eigentlich nicht auf den Arm nehmen. Ich tue es trotzdem. Ganz zart, ganz vorsichtig in Händen halten. Gnade der Geburt. Wir sind glücklich.

22

„So, da bin ich wieder!" Sophie stellte das Körbchen auf den Küchentisch. Der Bauch war weg. Schmales Gesicht, große Augen, gut sah sie aus. Das Körbchen hatte einen geflochtenen Henkel. In den weißen Kissen lag Max, unter blauem Deckchen. Diese Ohren, diese Fingerchen, Wunder der Geburt. Alles wie es sein soll, aber so unendlich klein und zart, rosafarben. Und doch stark. Das erste Kind änderte alles. Die Rangfolge dessen, was wichtig ist, stand plötzlich auf dem Kopf. Beruf, Theater, Freunde, sie alle rutschten an die zweite, dritte oder vierte Stelle. Oben stand dieses unendlich gebrechliche Wesen, ganz oben allein. Unser lieber Max.

Sophie begann die Küche aufzuräumen. Viel war nicht zu tun, ich hatte auf Ordnung geachtet in den drei Wochen des Alleinelebens. Aber sie konnte es natürlich besser. Hardtweg 3, auf Dauer war die Wohnung zu klein für uns. Ein eigenes Haus, übel wäre das nicht. Sophie arbeitete als Lehrerin, ich hatte die Chance, sogar ins Bundeskanzleramt zu wechseln. Sagte der Flurfunk. Am Geld musste es also nicht scheitern.

Wenn ein Haus, dann hier in der Region, in Königswinter. Hier stimmten die Preise noch halbwegs, die Anbindung ans Ministerium war gut. Jeden Tag die Adenauer-Fähre. Zum Bundeskanzleramt würde es schwieriger werden. Aber vielleicht wird da gar nichts draus. Ich hatte Fuß gefasst in der SPD, Ortsverein Königswinter. Da wollte ich bleiben, meinen bescheidenen Beitrag zur großen Politik leisten, es wenigstens versuchen. So gut ich eben konnte. Ich konnte nicht gut.

Politik bestand damals wie heute vor allem in der Fähigkeit, mit den Menschen gut auszukommen, die ebenfalls Politik machen wollten. Einflussreich im Kreis der Partei-

freunde wurde, wer deren Gewohnheiten annahm, und die
bestanden im Ortsverein Königswinter weitgehend aus Bierkonsum und Nachtsitzungen. Dadurch waren diejenigen be-
vorteilt, die beruflich nicht stark belastet waren. Für mich als
Feierabendpolitiker war die Kombination von viel Bier und
wenig Schlaf ungünstig. Das liebste Spielzeug der Politiker
war die Intrige, die hier Taktik hieß.

*

Diese Schlitzohren. Die wollen uns spalten, da bin ich mit
Herbert sofort einig. Den Bierdunst im Raum bemerke ich
nicht mehr. Beim Betreten des „Im Auel" war er mir auf die
Lungen geschlagen. Noch schlimmer war der Zigarettenqualm. Werden Lokale nicht von Zeit zu Zeit gelüftet? Selber rauchen ist die beste Möglichkeit, mit dieser Belästigung
fertig zu werden. Ich werde nicht gegen Gisela kandidieren.
Othmar hat mich vorgeschlagen. Gerade Othmar Ebert, der
nie eine Gelegenheit auslässt, gegen mich zu agieren. Seine
grau-blauen Augen blitzen, wieder die gewohnte Geste, die
schwarzen Haare aus der Stirn wischen. Das Juso-Lager folgt
ihm blind. Othmar und seine Juso-Fraktion wollen mich
verhindern, das ist klar. Wenn ich gegen Gisela kandidiere,
wird unser Lager gespalten. Und Othmar kriegt im nächsten
Wahlgang seinen Kandidaten durch.

Dunkel, die rheinischen Gaststätten sind selbst bei
Tageslicht dunkel. Butzenscheiben, ich hasse Butzenscheiben. Und dann diese scheußlichen Gardinen davor, die das
Licht weiter abschwächen. Der Wahlleiter fragt, ob ich bereit bin zu kandidieren. Die Tage werden länger, aber wie
schwach das Tageslicht hier ist. Ich sage „Nein". Sitzungs-
beginn um 7 Uhr abends, das ist eigentlich zu zeitig. Es wirft

Fragen auf, wenn ich so früh aus dem Büro gehe. Wenn die Fähre weg ist, kann sich der Heimweg um 20 Minuten verlängern. Zeit nach Hause zu fahren, Max zu küssen, bleibt nicht. Gisela ist zur Beisitzerin im Ortsverein gewählt.

Anfang 1974 bin ich vom Bauministerium ins Bundeskanzleramt versetzt worden. Vorige Woche fragte mich Richard Gebhard, ob er ihn während seines Urlaubs in der Redenschreiberstube von Helmut Schmidt vertreten will. Das klingt interessant. Mein Job als Verbindungsmann im Kanzleramt zum Bauministerium ist auch nicht übel. Doch Schreiben, das wollte ich schon immer. In der Führungsakademie lehren sie, du musst ein klares Ziel vor Augen haben. Ich habe nie ein klares Ziel vor Augen gehabt. Redenschreiben für den Bundeskanzler klingt gut.

Es ist gleich 22 Uhr. Ich bestelle Bratkartoffeln mit Würstchen. Nur keine Sülze. Alle essen hier Sülze, widerlich, schon dieses Wort: SÜLZE. Es sind immer noch Wahlen. Warum eigentlich immer „Im Auel"? Die Bedienung müsste eigentlich freundlicher zu so treuen Stammkunden sein wie wir. Henning Nase ist Ortsvereinsvorsitzender, ein Linker wie Othmar. Er spielt mit seinem Blondhaar, schickt Othmar oder Karla vor, uns klein zu kriegen. Er redet von Zeit zu Zeit auch mit uns, kann uns den Eindruck vermitteln, er sei gar nicht gegen uns, müsse allerdings Rücksicht nehmen. Henning Nase ist groß, hält den Kopf etwas schief. Niemand von uns ahnt, was wir später aus der Zeitung erfahren werden. Er ist ein DDR-Agent, wird jahrelang dafür ins Gefängnis gehen. Heute erleben wir ihn wie immer: verbindlich, zugeknöpft, vorsichtig. Ein Mensch durchaus mit Aura, der nicht zu viel trinkt und wenig Schlaf braucht.

Verlässt ihn gerade die Gelassenheit? Irgendetwas ist aus dem Ruder gelaufen. Edwin Lelke will nicht mehr. Edwin ist Pressesprecher. Othmar wirft ihm vor, der Ortsverein Königswinter stehe zu selten in der Zeitung. Das lerne ich erst später: Dieser Vorwurf wird allen Presseverantwortlichen in aller Welt immer gemacht. Edwin sagt: „Macht's doch alleine." Vier Kandidaten werden für die Nachfolge benannt. Tina Arndt ist darunter, eine hübsche Frau, hat zwei Kinder, fast fertige Juristin. Und Wolf Schmidt-Küster aus dem Forschungsministerium, der Seriöseste von uns, Unterabteilungsleiter, abgewogen, mit tiefer Stimme. Es geht auf 23 Uhr zu. Die Müdigkeit ist plötzlich weg. Ad hoc-Kandidaturen sind unprofessionell. Man besucht vor Wahlen Menschen zum Tee, zieht sie in eine stille Ecke und klopft ihnen auf die Schulter. Ich versuche es trotzdem, carpe momentum, stoße Karla neben mir an: „Schlag' mich vor!" 20 Minuten später kommen die drei von der Zählkommission aus dem Nebenzimmer zurück. Ich bin gewählt. Henning schluckt. Othmar macht eine Faust. Ich sehe es unter dem Tisch. Ich bin stolz, mich entschieden zu haben, im richtigen Moment richtig entschieden zu haben. Kommt leider nur selten vor.

„Können Sie ein Fenster aufmachen?" „Nein, das dürfen wir nicht." Also noch eine Zigarette anstecken. Es geht auf Mitternacht. Viele sind schon gegangen. Die Bedienung, eine junge Frau in roter Schürze, lehnt am Tresen, putzt sich die Nase. Tina Arndt stellt den Antrag. „Es wirkt wie Strategie," sagt sie, „wichtige Entscheidungen fallen sehr oft in später Nacht. Ich habe zwei Kinder zu Hause. Ich kann nicht die ganze Nacht in einem Lokal verbringen. Morgen muss ich wieder fit sein, in sechs Wochen ist mein Examen." Sie sagt: „Unfair", sagt „Solidarität mit denen, die noch andere Aufgaben als Politik haben." Beifall.

„Ist das ein Antrag?" Karlas Stimme klingt höher als sonst.

„Ja, in Zukunft keine Entscheidungen im Ortsverein nach 23 Uhr." Tina lässt sich die Butter nicht vom Brot nehmen. Sie weiß immer, was sie will, tritt bestimmt auf und ist trotzdem angenehm. Ich mag sie.

Der Antrag wird angenommen. Othmar und Henning heben als letzte die Hand.

Kurz darauf ist die Versammlung beendet. Noch ein Zwei-Minuten-Schwätzchen, dann gehen alle, fast alle. Henning, Othmar und Karla setzen sich in eine Ecke. Bestellen noch ein Bier. Es wird sein wie immer: Sie werden die Beschlüsse des Abends deuten und auslegen, zurechtbiegen ist auch kein falsches Wort. Sie werden noch eine Stunde hier sitzen und „nacharbeiten". Und Bier trinken. Ich gehe nach Hause. Soll ich den Redenschreiber-Job annehmen?

23

Gute Absicht genügte nicht. Begeisterung war kein Ersatz für Strategie. Kameradschaft, ja ja. Kälte und Parteilichkeit, darauf kam es an. Das musste ich lernen. Meine wichtigste Tat als Pressesprecher des Ortsvereins Königswinter war die Gründung einer Zeitung. „Berg & Tal" war ihr Name, spielte an auf den Dualismus von Altstadt am Rhein und Oberpleis hinter dem Siebengebirge. Konzept entwickeln, Layout festlegen, dann Druckerei finden, Papierqualität, Druckschrift, wochenlang auf und ab, hin und her, laufen, sprechen, verwerfen, probieren, entscheiden und wieder verwerfen. Abstimmen mit dem Vorstand, der Fraktion im Stadtrat, der Kasse. Wägen, tasten, bangen – eines Tages lag die erste Ausgabe, acht Seiten, handfest, gut lesbar auf dem Tisch und wir feierten sie. Ei, was war ich stolz – war Tina Arndt dankbar, die ihr Examen bestanden hatte und ruhig, bestimmend mitplante, mitdachte, mitentschieden hatte. In der dritten Auflage fand Othmar Ebert eine Stelle, die ihm missfiel. Schwupp, raus war ich aus der Redaktion, in der sich sein Parteiflügel festsetzte.

Trotzdem ging weiter, was ich mit niedergeschlagenen Augen ganz leise meine politische Karriere nannte. Zunächst wurde ich Mitglied des Ortsvereinsvorstandes der SPD Königswinter. Im Mai 1975 fanden Kommunalwahlen in Nordrhein-Westfalen statt, und ich kandidierte im Ortsteil Ittenbach für den Stadtrat Königswinter. Wahlkampf. Ein Zeitungsbild aus diesen Tagen zeigte, wie ich mich ins Zeug gelegt habe. Es zeigte mich lachend – Zuversicht macht wählbar, mit einer gespenstisch großen Brille. Wer im Trend der Mode liegt, hat bessere Chancen, mit einem unter hundert Löckchen grimmig, aber allerliebst schauenden Mäxchen auf dem Arm – Kinder gehören zum Wahlkampf – und der Parlamentarischen Staatssekretärin im Bundeskanzleramt Marie Schlei an der Seite: Seht her, wen ich alles für Euch mobilisieren kann. Straßenwahlkampf setzte auf den öffentlichen Effekt. Häuserwahlkampf war anstrengend, aber wirksamer.

*

Klingeln. Einen Schritt zurücktreten von der Haustür. Tina steht einen halben Schritt schräg links hinter mir. Das ist die Grundstellung im Häuserwahlkampf. Es ist 11 Uhr morgens. Wie zu erwarten: es öffnet eine Frau. Sie ist nicht eingeschüchtert, ich halte Abstand von ihrer Tür. Sie erschrickt nicht vor dem fremden Mann; sie sieht Tina neben mir. Den Namen habe ich mir eben eingeprägt: „Guten Morgen, Frau Malinkowitsch. Mein Name ist Thilo von Trotha. Ich bin Ihr SPD-Kandidat für die Kommunalwahl am 4. Mai." Frau Malinkowitsch lächelt. Oh, hier läuft es gut. Frau, wie heißt sie doch gleich, hat uns eben die Tür vor der Nase zugeschlagen. Das sind die härtesten Fälle. Meist gibt es ein staubtrockenes „Ja" oder „Na und". Kandidatenbrief abgeben. Lächeln. „Auf Wiedersehen." Oder niemand öffnet. Dann wandert der Brief unter den Türschlitz oder in den Briefkasten. Hauptsache die Leute wissen, der Kandidat war persönlich da. So haben wir es bei John F. Kennedy gelesen, so hat er Wahlkampf gemacht.

„Kommen Sie herein!"

Frau Malinkowitsch interessiert sich für die SPD. Das ist in Ittenbach selten. Hier kämpfen wir, damit die Leute merken, es gibt uns noch. 20 Prozent sind schon gut. „Gerne, aber wir müssen weiter. Freunde gewinnen."

Nie eine Einladung annehmen, schrieb Kennedy. Fragen, Erzählungen, Plauschen rauben Zeit. Zehn Minuten pro Besuch sind o.k. Nicht einzuhalten, wenn du einmal im Wohnzimmer sitzt. Das Schlimmste: sie bietet dir einen „guten Tropfen" an. Sagst du nein, kränkst du. Trinkst du, riechst du beim nächsten Besuch nach Alkohol. Ein kurzer Händedruck, ein Lächeln. „Bitten Sie auch Ihre Nachbarn, SPD zu wählen. Wer sie wählt, wählt mich." Weiter. Klingeln. Einen Schritt zurück treten von der Haustür …

Es war trotzdem richtig. Ich musste es versuchen. Der Erfolg bei den Kommunalwahlen hatte mich leichtsinnig gemacht? Mag sein. Chancen in der Politik sind flüchtig wie Wolken am Herbsthimmel. Heinz Frehsee hatte mir eine Chance gegeben, es war richtig zuzugreifen. Wie hätte ich ausschlagen können, mich im Wahlkreis Hameln-Land um seine Nachfolge zu bewerben? Als Mitglied des Bundestages konnte ich aktiv werden für die Einheit Deutschlands. „Du hast Chancen, aufgestellt zu werden", hatte er gesagt.

Wer da nicht zugriff, dem fehlte das Blut zur Politik. Eben in den Stadtrat eingezogen, im nächsten Jahr schon im Bundestag sitzen. Was für eine Perspektive. Da lohnte es, die Mühen des Wahlkampfes noch einmal zu schultern. Auch wenn es erst um die Vorwahl ging, damit ich bei der Wahl zum Bundestag 1976 überhaupt als Kandidat antreten durfte. Zumal ich das Terrain ja kannte.

Manchmal gelingt alles. Manchmal gelingt nichts. Wer steuert uns? Wir können am Widerstand, den Umständen, scheitern. Wir können an uns selbst scheitern. Wer steuert das? Ich bin an mir selbst gescheitert. Das ist die bitterste Art des Scheiterns. Wissen wir, was richtig ist für uns? Wer führt uns die Hand? Ich habe instinktsicher alles falsch gemacht. Die „politischen Freunde" im eigenen Ortsverein von der Kandidatur nicht ins Bild gesetzt. Von dort waren nur Querschüsse zu erwarten. Die Unterstützung der Familie nicht eingeholt. Wochenende für Wochenende 700 Kilometer Autofahrt mit Kopfschütteln zu Hause, kein guter Rückenwind. Schlecht vorbereitete Auftritte im Wahlkreis, wo ich vier weitere Bewerber ausstechen musste. Öffentliche Äußerungen von Heinz Frehsee, die mangelnde Unterstützung angedeutet haben. Intrigen, die ich zu spät durchschaut habe. Treffen mit dem damals noch Landespolitiker und späteren Bundeskanzler Gerhard Schröder, mehrfach geschieden, den ich auf seine Kinder ansprach: Wo immer ein Fettnäpfchen stand, ich hinein. Fröhlich spritzte das Fett nach allen Seiten.

Wir waren fünf. Vier Männer und Brigitte Traupe. Sechs Wochen, jeden Sonnabend, jeden Sonntag. Vorstellen, Werben im Ortsverein. Bad Münder, Coppenbrügge, Lauenau und und. Einer von uns würde das Rennen machen, jeder wollte siegen. Ich kannte die Orte noch leidlich von der Wahlkampftournee für Heinz Frehsee vor drei Jahren. Aber jetzt war alles anders. Die Schwächen anderer anprangern liegt mir nicht. Angriffe auf mich abzuwehren, kann ich nicht. Mich vor anderen eitel drehen, nein. Vor allem war ich wehrlos gegen eine schlichte Wahrheit: 1975 hatte die UNO erstmals das Internationale Jahr der Frau ausgerufen.

Brigitte war gut. Nicht besser als wir Männer, sie war gut. Das Ritual: fünf Kandidaten hielten vor den Vertretern des SPD-Ortsvereins eine Vorstellungs- und Werberede. Danach mussten wir Fragen beantworten und uns der Diskussion stellen, dann folgte die Abstimmung. Der Ortsverband stimmte auf der Wahlkreiskonferenz geschlossen für den Sieger. Der Sieger dort war Kandidat der SPD für die Bundestagswahl. Kurz vor der Abstimmung sagte Brigitte das entscheidende Wort, gegen das wir uns nicht wehren konnten: „Genossinnen und Genossen, Ihr werdet doch im Jahr der Frau keinen Mann wählen!" Sie machte das Rennen. Sie hat im Bundestag gute Arbeit geleistet, es bis zur Parlamentarischen Staatssekretärin im Verteidigungsministerium gebracht.

25

Depressionen? Selbstzweifel? Zorn auf mich selbst? Das Gefühl, wieder der Pechvogel zu sein? Von jedem etwas, ein düsteres Gemisch. Schluss mit der Politik, es fehlte mir das Zeug dazu, Rückzug ins Private. Versteinert mein Herz während der letzten 300 Kilometer Fahrt von Hameln nach Königswinter. Wie viele Hoffnungen, wie viel Härte gegen mich selbst lagen auf dieser Strecke! Ein kleiner Trost, aber es gab ihn, die Gedanken an Max und Wolf, an das neue Zuhause.

*

Dr. Goos. Sophie will partout zu Dr. Goos nach Freckenhorst. Er ist ein Mann des neuen Stils. Schluss mit OP-Atmosphäre, grellem Licht, gekachelten Wänden. Geburt ist keine Krankheit. Geburt ist ein Fest. Dr. Goos ist mehr Zeremonienmeister als Arzt. Nicht in einem Kreißsaal soll unser zweites Kind zur Welt kommen. Nur der gynäkologische Stuhl zeigt an, dies ist kein Wohnzimmer. Trotz des Sessels in der Ecke und der Stehlampe daneben. Trotz des Couchtisches, auf dem die Zeitung des 28. August 1974 liegt. Ein Teppich könnte Schall schlucken, aber Sophie schreit nicht.

Sophie ist Sophie ist Sophie. Beherrscht, diszipliniert, freundlich. Zuversichtlich, zu jeder Anstrengung bereit, strömt sie die Gewissheit aus, es wird alles gut werden. Der Zeremonienmeister handelt sendungsbewusst, seine Stimme ist weich, die Hände gepflegt. Seine Cordhosen sind leicht verbeult unter dem Kittel, immerhin, einen Kittel trägt er. Neben dem entscheidenden Stuhl blinken einige Instrumente in diskretem Licht. Dr. Goos ist gut gelaunt. Sophie ist tapfer. Unser zweites Kind soll Wolf heißen.

Es ist nicht leicht, mit einem dicken Bauch charmant zu sein. Sophies Lächeln deutet einen Versuch an. Sie freut sich darauf, Wolf bald in die Arme zu nehmen, auf der Haut zu spüren. Nie wieder soll es so werden wie bei der Geburt von Max. Damals hat man ihr das Kind gleich nach der Geburt weggenommen, weggesperrt in einen Babyraum. Das alles sollte jetzt anders werden. Dafür stand Dr. Goos. Aus dem Bauch auf den Bauch. Das will Sophie. Darauf freut sie sich.

Dr. Goos steht auch dafür: Der Vater muss die Geburt miterleben. Das ist der neue Trend. Er spürt meine reduzierte Begeisterung, weist mir Tätigkeiten zu, damit ich mich nicht abwende. Hochdrehen, nicht zu schnell, ja, so ist es richtig. Die Rückenlehne des schrecklichen Stuhls an einer Kurbel, links rum, hochdrehen, damit die Geburt gelingen kann. Noch ein bisschen, ja, Pause. Jetzt wieder, rechtsrum, herunter drehen, langsamer. Inbrünstig befolge ich die Weisungen des Arztes. Mein Gott, sonst wird das nichts mit Wolf. Wieder herauf, noch ein bisschen mehr, wieder herunter. Ich bin ganz konzentriert. Sophie wird ihren Teil schon irgendwie hinkriegen, zusammen wollen wir unser Wölfchen auf die Welt bringen. Plötzlich ist er da, schreit, wird an den Beinen hoch gehalten und gewaschen. Liegt in den Armen der Mutter. Sophies Lächeln ist kaum zu sehen, es liegt der Triumph des Gelingens darin. Später lachen wir darüber. Narrenspiel. Lehne rauf, Lehne runter. Geschickt, der Goos. Narrenspiel, um mich bei der Stange zu halten. Unser Wölfchen ist da, ein wunderbares Kind.

Mindestens 250 Jahre alt sollte der Bauernhof zwischen den Ortsteilen Ittenbach und Oberpleis in Königswinter sein, so stand es in der Zeitung. In der Wochenendausgabe zum Verkauf annonciert. Das richtige für uns? Die Wohnung im Hardtweg war für vier Menschen zu klein, daran bestand kein Zweifel. Eine Veränderung musste sein, aber gleich ein ganzer Bauernhof, der erst vor einem Jahr aufgelassen war?

Erst musste das Sonntagsfrühstück sein, das war heilig, dann konnte ich nach Nonnenberg fahren, den Hof anschauen. Über 50 Leute drängten sich zum Termin, einige kannte ich, wusste, sie sind Menschen des schnellen Entschlusses. Ein geschlossener Hof halb so groß wie ein Fußballfeld, eine Linde in der Mitte. Sein Karree wurde eingefasst von einem Wohnhaus und drei Scheunen, zumeist Fachwerk. Zuerst schaute ich ins Haus, besser Wohnhäuschen. Hier hatten bis vor kurzem zwei Familien gelebt? Sagte der Makler. Klein, aber das Haus hat Potential. Ein Blick in die Scheunen, eine riesige, nicht zu beherrschen, eine kleine, sehr hübsch, eine dritte, seinerzeit Abstellraum für einen Traktor. Aber auch hier Potential, die Hoffnung auf gute Entwicklung begründet. Ein Blick in den großzügigen Garten, Einverständnis. 10 Minuten nahm ich mir für alles, dann war ich entschieden. Beim Kauf blühte die Linde. Beim Einzug im Herbst 1975 stand sie blattlos, es herrschte Dauerregen.

*

Die Wolken hängen grau und tief, es ist kühl. Wolfs dicker Pampers-Po ist das einzige Weiß weit und breit. Tollpatschig schaukelt er ihn über den schlammigen Boden, vom tage-langen Regen aufgeweicht bis in die Tiefe. Der Misthaufen am Fuß der Linde ist beseitigt. Es gibt noch genug Reste, die Wolfs Interesse finden. Immerhin ungefährlich. Gefährlich wird es erst, wenn er der Grube vor der großen Scheune zu nahe kommt, vor Jahresfrist noch Kuhstall, die bis dahin Sammler der Fäkalien für Mensch und Tier war. Ich habe gestern gemerkt, ihre Abdeckung ist brüchig, Einsturzgefahr. Der Pampers-Po ist nicht mehr weiß, Wolf hat sich hinge-setzt, platscht mit den Händen in einer Pfütze.

Max kommt aus dem Traktoren-Haus gelaufen. Der Regen stört ihn so wenig, wie sich Wolf stören lässt. Mit beiden Beinen, platsch, springt er in eine Pfütze, ein Schwall aus Wasser-Schlamm-Gemisch ergießt sich über Wolf. Der lacht. Sophie kommt aus der kleinen Scheune. Sie versucht, über Max zu lachen, es gelingt nicht. Sie packt ihn am Arm, zerrt ihn ins Wohnhaus. Wolf weint und zieht eine breite Schlammspur ins Haus. Sophie hat starke Nerven, sie sagt nichts. Ich gehe ins Büro.

Helmut Schmidt und Deutscher Herbst

1

Doch, das wollte ich machen. Redenschreiben für den besten Redner der deutschen Politik, für Bundeskanzler Helmut Schmidt. Das war was. Ferienvertretung hin oder her, man würde schon sehen. Den Stein ins Wasser werfen, die Ringe waren unser Schicksal. Die Redenscheiber waren in der Gruppe 03 vereint, das klang fast wie James Bond 007, war spannend. Oder griff ich wieder zu hoch wie nach dem Mandat für den Bundestag? Leben war Bemühung, Ringen, Kampf auch gegen sich selbst. Durch manche Erfahrungen dürfen wir nicht klüger werden, redete ich mir zu. Ich war 34 Jahre alt, mich hängenlassen? Neue Chance, neues Glück.

Helmut Schmidt war erst seit wenigen Monaten als Nachfolger Willy Brandts im Amt. Alles sollte er haben, meinen Dienst mit dem Idealismus des guten Willens, das Selbstvertrauen der Jugend. Also nahm ich an.

Die Gruppe 03 war in der „Spinne", dem Organigramm des Bundeskanzleramts, ganz oben angesiedelt. Direkt neben dem Kästchen „Bundeskanzler Helmut Schmidt". Gleichauf mit dem Persönlichen Referenten und dem Büroleiter des Kanzlers.

Das Amt wurde von Staatssekretär Schüler stramm geführt, einem Mann kleinen Wuchses mit großen braunen Augen und hoher Stirn. Die Wärme der freundlich lächelnden Augen täuschte hinweg über eine kalte Entscheidungsfreude. Nichts ohne sein rotes Kürzel, Staatssekretäre zeichneten rot. Keine Vermerke, Skizzen, Entwürfe, Gedankenspiele, Überlegungen durften ohne rotes Kürzel nach draußen dringen. Das Bundeskanzleramt sprach mit einer Stimme. Verstöße wurden scharf geahndet, Karriereknick, Rauswurf.

Die Gruppe 03 stand in der Spinne über Schüler, auch über Gunter Huonker, dem Parlamentarischen Staatssekretär. Die Redenschreiber waren frei, frei von aller Hierarchie, nur dem Bundeskanzler verantwortlich. Marianne Duden, diese tüchtige und achtenswerte Frau, die Jahre später Chefsekretärin auch von Bundeskanzler Gerhard Schröder wurde, schickte uns den Dreizeiler: „Der Bundeskanzler hat entschieden, am (Datum) vor (Publikum) zu sprechen. Erbitte Vorlage des Entwurfs bis (Datum)." Der Rest war Freiheit, war das Gemisch aus politischem Wissen, Einschätzung dessen, was der Kanzler sagen konnte und zu sagen bereit war. Informationen und deren Beschaffung. War Kenntnis politischer Zusammenhänge, Sensibilität, Phantasie und Schreibkraft.

Das Befreiende dieser Freiheit konnte nur ermessen, wer die strenge Hierarchie öffentlicher Institutionen sonst kannte. Wer vertraut war mit dem Vorlagesystem vom Referenten über den Referatsleiter, Unterabteilungsleiter, Abteilungsleiter, Staatssekretär, Parlamentarischen Staatssekretär zum Kanzler mit all den Einflussnahmen auf den ursprünglichen Text, die oft mehr vom Geschmack und Gefühl als von besserem Wissen gesteuert waren und die ursprüngliche Idee oft genug ins Gegenteil verzauberten. Wer unter dem Mitzeichnungszwang gelitten hat, jenem Verfahren, das einer unübersehbaren Schar von Menschen aus anderen Referaten, Gruppen, Abteilungen und Ministerien erlaubte, an der Verbesserung einer Vorlage mitzuwirken. Einerseits vernünftig, weil ein Gedanke von vielen Seiten beleuchtet wurde, andererseits schrecklich, weil entmutigend und umständlich. Allein Tapferkeit, Humor und ständige Selbstaufrüstung verschafften den Aufwind, den gefährlichen Fallwinden der Gleichgültigkeit und Resignation zu entgehen. Diesem allen entkam ich in die Freiheit.

Im Oktober 1974 zog ich in das Palais Schaumburg. Der Neubau des Kanzleramtes, das Helmut Schmidt als „Sparkassengebäude" verspotten sollte, war noch nicht fertig. 19 Jahre lagen zwischen Flucht aus der DDR und Arbeit für den Bundeskanzler der Bundesrepublik Deutschland.

Dabei lag das Donnergrollen des Rücktritts von Willy Brandt noch in der Luft. Der Name Günter Guillaume war in aller Munde. Der Name des Spions, der bei seiner Festnahme im April 1974 bekannte, Offizier der DDR zu sein und einforderte, man möge seine Offiziersehre respektieren. Ein Jahr nach mir, 1956, war er als angeblicher Flüchtling in den Westen gekommen, hatte in der SPD Karriere gemacht und war zuletzt persönlicher Referent Willy Brandts im Bundeskanzleramt. Willy Brandt trat nach der Enttarnung des Spions schockiert zurück. Helmut Schmidt folgte ihm als Kanzler nach. Das lag erst fünf Monate zurück.

2

Richard Gebhard war Geschäftsführer des Bayerischen Alpenvereins geworden. Er kam nicht aus dem Urlaub zurück. Ich blieb. Und wurde nach einer Proberede fest in die Gruppe 03 aufgenommen. Die Gruppe, das waren drei, manchmal vier oder sogar fünf Männer oder Frauen, die im

Rhythmus von etwa zwei Jahren kamen und gingen. Leiter der Gruppe war Christian Bauer. Er war schmal, hoch aufgeschossen und ging, wie um sich dafür zu entschuldigen, mit leicht nach vorne gebeugtem Körper. Das ließ ihn kleiner erscheinen als er war. Der in seiner Seele tiefsitzende Ernst wurzelte in Klugheit und Erfahrungsreichtum. Obenauf saßen Schalk und Humor. Er war ein einfühlsamer und phantasiebegabter Journalist und konnte aus dieser Mischung bildstarke Worte schöpfen. Der Bundeskanzler hatte in ihm einen verlässlichen Helfer. Wir konnten uns darauf verlassen, in der linken Schublade seines Schreibtisches lagen immer Schokolade, Bonbons oder Gummibärchen, die er großzügig an uns verteilte. Seine Zensur war streng. Und bitter nötig.

Die Trefferquote meiner Beiträge zu Kanzlerreden war anfangs bescheiden. Genauer gesagt lag sie nahe null. Als Erstes musste ich von Christian Bauer lernen, die Sprache der Politik ist rücksichtsvoll, will niemanden ausgrenzen, muss hinreichend allgemein sein, um allseits zustimmungsfähig zu werden. Die Unklarheit der politischen Rede rührte aus der Unbestimmtheit nicht der Formulierung, sondern der Aussage und diente damit zugleich den Interessen des Redners. Er verprellte möglichst niemanden, musste also am nächsten Wahltag keine Rache befürchten. Der Redner reichte mit seinen Beobachtungen, Gedanken, Urteilen und Empfehlungen dem Publikum gleichsam eine Schachtel voll bunter Pralinen und hoffte, die Hörer werden sich die heraus nehmen, die er selbst bevorzugt.

Wer etwa ein kraftvolles Auftreten Deutschlands in der Weltpolitik für richtig hielt, sagte besser nicht: „Ich wünsche mir ein starkes Deutschland in der Welt." Ich musste lernen, derlei Eindeutigkeit in zusätzliche Gedanken einzubetten. „Deutschland ist ein Land der Bescheidenheit und Zurückhaltung. Damit sind wir nach den Schrecken des von Deutschland verschuldeten Krieges gut gefahren. Deswegen haben wir die Zuneigung unserer Nachbarn erworben. Aber wir haben auch Verantwortung in der Welt. Daraus folgt, wir dürfen die Kärrner-Arbeit nicht den anderen Ländern aufbürden. Ländern, die uns nach dem Krieg geholfen haben, müssen wir nun helfen. Bescheidenheit ist gut. Solidarität ist nötig."

Die zweite Bauer-Weisheit hatte ihre Wurzel in einer Zeit, als Hakle, Alouette und Happy End ihre segensreiche Tätigkeit noch nicht entfaltet hatten: „Denk immer daran, die öffentliche Meinung hat ein kurzes Gedächtnis. Die Zeitung von heute hängt morgen auf dem Klo."

3

Ein bisschen feierlich blieb es immer, das Ritual der Einfahrt in das neu gebaute Bundeskanzleramt. Langsam senkte sich das Stahlgitter in die Erde hinab. Die Grenzsoldaten kannten mein Auto. Ein rascher Blick, ein freundlicher Gruß. Der Schlagbaum ging hoch, wie eine Geste des Respekts. Drinsein war noch nicht ganz drin. Zunächst nach links abbiegen in die Tiefgarage, bombensicher. Den Eingang zum atomaren Schutzraum unten wollte ich nicht sehen. Das hat mich immer verstört, Regierungen schützen sich besser als ihr Volk. Das kann leichtsinnig machen.

Auf dem Weg zum Lift waren die Gedanken schon ganz bei der Rede. Was konnte der Bundeskanzler auf dem deutschen Historikerkongress sagen, jetzt, im Jahr 1975, in Zeiten der Ölkrise, der Geschichtsvergessenheit, zunehmender „Gastarbeiterprobleme", wie das damals hieß, 30 Jahre nach Kriegsende, mitten im Kalten Krieg und angesichts beschleunigter Aufrüstung mit Atomwaffen und Raketen in Ost und West?

Friede ist nicht selbstverständlich, jeder macht ihn, muss ihn täglich machen, nicht nur Regierungen. Friede ist nicht Gottesgeschenk, sondern Volkswille. Passte dieser Gedanke? Wer von Frieden spricht muss an Europa denken, nicht nur wegen des Friedens. Unser Wohlstand, der Bestand unserer Kultur hängt ab vom Gelingen des Experiments Europa. Das musste wieder betont werden, auch hier! Ökonomie muss rein, Schmidt ist Ökonom. Er wird „ins Bewusstsein heben", wie er immer gerne sagt, die Staaten dürfen in Zeiten der Ölkrise nicht einen Abwertungswettlauf der Währungen gegeneinander starten. Die „Beggar-thy-Neighbour-Politik" vor 1914 hat erheblich zum Krieg beigetragen, das hat er oft „hervorgehoben" – diese Vokabel liebte er –, das ist richtig, das werde ich irgendwie einarbeiten. Passte das in eine Rede vor Historikern? Doch, so etwas machte Geschichte, musste gesagt werden.

Der Lift gegenüber dem Eingang zum Atombunker führte nach oben in den Abteilungsbau. So hieß der dreiflügelige Bau, in dem die meisten Mitarbeiter des Amtes arbeiteten. Oben angekommen, Schwenk nach links, hin zu der schusssicheren Glastür, die zum Kanzlerbau führte, und die nur wenigen zugänglich war. Die Stechkarte, wo war die Stechkarte, ah hier, heute in der linken Tasche, da muss ich mehr Ordnung reinbringen. Auch hier die Wände in Holz, Eiche, deren Wärme sich scharf abhob vom kalten Metall riesiger Fensterrahmen. Zusammen mit dem hellen Teppichboden trotzdem eine gelungene Trias. Gediegen alles, wertvoll, edel. Hier arbeitete der Bundeskanzler. Wer hier war, war ganz drin.

Gewohnheit macht blind. Die Weitläufigkeit der Flure fiel mir ebenso wenig mehr auf wie die schmale Treppe hinunter zum Kabinettsaal. Die bescheidene Höhe der Räume erinnerte an Sozialwohnungen, auch darüber hatte ich mich nur anfangs gewundert. Was immer noch auffiel, war die Stille. Nie ein lautes Wort, kein Türschlagen. Stille förderte Konzentration. Von jeder Bewegung Helmut Schmidts ging Konzentration aus. Das Einen-Fuß-vor-den-anderen-Setzen beim Gehen, konzentriert. Nichts dem Zufall überlassen. Nichts unbedacht tun. Ruhig, still, konzentriert.

Die Tür zu Peter Jabcke stand immer offen. Peter war ein Mann der offenen Tür, kein Mann des eleganten Schreitens. Sein Gang hatte etwas vom Watscheln der Gans, passte gut zu seiner untersetzten Figur, sanft hin und her schwankend. Peter war ein Freund, ein guter Kollege und Ratgeber. Durch ihn lernte ich ein Lieblingswort des Kanzlers kennen, „plagiare necesse est", man muss abschreiben, von eigenen Reden abschreiben, Wiederholung sicherte Kontinuität. Es musste nicht jede Rede prallvoll von Neuem sein. Bekanntes neu formulieren, in neues Licht tauchen, es verständlicher, begreiflicher machen, auch das gehörte zur Kunst des Redenschreibens.

Die grünen Jacken, die Petra Rosenbaum gerne trug, passten zu ihren roten Haaren. Petra war Journalistin, kampfesfreudig, so hell im Kopf wie ein loderndes Feuer, und ich bedauerte es tief, als sie die Gruppe 03 verließ. Sie konnte nicht länger ertragen, andere, selbst den Kanzler, im Glanz ihrer Reden zu sehen. „Ich muss meinen Namen wiederfinden, schon damit meine Kollegen mich nicht vergessen", sagte sie. Verschiedene Wünsche und Forderungen ausgleichen, die jede für sich wünschenswert und berechtigt sind, aber einander widersprechen, das machte Politik aus, lehrte sie mich. Hier wurde der Kompromiss zur Königsdisziplin. Politik demokratisch, zur Kunst.

Und musste doch zugleich Wege in die Zukunft weisen, das wurde Christian Bauer nie müde, immer wieder hervorzuheben. „Orientierung geben im Kampf um Köpfe", pflegte er zu sagen. „Wirklichkeit wird durch Wahrnehmung gemacht. Die Sprache steuert, was wir wahrnehmen und wie wir es wahrnehmen. Sie ist das stärkste Führungsinstrument. Was der Mensch tut, findet zuerst als Absicht, als Plan im Kopf statt." Von ihm weiß ich, nichts führt die Menschen stärker als die Sprache.

*

10 Uhr. Jeden Morgen gegen 10 Uhr sitzen wir im Zimmer von Christian Bauer. Besprechungsrunde. Kaffeerunde. Wolfgang Heinze sitzt auf dem Schreibtisch, der Schreibtischkante. Sprungbereit.

„Und wo bleibt die Glaubwürdigkeit?"

Solche Fragen aufzuwerfen ist sein Markenzeichen. Wolfgang Heinze, drahtig, Reserveoffizier beachtlichen Ranges, will nicht verletzen. Schleier wegreißen, das macht ihm Freude, Klarheit schaffen. Er wippt mit dem Oberkörper, guckt uns herausfordernd an. Christian Bauer schweigt. Er ist begabt zum Schreiben und zum Schweigen.

„Ohne Glaubwürdigkeit läuft doch nichts. Da kann Helmut Schmidt sagen, was er will." Nachlegen, nachfassen, nachbeißen, das ist Wolfgang. „Das haben wir doch bei Christian gelernt. Rede will motivieren. Wer Menschen motiviert, führt sie. Rede ist also Führung. Führen kannst du mit Gewalt, durch Vorbild und mit Worten. Wer bereit ist, sich durch Reden führen zu lassen, muss sicher sein, nicht hinters Licht geführt zu werden, muss darauf vertrauen, der Redner ist redlich."

Wolfgang in Fahrt – alle in Not. Ein Fall für Fritz von Globig. Zu Fritz Globig sagen wir „Sie“. Der pensionierte Diplomat hat das nie gefordert. Manchmal, in lausbübischen Momenten, wenn sein Lippenbart vibriert, wenn er mit beiden Händen in sein für die Jahre erstaunlich volles Haar greift, meine ich, er wäre froh, sich mit uns duzen zu können. Er gehört nur halb zu uns Redenschreibern. Seine Aufgabe ist das Lesen. Er liest Bücher für den Kanzler, ist sein Vorleser. Über Nacht nimmt er sich prominente Neuerscheinungen vor, fasst das Wichtigste auf einer oder zwei Seiten zusammen. Anderntags kann Helmut Schmidt damit brillieren. Fritz Globig ist der Weiseste von uns.

„Wir wissen nicht, wie Vertrauen entsteht.“ Die braune Weste, der dezente Schlips, Globig ist eine Marke, sagt nie etwas leichthin. Immer gräbt er die Worte aus sich heraus.

„Vertrauen regiert die Welt. Man muss doch etwas darüber wissen“, schnappt Wolfgang.

„Vertrieben wird es durch mangelnde Wahrhaftigkeit, durch Übertreibung. Gewonnen wird es durch Lebenswandel, Leistung, Ausstrahlung. Ist ein Gemisch aus Wortinhalt und Vortragsweise, öffentlichem Auftreten und öffentlichem Ruf, gipfelt im Charisma. Aus Lebenserfahrung weiß ich, Führungskraft erwächst aus Anstand und Haltung. Es muss alles stimmen, was ihr dem Kanzler aufschreibt.“

„Wie verträgt sich das mit dem Diffusen, der Überparteilichkeit, der Notwendigkeit, vollendete Klarheit in den Kanzlerreden zu vermeiden?“ Wolfgang ist vom Schreibtisch gerutscht.

„Die Balance zwischen klaren Gedanken und vorsichtiger Formulierung zu wahren, macht die Dignität eures Berufs aus.“

Christian Bauer hat sich gerade ein Bonbon in den Mund gesteckt. Er verschluckt es. „Wir sind ja keine Lohnschreiber. Den Kanzler manipulieren, pfui, das tun wir nicht. Wir helfen ihm, sich ganz zu entfalten, ganz der zu werden, der er ist."

Wolfgang richtet sich auf, das Hemd spannt über der Brust. Wolfgang und seine Hemden. Blaue Hemden, er trägt ausnahmslos blaue Hemden. „Na, dann können wir ja richtig stolz sein."

Christian Bauer fingert nach einem Schokoladenkeks. „Jeder wie er mag. Ich bin vor allem zufrieden mit unserer neuen Maschine."

Mit dem verhaltenen Stolz dessen, der in der kafkaesken Unfasslichkeit öffentlicher Verwaltung etwas durchgesetzt hat, zeigt er auf den Schreibautomaten. Brusthoch und breit wie eine aufgeschlagene *FAZ* steht er im Sekretariat, das Neueste, was die Technik zu bieten hat. Auf die Scheibe kommt es an, so groß wie eine Schallplatte, glibberig wie Götterspeise. Auf ihr ist der Text gespeichert, kann korrigiert werden, ohne alles völlig neu schreiben zu müssen. Hinein mit ihr in den flachen Schlitz. Knopfdruck und, wenn das Glück einverstanden ist, los geht das diskrete Getöse. Erstaunlich schnell liegen sie im Körbchen, die sauber geschriebenen Textseiten.

Wolfgang steigt wieder auf seine Schreibtischkante. Hebt die Arme, holt Luft. Kriegt „Politikverdrossenheit" noch raus.

„Gehen wir an die Arbeit." Christian Bauer steht auf. Wir verstehen, die Kaffeepause ist beendet. Ich liebe solche Gespräche, sie helfen den Sinn unserer Arbeit zu begreifen.

Die Tage des Aufbruchs waren vorbei. Die Tage des Frühlings, des heiter verspielten Protestes. APO und RAF
beherrschten zunehmend die Schlagzeilen der Zeitungen.
Außerparlamentarische Opposition und Rote Armee Fraktion, Gewalt, Todesboten.

Berlin. 27. Februar 1975. Peter Lorenz war Spitzenkandidat
der CDU. Drei Tage vor der Wahl zum Abgeordnetenhaus.
Kurz vor seinem Haus rammten sie sein Auto. Schlugen den
Fahrer nieder, schleppten Lorenz in einen Keller in Kreuz-
berg. Geiselnahme. Erpressung. Sie forderten die Freilassung
von sechs ihrer Freunde. „Bewegung 2. Juni" nannten sich die
Täter. Gaben ihre Tat als Rache für Benno Ohnesorg aus. Die
Kugel eines Polizisten hatte Ohnesorg am 2. Juni 1967 töd-
lich getroffen. Bei einer Demonstration gegen den Besuch des
Schahs von Persien in Berlin. Später erfuhr es die Welt, der
Polizist war DDR-Agent. Verwirrende Signale.

Stockholm. 24. April 1975. Das „Kommando Holger Meins"
stürmte die deutsche Botschaft. Fünf Männer und eine Frau,
sie verbarrikadierten sich im oberen Stock. Nahmen 12 Geiseln. Verlangten die Freilassung von sechs RAF-Mitgliedern,
darunter Andreas Baader, Ulrike Meinhof, Gudrun Ensslin.
Die schwedische Polizei besetzte das Untergeschoss. Helmut
Schmidt quälte sich. Rang mit sich, quälte sich. Leben gegen
Erpressbarkeit, quälte sich und sagte: „Nein." Fünf Schüsse
trafen den Militärattaché Andreas von Mirbach. Von hinten.
In Kopf, Rücken und Bein. Die Treppe stießen sie ihn hinunter. Schmidt rang mit sich, quälte sich, blieb hart. Der Wirt-
schaftsattaché Heinz Hillegaart starb. Ermordet. Der Herbst
begann vor dem Frühjahr.

Karlsruhe. 7. April 1977, Karfreitag. Siegfried Buback war Generalbundesanwalt. Auf dem Weg zu seinem Arbeitsplatz, Bundesgerichtshof, stoppte sein Auto an einer Ampel. Ein Motorrad fuhr direkt neben das Auto. Zwei Menschen, zwei grüne Integralhelme. Der Soziusfahrer zog das Gewehr, an Lauf und Schaft verkürzt, Selbstladewaffe HK43. Er schoss von oben auf die drei Männer im Auto.

Buback starb auf der Stelle. Sein Fahrer Wolfgang Göbel starb auf der Stelle. Georg Wurster starb fünf Tage später. „Kommando Ulrike Meinhof", RAF. Es wurde kalt in Deutschland.

*

Frühstück in Nonnenberg. Morgen ist Ostern. Die Ostereier liegen auf dem Tisch. Die Hasenkapelle, fingerhohe Figuren, stehen im frischen Grün, jede ein Instrument in Händen: Trompete, Geige, Flöte und Pauke. Max hat sich von seinem Wutanfall erholt. Vom Fenster hat er beobachtet, Bauer Pannenbecker nebenan hat eine Kuh geschlachtet, jetzt hängt sie zum Ausbluten an einer Leiter.

„Mami, hol die Polizei. Das ist Mord! Das dürfen die doch nicht machen."

10 Minuten Geschrei, Toben, Wut. Bis Wolf dazu tritt, in seiner tiefen, rauen Kinderstimme sagt:

„Max, warum regst Du Dich so auf. Es gibt doch noch genug Kühe."

Wolf stopft sich zufrieden ein Schokoladenei in den Mund. Sophies festlich geschmückter Tisch ist der Mittelpunkt der Welt. Aber es hilft nichts. Gestern ist Siegfried Buback erschossen worden. Heute muss ich die Rede schreiben, die Helmut Schmidt in drei Tagen beim Staatsbegräbnis halten will.

Die Aufgabe hätte auch Peter Jabcke zufallen können. Peter mit dem Watschelgang und den gutmütigen Augen. Er ist schon länger dabei als ich. Christian Bauer ist im Osterurlaub, der hat Glück. Petra hätte es auch gut machen können. Frauen haben mehr Mut zu Gefühlen. Doch das Los fiel auf mich. Wer den Becher geschüttelt hat, weiß ich nicht.

Sonnabends wird im Bundeskanzleramt nicht gearbeitet. Nirgendwo im Regierungsviertel wird sonnabends gearbeitet. Erst recht nicht am Sonnabend vor Ostern. Die Straßen rings um das Kanzleramt, Görresstraße, Oberaustraße, Heinrichstraße, vorgestern war es unmöglich, hier einen Parkplatz zu finden. Heute sind sie verwaist. Wie nach einer Evakuierung. Vom Rhein steigt leichter Nebel auf. Das Bundeskanzleramt liegt wie ein großer schimmernder Fisch im Grün einer Wiese. Die braune Metallfassade des Amtes glänzt in der Feuchtigkeit. Ein kühler Tag im April.

Die Grenzschützer am Kanzleramt prüfen meine Zutrittskarte. Die Tiefgarage, die Flure noch stiller als sonst. Die Stille bedrückt. Die Flure sind weit und groß und fremd. Der Schreibtisch ist eine sichere Barrikade.

Siegfried Buback, den Namen kenne ich aus der Zeitung. Generalbundesanwalt Buback. Mehr weiß ich nicht. An normalen Tagen schaden lückenhafte Kenntnisse nicht. Den Redenschreibern des Bundeskanzlers steht die gesamte Bundesregierung mit all ihren Ministern, Staatssekretären, Abteilungsleitern und Fachleuten als Informationsquelle zur Verfügung. Tag und Nacht. Vor ein paar Monaten habe ich den Verteidigungsminister Hans Apel nachts um drei Uhr aus dem Bett geklingelt. Nur er hatte die für eine Regierungserklärung des Bundeskanzlers jetzt erforderliche Information. Er kam aus dem Bett und gab freundlich Auskunft. Heute ist kein normaler Arbeitstag. An einem einfachen Sonnabend sind die Bonner Beamten zu Hause. Am Sonnabend vor Ostern sind sie in den Ferien.

An normalen Tagen ist die Abwesenheit eines Beamten kein Problem. Der Beamte ist ersetzbar, hat einen Vertreter. Heute ist auch der Vertreter im Urlaub. An normalen Tagen sind die Ferienadressen wichtiger Leute bekannt. Heute ist niemand da, der sie sagen kann.

Kopf hoch. Vielleicht finde ich doch jemanden, der etwas über Buback und seine Begleiter weiß. Nach zwei Stunden: Nein. Nach vier Stunden: Nein. Internet gibt es noch nicht, die Bibliotheken sind geschlossen. Dann muss es ohne Informationen gehen. Ein erster Anlauf. Sechs, acht, zehn Stunden: ein wirbelnder Tanz in der Leere. Der Papierkorb ist voll von abgebrochenen Entwürfen. Zehn Uhr abends, ich verliere die Übersicht. Habe Sehnsucht nach den Kindern, packe meine Sachen. Die Männer vom Bundesgrenzschutz grüßen freundlich. Wie eine Schildkröte liegt das Haus jetzt in der Dunkelheit.

Max und Wolf gehören längst ins Bett. Ich bin glücklich, sie sind es noch nicht. Wir machen eine Kissenschlacht. Max ist das Wiesel, weicht gewandt den Geschossen aus, ist zäh, angriffsfreudig, unermüdlich. Wolf ist der Bär. Stark, bei allem Tempo zugleich behaglich. Das Spiel bleibt für ihn Spiel, wo es für Max beginnt, Selbstbehauptung zu werden. Sophie ist nachsichtig empört. „Du kescherst die Kinder auf." Ich weiß, sie hat recht. Sie weiß, das muss sein.

Eiersuchen am Ostersonntag, ich will dabei sein. Die Sonne scheint, also hinaus in den Garten. Er ist weit, die ersten Forsythien blühen. Im April gibt es nur wenige Stellen, bunte Eier, Schokoladenhasen und kleine Geschenke unsichtbar zu machen. Max' Augen flitzen hin und her, die Schritte folgen den Blicken. Wolf hängt an den Fersen des großen Bruders, schafft es zugleich, dessen Zick-Zack gemächlich abzurunden. Die leichten Verstecke knackt Max. Die komplizierten entschlüsselt Wolf. Am Ende wird geteilt. Sophies Osterfrühstück, eine Freude für Herz und Auge. Ein Aktendeckel großes Stück Wiese hat sie im Garten ausgestochen und auf den Tisch gestellt. Zwischen der Hasenkapelle kringelt sich ein Regenwurm. Die rot, blau, gelb gefärbten Eier leuchten neben den Gänseblümchen noch bunter. Die Schokoladeneier im glitzernden Papier blitzen noch heller. Wir frühstücken zügig. In die Kirche kann ich nicht mitkommen. Die Rede, die Rede.

Die Grenzschützer grüßen freundlich wie immer. Ich habe heute keine Zeit für ein Schwätzchen. Es wird zwei Jahre dauern bis eine Ostersonne die Skulptur „Large Two Forms" von Henry Moore im warmen ocker-braun vor der dunkel drohenden Fassade des Amtes aufleuchten lassen wird. Geschmeidige Umarmung vor starrer Korrektheit. Jetzt ist der Platz grün. In der Tiefgarage kein Auto außer meinem. So lautlos wie heute waren die Flure des Kanzleramtes selbst gestern nicht. Leere, die fiebrig macht. Stille, die nicht zu überhören ist.

Sehr von Ferne nehme ich das alles wahr. Im Vordergrund: Was kann ich über Siegfried Buback sagen. „Feiger Mord"? Gibt es auch tapfere Morde? „Kämpfer für Freiheit und Demokratie"? War er das, oder war er mehr der Karrierist? „Diener der Gerechtigkeit"? Ist das ein rechtes Wort für einen Ankläger? Doch, eigentlich schon! Aber ganz genau? Zu abgegriffen? Sophie hat mir Butterbrote mitgegeben. Die beiden Eier, eins blau, eins rot, sind hier so fremd wie ein Harlekin am offenen Grab. Die Aktentasche fliegt auf den kleinen Tisch.

Der Papierkorb ist noch voll von gestern. Ich presse die geknüllten Seiten auf seinem Grund zusammen. Habe ich gestern schon gemacht. Bald hilft das nicht weiter. Nach drei Stunden nochmal dasselbe, nach fünf Stunden noch einmal. Die Zeit läuft mir weg. Die Gedanken verwirbeln sich immer mehr. Schweiß bricht aus. Die Bilder im Kopf stehen, ich brauche Bewegung. Ich gehe nicht, ich renne zum Klo. Blanke Nervosität, grenzt an Panik, Hände waschen? Ich werde heute keinem Menschen mehr die Hand geben. Trotzdem. Es lebe die Gewohnheit. Rennen. Bewegung, Bewegung. Die Bilder im Kopf aus Ihrer Starre lösen. Also renne ich zurück zu meinem Schreibtisch, zur Folterbank.

Die Tür zu, rechts den Gang entlang. Noch 20 Meter bis zu meinem Zimmer. Linker Hand der Übergang zum Abteilungsbau. Plötzlich eine Gestalt. Sie stellt sich mir in den Weg. Maschinenpistole im Anschlag in Bauchhöhe, auf meinen Bauch gerichtet. „Was machen Sie hier?" Ich will weiter rennen. Buback. Buback. Der Mann vertritt mir den Weg. Erst jetzt fange ich an zu begreifen. Grüne Uniform, ein Grenzschützer der Wachmannschaft. Er entschuldigt sich. Beim Wachwechsel haben sie vergessen, ihm zu sagen, jemand ist im Haus. Der Bewegungsmelder hat Alarm ausgelöst.

Hätte mir „Heftigkeit der Gefühle" nicht eher einfallen können, das Wort, das Helmut Schmidt übermorgen sagen wird? „Der Zorn wird uns nicht zum Handeln im Affekt hinreißen." Helmut Schmidt wird daraus ein „veranlassen" machen. Darauf bin ich nicht gekommen: „Der Rechtsstaat ist kein Staat der Ohnmacht gegen Verbrechen." Diese Lehre aus dem Dritten Reich hätte ich auch hinschreiben können. Habe ich aber nicht. Ist mir nicht eingefallen. Aber dem Kanzler.

5

30. Juli 1977. Oberursel. Jürgen Ponto war Vorstandssprecher der Dresdner Bank. Er saß auf gepackten Koffern. Wollte am Abend mit seiner Frau nach Südamerika fliegen. Vorher hatte sich Besuch angesagt, per Telefon. Susanne Albrecht, Pontos Patenkind, Tochter eines Studienfreundes. Sie klingelte und stand mit Christian Klar und Brigitte Mohnhaupt vor der Haustür. Sie überreichte Ponto einen großen Strauß Rosen, rot. Dann schossen sie ihn nieder. Eisblumen an den Fenstern in Deutschland, mitten im Sommer.

5. September 1977. Köln. Hanns Martin Schleyer war Präsident des Arbeitgeberverbandes. Drei Polizisten begleiteten ihn in einem Auto, das ihm folgte. Schleyer wollte nach Hause, nach Köln-Braunsfeld. 17.28 Uhr. Die beiden Fahrzeuge bogen in die Vincenz-Statz-Straße ein, ihren vier Mördern entgegen. Einer fuhr seinen Mercedes rückwärts aus einer Garageneinfahrt auf die Straße, versperrte Schleyers Wagen den Weg. 119 Schüsse gaben die RAF-Täter ab. Der Fahrer Mareisz war sofort tot. Einer der Täter sprang auf die Motorhaube des Begleitwagens. Feuerte aus seiner polnischen Maschinenpistole MP-63 durch die Frontscheibe ins Wageninnere. 60 Einschüsse trafen den Fahrer Reinhold Brändle. Roland Pieler sprang aus dem Auto, schoss zurück, traf aber nicht. Helmut Ulmer schoss zurück, traf aber auch nicht. Alle drei starben.

Schleyer blieb unverletzt. Sie schleppten ihn in die Tiefgarage des Hauses Wiener Weg 1b, wechselten dort das Fahrzeug. Brachten Schleyer in die Wohnung 104 des Hochhauses Zum Renngraben 8 in Erftstadt. Mit Schaumgummi hatten sie einen Wandschrank schallgedämmt. In diesem Käfig musste Schleyer die meiste Zeit verbringen.

Die Freilassung von elf Terroristen forderten sie, Baader, Ensslin, Raspe wieder dabei. Helmut Schmidts Schritte wurden immer schwerer. Gebeugter Oberkörper. Atlas trug die Last der Welt. Das Gesicht schmaler, die Haut fahl. Ringe unter den Augen. Fester Blick. Quälte sich, rang mit sich, blieb hart. Deutschland in Winterstarre erstarrt.

Die Verhandlungen dauerten, zogen sich hin. Wo war Schleyer? Mitten in Deutschland musste er doch zu finden sein. Die Entführer schickten Bilder von ihm an die Zeitungen. Um den Druck auf die Regierung zu erhöhen. Schleyer litt furchtbar, das konnte jeder sehen. Helmut Schmidt litt furchtbar, das sahen nur wenige. Er quälte sich, blieb hart. Eine beispiellose Suchaktion begann. Ganz Deutschland der Heuhaufen.

*

Das gehört sich so, geheimnisvolle Räume müssen im Keller liegen. Das Lagezentrum des Bundeskanzleramts liegt im Keller. Das gehört sich so, die langen Gänge dorthin führen über modrige Stufen, durch mattes Halblicht, Spinnweben an den Wänden und schauriges Echo selbst auf vorsichtige Schritte. Nicht so das Lagezentrum im Bundeskanzleramt. Wenige Stufen führen hinab, gut beleuchtet, Beton strahlt Sicherheit aus. Ich bin enttäuscht.

Das Innere entspricht meinen Erwartungen eher. Im Halbdunkel spärlicher Beleuchtung erkenne ich geheimnisvolle Geräte, brusthohe Kästen, scheinbar wahllos in den Raum gestellt. Eckige, auch runde Gestelle, mit blinkenden, verträumt vor sich hin tänzelnden Lämpchen in rot, gelb, grün. Ein leichtes Summen liegt in der Luft. Sie ist verbraucht. Das gehört sich für einen Keller der Geheimnisse. Weit hinten, das Geviert im Licht einer Bürolampe, ist mein Arbeitsplatz: ein Schreibtisch, Papier, Stifte in einem Becher, zwei Telefone. Beobachtungen aus der Bevölkerung aufnehmen, die zu Martin Schleyer führen können, das ist meine Aufgabe. Ein Mann löst sich aus dem Dunkel. Er weist mich in meine Arbeit ein. Ich werde ihn in der ganzen Nacht nicht wiedersehen. Nachtdienst im Lagezentrum. Jeder ist mal dran. Heute hat es mich getroffen.

Eines der Telefone klingelt. Eine Frauenstimme, rauchig tief:

„Ich weiß, wo Schleyer ist. Mein ganzes Leben lang habe ich Eingebungen. Niemand glaubt mir, es ist furchtbar. Kassandra-Schicksal. Manchmal überkommt es mich beim Frühstück. Oder beim Zu-Bett-Gehen. Ich will es ja gar nicht. Aber es kommt über mich. Schleyer ist in Köln. Ich habe sein Bild vor mir gehabt, als ich beim Einkaufen die Milchtüte in die Tasche gesteckt habe. Er leidet. Er wird in einer bescheidenen Wohnung in Köln festgehalten. Den Namen der Straße konnte ich nicht lesen. In der Nähe ist eine Autobahn."

Sie redet und redet. Vieles klingt wirr. Manches scheint Hand und Fuß zu haben. Vor mir liegt die Telefonnummer, die ich anrufen soll, wenn ich etwas erfahre, das nur irgendwie nach einer Spur aussieht. Die Frau beeindruckt mich. Müssen wir nicht jedem Hinweis folgen, wenn so viel auf dem Spiel steht? Ich rufe die Nummer an. Standleitung, Pullach? Meckenheim?

„Das sind alles Spinner", höre ich. „Gewöhnen Sie sich daran, Sie werden noch viele Anrufe dieser Art kriegen."

„Aber es könnte doch …"

„Manchen Hinweisen gehen wir nach. Alles Quatsch." Der Beamte hat es eilig, hängt auf.

Das Telefon klingelt. Wieder eine Frau. Schwere Zunge. Betrunken? „Ich habe ihn im Traum gesehen."

„Sagen Sie, sagen Sie wo?"

„Ich weiß es nicht. Er hat mir ein Zeichen gegeben. Die Finger gekreuzt. Das heißt: wachsam sein. Morgen wird er am Fenster stehen. Schicken Sie jemanden hin."

„Haben Sie vielleicht das Schleyer-Bild geträumt, das gestern im Fernsehen gezeigt wurde?"

„Na, wenn Ihr nicht wollt." Sie knallt den Hörer auf den Apparat.

Der hellste Punkt in der Halle ist die Lampe auf meinem Schreibtisch. Aus der Dunkelheit zwinkern mir die Signalleuchten leise summender Maschinen zu. Lachen sie über mich? Mitternacht ist vorbei. Die Telefone klingeln nicht seltener, sondern öfter. Das eine klingt schriller als das andere. „Meine Freundin hat mir erzählt." – „Ich habe die Karten gelegt." – „In der Wohnung über mir gibt es so komische Geräusche." – „Die Sterne reden eine klare Sprache." – „Er ist schon tot." – „Ich habe ihn gestern beim Joggen im Kottenforst gesehen."

Es ist vier Uhr. Das Telefon klingelt seltener. Die Luft ist trocken, der Mund ist trocken, der Hals ist starr. Noch ein Klingeln. „Ich weiß, wo Hanns Martin Schleyer ist."

„Sagen Sie wo?"

„Nein, ich sage es nicht. Ihr wollt es ja wissen. Was ist es euch wert?"

Was soll ich antworten? Die Augenlider werden immer schwerer. Jetzt bin ich hellwach. Ich weiß nichts von einer ausgeschriebenen Belohnung für sachdienliche Hinweise, so heißt das im Sterilisationskocher der Amtssprache. Was kann es der Regierung wert sein, nicht mehr als ohnmächtig vorgeführt zu werden? Was lassen wir uns ein Menschenleben kosten? Den befreienden Jubelschrei: Wir haben ihn! Schluss mit der Erpressung! 1 Million? 100 Millionen?

Der Mann keucht. Junky? Fordernd.

„Los, sagen Sie schon!"

Na ja, erst mal an die Nachricht kommen: „1 Million."

„Lächerlich!", klack, er hat aufgelegt. Oh Gott, habe ich die Rettung Schleyers und der Regierung vermasselt? War das eine wenn auch noch so kleine Möglichkeit zur Rettung? Kann man die Telefonnummer zurückverfolgen? Die Müdigkeit greift mir in die Augen. Ich rufe wieder auf der Standleitung an – Pullach? Meckenheim?

„Alles Quatsch. Solche Leute rufen bei uns ständig an."

Wirklich alles Quatsch? In der Not, ist da nicht jeder Strohhalm recht? Ich habe die Republik nicht gerettet. Es fällt schwer, die Augen offen zu halten. Draußen muss jetzt schon Licht sein. Der Raum füllt sich langsam mit Menschen, die zur Arbeit kommen. Ich gehe grußlos. Die aufgehende Sonne saugt mir die Müdigkeit aus den Knochen.

6

Später sickerte durch, einige Polizisten vermuteten Schleyer in dem Hochhaus in Erftstadt. Die Wohnung 104 erfüllte komplett die typischen Anforderungen der RAF an konspirative Wohnungen. Das Haus lag in Autobahnnähe, hatte eine Tiefgarage, mehrere Mieten waren bar im Voraus bezahlt worden. Sie meldeten ihren Verdacht an den Krisenstab in Köln. Niemand ging der Meldung nach. Einer der Beamten hatte sie in die falsche Ablage gelegt. Schicksal am seidenen Faden.

Helmut Schmidt wurde schmaler, noch blasser. Die Familie Schleyer war bereit, 15 Millionen D-Mark Lösegeld zu zahlen. Die Übergabe wurde von Behörden verhindert. Der Versuch des Sohnes Schleyer schlug fehl; er wollte die Freilassung der RAF-Terroristen mit einer einstweiligen Anordnung des Bundesverfassungsgerichts durchsetzen. Helmut Schmidt quälte sich, blieb hart.

13. Oktober 1977. „Landshut". Boeing 737-200 der Lufthansa, Flug von Palma de Mallorca nach Frankfurt. 87 Menschen an Bord. Im Kosmetikkoffer und einem Radio gelang es, die Kontrollen zu überlisten. Zwei Männer und zwei Frauen schmuggelten zwei Pistolen, vier Handgranaten, 500 Gramm Plastiksprengstoff in die Maschine. Entführung im französischen Luftraum. Die gleichen Forderungen wie die Schleyer-Entführer. Nach Larnaka sollte das Flugzeug fliegen, gaben die Täter vor. Zwischenlandung in Rom fürs Auftanken. Den Weiterflug verhindern. Deutschland bat Italien, die Reifen des Flugzeugs zu zerschießen. Nichts geschah, Abflug. Nächste Station Dubai. Danach Aden. Notlandung dort neben der mit Fahrzeugen versperrten Piste. Treibstoffmangel. Glanzleistung des Piloten Jürgen Schumann. In Aden wurde er erschossen.

Weiterflug mit Co-Pilot Jürgen Vietor nach Mogadischu. 17. Oktober 1977. 4.30 Uhr landete die Maschine in Mogadischu. Die Klimaanlage im Flugzeug fiel aus. Letztes Ultimatum, Freilassung der RAF-Mitglieder bis 15.00 Uhr, sonst sprengen wir die Maschine. Der Sprengstoff war schon scharf gemacht, die Passagiere mit Benzin übergossen. Die Bundesregierung täuschte vor, auf die Forderung der Entführer einzugehen. Fristverlängerung bis anderntags 1.30 Uhr. 7 Minuten brauchte die GSG 9 für die Operation Feuerzauber. Drei der Entführer starben dabei. Alle Geiseln kamen frei, unverletzt. Am selben Tag begingen Raspe, Ensslin und Baader Selbstmord. Tags drauf meldete die RAF den Tod Hanns Martin Schleyers. Seine Leiche wurde im Kofferraum eines Autos in Mühlheim gefunden. Deutschland jubelte und war erschüttert. Hätte ich im Lagezentrum des Kanzleramtes fester auftreten müssen?

7

Helmut Schmidt war fest zum Rücktritt vom Amt des Bundeskanzlers entschlossen, sollte die Befreiung der Landshut misslingen. Die Männer der GSG 9, voran ihr Chef Ulrich Wegener, hatten sein Schicksal in der Hand. Sie retteten ihm das Amt. Die Verantwortung blieb, an der er sichtbar schwer trug. Sah er bisher schlecht aus, hatte er jetzt das Aussehen eines Kranken. Bei seinen öffentlichen Auftritten unverändert fest und seiner selbst gewiss, sahen wir einen anderen Schmidt. Lief er früher gebeugt über die weißen Teppichböden der Flure des Kanzleramtes, so ging er jetzt gebückt. Schritt er früher langsam, jetzt war jeder einzelne Schritt eine Überwindung. Die schwerste Stunde seines Lebens verbrachte er beim Staatsakt für Schleyer, saß neben dessen Witwe, die ihm Mitschuld am Tode ihres Mannes gab. Es vergingen Monate, bis sein Gang wieder straff, die Farben seines Gesichts wieder frisch waren. Bis wieder hervortrat, was einen Teil seines Charmes ausmachte, seine burschikose Jungenhaftigkeit, die er nur im kleinen Kreis zeigte.

Mitternacht ist vorbei. Niemand ist müde, Klaus Bölling nicht, Christian Bauer nicht, auch die drei anderen nicht. Wir sitzen in einem kleinen Saal an einem runden Tisch. Niemand ist müde, wenn der Bundeskanzler zu einer Besprechung einlädt. Vorbereitung einer Regierungserklärung. Er wird gleich kommen. Wird wie immer mit einem Überblick über die politische Lage beginnen. So fangen die Vorbereitungsrunden immer an. Christian Bauer sagt, er tut das weniger, um uns in seine Gedankenwelt einzuführen. Deswegen auch. Vor allem will er seine eigenen Gedanken im Reden klären. Will neue Überlegungen an uns probieren, unsere Reaktion testen. Endlich kommt er. Er klopft Bölling auf die Schulter. Er ist also guter Laune.

Nichts von Weltlage. Vom Schwimmen redet er. Vom Wettschwimmen mit seinem Freund und Nachbarn Karl Berghahn. Gestern, im Swimmingpool des Schmidt'schen Hauses. Zusammen haben sie den Pool finanziert. Oft schwimmen sie gemeinsam. Auch gestern. Ein Helmut Schmidt steigt nicht einfach ins Wasser, es muss ein Wettkampf her. Davon erzählt er: „Der Karl war gut in Form, schwamm deutlich vorne. Ich habe alles aus mir heraus geholt. Eine hundertstel Sekunde habe ich vor ihm angeschlagen." Triumphierender Blick in die Runde, ein vorsichtiges Lächeln, die Lippen bleiben zusammen.

Es kommt nicht nur auf die Gedanken an, auch auf die Vortragsweise. Ein alter Streit in den 2000 Jahren Rhetorikgeschichte. Die Vortragsweise verstärkt oder verflacht den Gedankenflug der Rede. Das sagt Helmut Schmidt. Davon ist er überzeugt. „Der gute Redner ist auch immer ein bisschen Schauspieler. Und das kann ich." Über seinem kurzen Zeigefinger, gedrungen wie der ganze Mann, taucht ein herausfordernder Blick ins Auge des Gegenübers. Diesmal lächelt er breit. Die Mundwinkel stark zurückgenommen. Mit sich einverstanden. Stolz auf sich. Es gibt sehr sympathische Momente der Zusammenarbeit mit Helmut Schmidt.

8

Auf rednerische Wirkung aus? Aber ja. Rhetorische Tricks? Warum nicht? Auch wenn sie klassisch waren oder abgegriffen? Klassisch klingt besser.

*

Eine Werkshalle in Bochum. Knapp tausend Menschen sind gekommen, den Mann zu hören, der die Fäden der Politik in Händen hält. Um das Rednerpult an der Schmalseite der Halle ist ein schüchternes Grün geschlungen. Blumengebinde davor, nicht übertrieben liebevoll, rote Nelken, Industriemilieu. Helmut Schmidt tritt ans Pult. Sofort ist Ruhe, gespannte Ruhe. Die Lautsprecher sind in Ordnung. Das ist nicht immer so, selbst bei Kanzlerbesuchen nicht. Kein Echo, kein Knarren, kein Vibrieren. Alle können den Kanzler hören. Sie wollen ihn hören.

Klack, klack, klack: Trocken fällt das Bündel des Manuskripts auf den Rand des Rednerpults, zwei Mal, drei Mal. Und noch einmal. Kein Wort gesagt. Stille. Endlich: „Ich will mal das, was meine Redenschreiber mir aufgeschrieben haben, beiseite legen. Und Euch sagen, was ich wirklich denke." Jeder sieht, wie er das Manuskript in die Ecke schiebt. Keiner sieht, wie er es im toten Winkel wieder zurückzieht. Er trägt vor, was darin steht.

Es klappt auch heute wieder. Fast jedes Mal gelingt es ihm, das Publikum in den Bann seiner Rede zu ziehen. Auch heute. Gebannte Stille in der Halle. Alle Blicke sind auf ihn gerichtet. So als hielte die Menge den Atem an. Helmut Schmidt führt seine Gedanken aus. Kurze Sätze, klare Gedanken, verständliche Worte. Auch die langen Sätze klingen bei ihm wie kurze. Wie immer erklärt er, schlussfolgert er, konzentriert seine Gedanken auf ein Ziel. Jetzt kommt gleich das alles bündelnde Wort, der zentrale Begriff, der allem die Krone aufsetzt, der Schlussstein im Gewölbe eines Gedankens. Er zögert. Es wird noch stiller. Gleich wird sich die Spannung lösen. Das Schlüsselwort. Die Menschen sehen, er hat es gefunden, holt es vom Hirn auf die Zunge, kostet es, schmeckt es ab. Nein, er sagt es nicht, verwirft es. Hunderte Augen weiten sich. Körper strecken sich ihm entgegen. Da, er hat ein neues gefunden – wie gut, lass hören. Er holt es wieder auf die Zunge – wie heißt es? Raus damit. Verwirft es wieder. Und trägt vor, was im Manuskript steht, das vor ihm liegt.

9

Mut. Der Mut ist eine Tugend. Mutig ist, wer stehen bleibt, wo er durch Flucht Verbesserung seiner Lage erhoffen kann. Helmut Schmidt gehörte zu den Politikern, die dem Gegenüber nicht den Rücken, sondern die Stirn boten.

Das Sirren der Rotorblätter, jetzt stehen sie still. Ihre äußeren Spitzen neigen sich wie die Flügel eines müden Vogels. Sehr klein ist der Hubschrauber inmitten der alten, hoch aufragenden Buchen, Ahorne und Eichen. Die riesige Tanne da drüben ist keine Tanne, sondern ein kanadischer Mammutbaum. Der Neubau des Kanzlerbungalows rechts sieht zerbrechlich aus neben diesen Wächtern wenigstens eines Jahrhunderts. Der Flugkapitän in Uniform springt aus dem Hubschrauber. Helmut Schmidt gibt ihm die Hand, nimmt die drei, vier Stufen der leichten Leiter mit federnden Schritten. Ich folge ihm in die kleine Kabine. Wir setzen die dicken, faustgroßen Ohrschützer auf, die auf den Sitzen liegen. Helmut Schmidt sieht jetzt aus wie eine dicke Hummel. Otti Heuer hat sich auf einen der vier Sitze gezwängt. Sein freundliches Lächeln, die rehbraunen Augen senden ganz andere Signale als der massige, kraftvolle Körper. Otti Heuer ist immer dabei, wenn Helmut Schmidt unterwegs ist. Personenschutz.

Die Tür, besser das Türchen, fällt mit einem lächerlich hellen Klappen ins Schloss, wird von innen gesichert. Die Rotoren setzen sich wieder in Bewegung. Das Beben des Raumes überträgt sich auf unsere Körper. Wie Schüttelfrost. In 30 Sekunden dröhnt der Kopf, ziehen sich die Muskeln in Hals und Rücken zusammen.

Die Ohrenschützer helfen wenig, der Lärm ist über allem. Jetzt beginnt das Wunder, das auch Helmut Schmidt immer wieder tief in sich aufnimmt. Das Wunder, das sich auch durch Wiederholung nicht abnützt. Ich habe es zehn Mal erlebt, Helmut Schmidt gewiss 100 Mal und mehr. Wir sehen durch das Kinderkopf große Fensterchen die Stämme der Bäume. Kaum merklich hebt der Hubschrauber ab. Die

Baumstämme sind unter uns, gleichauf mit uns ihr Geäst im vollen Blattwerk. Und schon sind auch die am Ausguck vorbei gezogen. Die Blätterwand verjüngt sich. Wir haben die Kronen erreicht. Jetzt sind wir über den Bäumen, freies Licht strömt in die Kabine. Die Bäume werden klein, ihre Kronen verdichten sich zum grünen Teppich.

Über den Bäumen schwenkt der Hubschrauber nach rechts, schon sind wir über dem Rhein. Sein im Sonnenschein flimmerndes Band sieht von hier aus wie eine gewundene Wunderkerze. Das Siebengebirge stürzt auf uns zu. Wieder kann ich unser Haus im Gewirr der vielen kleinen Ortschaften nicht entdecken.

Jetzt erst löst sich der Blick des Kanzlers von der Landschaft, wendet sich ab von dem kleinen Bullauge. Er greift in die Aktentasche, die zu seinen Füßen am Boden steht. Helmut Schmidt trägt seine Aktentasche immer selber, nicht einmal Otti Heuer darf sie ihm aus der Hand nehmen. In der blauen Mappe liegt das Manuskript der Rede. Ich habe es ihm vor drei Tagen über Marianne Duden zugeschickt. Gleich wird er vor den Studenten der Hochschule Hannover daraus vortragen. Kaum eine Minute braucht er, um sich den Inhalt einer Seite einzuprägen. Das Chef-Grün seines Filzstiftes gliedert den Text, hier ein Wort unterstreichen, dort einen Satz streichen, eine grüne Schlaufe von der Mitte der Seite an den Rand, in die er Worte schreibt.

Ich kann im Vibrato der Maschine nicht erkennen, welche Passage des Manuskripts ihm zusagt, welche er ergänzt, seinem Denken anpasst. Das Dröhnen verbietet jeden Versuch eines Wortwechsels. Dafür bin ich dankbar, die Zentimeter-Nähe des Kanzlers macht mich befangen.

Wir landen auf dem Sportplatz gleich neben dem wesenlosen Bau der Universität, deren Betonhorizontalen sich zu

Bändern toter Augen zusammenziehen. Der Audimax ist voll. Den Empfang reserviert oder kühl zu nennen, ist eine Untertreibung. Von Anbeginn schlägt dem Kanzler der Pershing-Nachrüstung Feindseligkeit entgegen. Nicht die Verantwortung der Wissenschaft interessiert die jungen Menschen, sie wollen über Kernenergie und Gorleben diskutieren. In der Nachrüstungspolitik von Nato und Bundesregierung sehen sie sich als Pfand einer Machtpolitik undefinierbarer Kräfte missbraucht.

Der Rektor spricht übertrieben von Ehre und Freude. Kurze Schritte, fest auftreten, der Bundeskanzler geht ans Rednerpult. Das Gemurmel des Unwillens im Saal flaut ab, die Anspannung steigt. Wie immer habe ich mir einen Platz weit hinten gesucht, ich will das Publikum im Blick haben. Eine undichte Gasleitung, das Bild vom Gas in der Küche geht mir durch den Kopf: ein Funke genügt. Im Manuskript steht manches, was als Funke taugt. Von sozialen Wohltaten steht wenig drin, die Erhöhung des BAföG ist verschoben. Anforderungen im Sinne Kennedys enthält es: Schau nicht, was dein Land für dich tun kann, sondern was du für dein Land tun kannst.

Wird er die Passage vorsichtiger vortragen, elastischer formulieren? Funkenschlag? Das Gesicht noch mehr Nussknacker als sonst, trägt Helmut Schmidt vor, was er sich vorgenommen hat zu sagen. Der Blick hart, die Stimme tief und fest. Er ist so, er bleibt so. Er wirbt für Treue zum Verbündeten und Festigkeit gegen Gefahren. Kein Murren, keine Entspannung, das Gas zieht nicht aus der Küche. Der Applaus am Ende ist matt, so unentschlossen wie die vereinzelten Pfiffe. Der Mund Helmut Schmidts, ein Briefkastenschlitz ist nicht gerader und härter. Der Rektor, dazu ein paar Leute der örtlichen SPD, begleiten uns zum Hubschrauber. Kaum sitzen wir, greift Schmidt zur Zeitung und liest bis zur Landung im Kanzlerpark. Ich bin zufrieden, der Tag war gut. Und ich bin traurig, der Kanzler begreift nicht, was die Jungen bewegt.

10

Jedes Jahr war sie fällig. Jahr für Jahr gab der Bundeskanzler vor dem Deutschen Bundestag eine Regierungserklärung zur Lage der Nation ab. Jahr für Jahr wurden die Trümmer der deutsch-deutschen Gemeinsamkeiten zusammengekratzt, bedauert, von allen Seiten besichtigt und neu zusammengesetzt. Eine Polit-Show, Worte, die gesagt werden mussten, um die wahren Gedanken zu verheimlichen. Kein führender Politiker glaubte mehr an die Vereinigung Deutschlands. Der Schwung der Ostpolitik war dahin. Die Politik der kleinen Schritte Willy Brandts war vergessen. Wandel durch Annäherung galt als Politik-Romantik. Es herrschte die Nüchternheit eines Helmut Schmidt. Realisten wussten, die Teilung war Strafe. Die Welt hatte sie für die Verbrechen des Dritten Reichs über Deutschland verhängt. Man hatte sich arrangiert. Die wirtschaftlichen Beziehungen zwischen beiden Teilen waren gut. In den Hauptstädten der Welt gab es eben zwei deutsche Botschafter. Die Zugänge nach West-Berlin waren halbwegs gesichert. Die Spaltung Deutschlands war unumkehrbar.

Sie lag im Interesse beider Seiten, beide Seiten trieben sie voran. Spielten das alte Spiel: Ich bin die Unschuld, der andere ist ganz böse. Die DDR betrieb die Abgrenzung grobschlächtig-offen: Der Frontstaat West-Deutschland, von Amerika gesteuert, ein verarmtes Land, beherrscht von wütenden Kriegstreibern, die seine Bewohner knebelten und belogen. Die Westseite ging subtiler vor, hatte von der Werbung gelernt. Sanfte, dem Bewusstsein nur beschränkt zugängliche Methoden dringen tiefer ins Unbewusste der Menschen ein. Die politische Unfreiheit in der DDR nannte sie vollkommene Einkreisung auch im bürgerlichen, privaten Leben. Die Sprengung des Berliner Stadtschlosses und andere Einzelaktionen der Barbarei wurden zu einem Raum der allgemeinen Unkultur erweitert. Alles, was aus der DDR kam, war verseucht. 1000 feine, oft kaum wahrnehmbare Nadelstiche konnten auf Dauer wirksamer sein, als der offensichtliche Versuch eines Hammerschlages, dem auszuweichen nur Aufmerksamkeit erforderte.

*

Der Jahreswechsel rückt näher, es ist wieder soweit. Der Bericht zur Lage der Nation. Diesmal versammeln wir uns im Gästehaus des Hamburger Senats. Wir wollen die ersten Trümmer sortieren, die ersten Gedanken zusammentragen. Die Adresse „Schöne Aussicht" lügt nicht. Kurz hintereinander treffen die Teilnehmer vor der prachtvollen Vor-dem-Ersten-Weltkrieg-Villa mit dem schmeichelnden Blick auf den Feenteich ein. Günter Grass in seinem bescheidenen Ford.

Der Kanzler hat es sich angewöhnt, vor großen Reden holt er den Rat, die Meinung von Menschen ein, deren Urteil er achtet. „Was sollte ich nach Ihrer Meinung in meiner Regierungserklärung sagen?", meist sind es Briefe an 20 oder 30 Personen. Die Antworten sind in Kilo zu messen, kluge

Gedanken, die freilich selten in die Rede einfließen. Die hektische Schlussphase lässt Abwägung schwer zu. Persönliche Einladungen sind selten. Heute also Günter Grass. Siegfried Lenz ist verhindert. Er ist Lieblingsautor von Helmut Schmidt, sein Freund.

Klaus Bölling, Intimus des Kanzlers und Regierungssprecher, kommt in einem Mercedes des Bundespresseamtes. Er ist der einzige, den der Kanzler durchgehend mit dem Vornamen anredet – ganz hamburgisch, nicht mit „Du", sondern mit „Sie". Ich habe diesen Ritterschlag nur drei Mal bekommen – Tage der inneren Erhebung. Wir alle, auch Bölling, reden ihn „Herr Bundeskanzler" an.

Helmut Schmidt fährt in seiner gepanzerten Limousine vor. Steigt aus. Grinst verhalten und schiebt die Prinz-Heinrich-Mütze ins Gesicht. Begrüßungen per Handschlag vom Kanzler sind selten, heute passieren sie. Wir folgen ihm die wenigen Stufen hinauf in den holzgetäfelten Raum, den ein kurzatmiger Blumenstrauß schmückt. Nelken. Es ist Nacht, der Feenteich liegt im Dunkeln.

Der Tisch ist rund. Wir sitzen an diesem runden Tisch, acht Personen, ich neben Helmut Schmidt. Klaus Bölling fasst die Geschehnisse der letzten Monate zusammen. 1977, der Umgang der beiden Länder holpert. Die DDR hat die Pop-Sängerin Nina Hagen ausgewiesen. Der ARD-Korrespondent Lothar Loewe musste sein Studio in Ost-Berlin räumen. Es gibt Hinweise, Pankow finanziere die Terroranschläge des letzten Jahres und es gibt Andeutungen, das Büro des *Spiegel* in Ost-Berlin soll geschlossen werden.

„Was verbindet die beiden Teile Deutschlands überhaupt noch?" Helmut Schmidt hat die Beratungen eröffnet. Langes Schweigen. Nachdenken. Leicht fällt die Antwort nicht.

Der typische Singsang in der Stimme von Günter Grass:

„Herr Bundeskanzler, was den Deutschen in Ost und West trotz aller Differenzen neben der Sprache gemeinsam ist, ist die Kultur. Ich rege an, den Begriff „Kulturnation" in die Regierungserklärung aufzunehmen."

Die Antwort kommt barsch: „Die haben doch gar keine Kultur."

Stille. Empörung. In mir ballt sich Empörung, will heraus. Ich widerspreche nicht gerne dem Mann, den ich bewundere, einem der bedeutendsten Politiker Europas. Wir verabscheuen das Regime der DDR, aber doch nicht die Menschen. Mir geht die in rotes Leder gefasste, auf edelstem Feinpapier gedruckte Ausgabe von Goethes „Faust" durch den Kopf, die ich vor ein paar Jahren für lächerliche 10 Mark in Weimar gekauft habe. Christa Müller in Dresden, mit welcher Hingabe näht sie an der Semperoper Kleider für Tschechows „Drei Schwestern". Weimar, wie liebevoll wird das Liszt-Haus gepflegt. Das Kirms-Krackow-Haus, tausend Blumen hängen in Terrassen und Balkonen. Luther, Bach, Nietzsche, alle Spuren verweht? Die Theater in Leipzig voll. Bernhard Heisig, Werner Tübke, Tilo Medek, keine Kultur?

„Das stimmt nicht, Herr Bundeskanzler." Jetzt ist es heraus. Schweigen hätte ich mir nie verziehen.

Ich erzähle die Sage vom Trotha-Raben in Merseburg. Von der Scham des Bischofs Thilo, als er sein Fehlurteil erkannt hat. Der Rabe, nicht der Diener hatte den Ring gestohlen. Getötet wurde der Diener. Bis ans Ende der Zeit soll ein lebender Rabe vor dem Dom gehalten werden und daran erinnern, zur Mäßigung anhalten.

„Herr Bundeskanzler, es gibt den Raben noch immer. Im Haushaltsplan der Stadt sind 100 Mark für sein Futter eingestellt. Das ist Kultur."

Habe ich zu schnell gesprochen, zu hoch die Stimme? Tickt da eine Uhr? Alle starren mich an. Wieder Stille. „Hm, meinetwegen." Helmut Schmidt guckt missmutig, die „Kulturnation Deutschland" ist in den Kanon der deutschen Politik aufgenommen.

11

Diese Rede war wichtiger als eine Regierungserklärung. Zum ersten Mal nach dem Krieg sollte ein deutscher Regierungschef in einer Synagoge sprechen. Am 9. November, 40 Jahre nach der Schreckensnacht der Hitler-Pogrome. Eine Regierungserklärung hörten sich viele in Deutschland an. Diese Rede wurde in aller Welt gehört. Ritt auf der Rasierklinge. Auf der einen Seite die hellwache Aufmerksamkeit der Juden in aller Welt. Auf der anderen Seite die von Holocaust-Scham zerfressene Öffentlichkeit hierzulande, in der immer mehr Menschen meinen, der Blick nach hinten ist eine Fessel. Helmut Schmidt in der Synagoge von Köln. Wenn sonst jedes Kanzlerwort ein Gramm wog, hier wog es ein Pfund.

Wie üblich bei Regierungserklärungen hatte Schmidt die Vorbereitung von Anbeginn an selbst in die Hand genommen. Wir wussten, eine lange Kette von Sitzungen lag vor uns. Zur ersten lud er uns diesmal nach Hamburg ein, Neuberger Weg 80, ins Schmidt'sche Einfamilienhaus.

Ein bescheidenes Haus, es unterschied sich auf den ersten Blick nicht von den vielen Einfamilienhäusern rechts und links. Der Vorgarten so dicht mit Büschen und Koniferen bewachsen wie die Vorgärten der Nachbarn. Ein Unterschied: eingekuschelt ins Grün des Blattwerks der containerartige Unterstand des Bundesgrenzschutzes auf halber Strecke der 20 Meter zwischen Straßenzaun und Haustür. Die Formalien der Sicherheitsmänner waren schnell erledigt. Loki lächelte freundlich und bat mich herein.

Was erwartet der Besucher, wenn er die Wohnung eines Politikgiganten betrat? Das Außerordentliche habe ich erst auf den zweiten Blick erkannt. Viele richten ihr persönliches Umfeld ein, wie sie glauben, andere erwarten das so von ihnen. Folgen also nur begrenzt ihren eigenen Vorstellungen. Ich war sehr zufrieden, stolz auf „meine Schmidts". Ihre Bescheidenheit war aus Selbstgewissheit und Überzeugung geboren. Ein kurzer Gang von der Haustür zum Wohnzimmer. Ich ging hinter Loki Schmidt, nebeneinander war kein Platz. Stark bei einem Mann, für den alle Welt rote Teppiche ausrollte.

Drinnen saßen Klaus Bölling, Peter Jabcke und zwei Männer beim Kaffee. Ich kannte sie nicht. Der Raum zurückhaltend möbliert, seine Atmosphäre bestimmten die Bilder an den Wänden, Bilder höchster Qualität, das sah sogar ich. Ein Portrait des Hausherren, gemalt von Bernhard Heisig. Das Klavier gegenüber, kein Flügel aber ein Steinway. Helmut Schmidt übte daran, das wusste jeder. Einen raschen Blick durch ein großes Fenster in den Garten konnte ich noch erhaschen, klein aber liebevoll gestaltet. Dann trat Helmut Schmidt ein, mit ihm das Ende aller Gespräche. Er wechselte ein paar Scherzworte mit Bölling, darauf folgten wir ihm an der Hausbar vorbei in den Essraum, der wieder zur Straße hin lag, durch eine winzige Küche mit dem Eingangsflur verbunden. Acht Personen konnten am Tisch sitzen, höchstens. Die Taschen hinter dem Stuhl abstellen bereitete schon Platzprobleme.

Helmut Schmidt steckte die Themen ab, die er in Köln ansprechen wollte. Vielleicht würde uns sogar schon eine Idee für den Einstieg kommen. Das Böse, was es ist und mit den Menschen macht, was sie treibt, wollte er zum Thema machen. Ob es wichtiger war, was die Deutschen damals wussten oder wie sie es bewerteten, interessierte ihn nicht. Von Vergebung, Verzeihen zu schreiben, das bekam ich als Auftrag. Was bedeutet vergeben, wie vergibt man, was bewirkt Vergebung? Peter Jabcke sollte sich Gedanken machen, wie die zehn Gebote der Bibel in die Rede einfließen konnten. Leider hatte ich sie nicht, Helmut Schmidt hatte die Idee für den Einstieg. Jesaja. „Wie geht das zu, dass die fromme Stadt zur Dirne geworden ist? Sie war voll Rechts, Gerechtigkeit wohnte in ihr, jetzt aber Mörder." Er wurde nicht mehr geändert.

12

Irgendwann musste Schluss sein. Das Faszinosum des Kreativen hatte mich ganz im Griff. Was ich auf dem Weg zur Meisterschaft gelernt hatte, wollte ich nicht in den Schlund des Vergessens werfen. Schon nach zweimonatiger Sommerpause fiel das Schreiben schwerer als vorher. Wie erst nach einem Jahr, gar einem Jahrzehnt? Aber sechs Jahre an einer Stelle, das war zu lange. Einerseits, ja, richtig. Andererseits: Redenschreiben machte mir Spaß. War das ein Wink des Schicksals? „Sie schreiben doch Reden für den Bundeskanzler. Können Sie auch eine für mich schreiben?", fragte mich ein Industrieller aus Köln. Eine Idee, eine Anregung? Ich habe die Rede geschrieben. Das Salär reichte für einen neuen

Tennisschläger, neue Tennisschuhe, neue Tennishose, neuen Tennispullover.

Zögernd kam die Idee auf, mich selbstständig zu machen. Das hatte Eindruck gemacht, wie Siegfried Keymes, Freund und Steuerberater, ein Bündelchen Scheine aus der Tasche zog, wo ich mit jedem Zehner zu knausern hatte, und 100-DM in die Hand nahm, als entnähme ich sie einem Tresor.

Sophie war wieder schwanger, sie plädierte für Sicherheit. Zurück ins Bauministerium, das sich überlebt hatte, von der zerbrechlichen Dynamik der Gewohnheit gehalten wurde? Ein unbehaglicher Gedanke. Den Wahlkampf der Giganten Schmidt gegen Strauß im Herbst 1980 wollte ich noch mitmachen. Das auf jeden Fall. Danach würde man sehen. Die Zeichen standen auf Veränderung.

13

Helmut Schmidt wollte früh anfangen. Nervosität? Anzumerken war ihm nichts. Im Park des Kanzleramts brachen die ersten Knospen auf. Forsythien blühten, die Vögel piepsten so fröhlich, wie die Sonne der Haut gut tat. Schon jetzt sollte die Arbeit an der Wahlkampfrede beginnen, der Rede, die Schmidt während der ganzen Kampagne immer wieder halten würde. War Franz-Josef Strauß ein Angstgegner? Mühsam hatte der sich als Kanzlerkandidat der CDU/CSU gegen den niedersächsischen Ministerpräsidenten Ernst Albrecht durchgesetzt.

Es war also noch Zeit bis zur Wahl im Herbst. Trotzdem kam die kleine Runde an einem Sonntag in Helmut Schmidts

Arbeitszimmer im Bundeskanzleramt zusammen. Marianne Duden, Chefsekretärin des Kanzlers, nickte. Wenn sie das mit Blick zur Tür des Chefs tat, war der Weg ins Herzstück des Amtes frei. Das Kanzlerbüro war nicht größter als ein üppiges Wohnzimmer. Der Blick fiel zuerst auf den Schreibtisch, ausladend, braun, ein Aktenberg, zwei Telefone. Dahinter das Bild von August Bebel und die deutsche Fahne. Die Fahne, eine den Amerikanern abgeschaute Gewohnheit, die sich in Deutschland auszubreiten begann. Linker Hand die Regalwand, gehalten in dem hellen Holz, das überall im Kanzleramt verbaut war und dem Raum das Schroffe nahm. Rechts vom Schreibtisch schleuderte die Glasfront das Frühlingslicht des Parks in den Raum. Die Wiesen im schon frischen Grün, die Kastanien im lockeren Gewand funkelnder Knospen.

Erst viele Jahre später konnte ich den Vergleich mit dem Büro der DDR-Regenten anstellen. Beide, erst Walter Ulbricht, dann Erich Honecker, regierten den kleineren Teil Deutschlands in einem Raum des Staatsratsgebäudes am jetzigen Schlossplatz in Berlin, der fünf Mal so groß war wie das Arbeitszimmer von Helmut Schmidt. Bei meinen Vorträgen dort, an der Stelle, wo früher der Schreibtisch der beiden stand, habe ich es mir oft vorgestellt, wie jemand bis zur Selbstverleugnung eingeschüchtert nach Durchschreiten von Vorräumen, die an die Ausmaße der Reichskanzlei erinnerten, den Arbeitsraum Honeckers betrat und dann 40 Meter durch einen leeren Raum bis zum Herrscher gehen musste, der, klein von Wuchs, an seinem überdimensionierten Schreibtisch saß. Wie er immer mutloser werdend über einen grauen, ekelig langhaarigen Teppich gehen musste, unter kunstgeschmiedeten Lüstern an sehr hoher Decke vorbei an zehn riesigen Fenstern in starrer Stahlfassung. Architektur der Einschüchterung. Der Schreibtisch steht heute im Deutschen Historischen Museum, dem Schlossplatz schräg gegenüber.

Gleich rechts neben der Tür am Konferenztisch Helmut Schmidts saßen sie schon. Drei Abteilungsleiter des Amtes, mein Freund Peter Jabcke, natürlich Klaus Bölling. Dieser zierliche und stets gewunden auftretende Helfer durfte nie fehlen, wenn es um kluge Abwägungen ging. Auf niemandes Rat hörte Helmut Schmidt so oft wie auf seinen.

Der Bundeskanzler saß wie immer an der Schmalseite des Tisches, die unvermeidliche Cola vor sich, keine Zigaretten. Wir wussten alle, er versuchte, sich das Rauchen abzugewöhnen. Zuerst war er eingeschwenkt auf die furchtbare Reyno mit ihrem Mentholgeschmack, jetzt bugsierte er aus einem blauen Döschen Schnupftabak in die Kehle des Handrückens zwischen Daumen und Zeigefinger, zog den schwarz-braunen Staub in die Nase, erst rechtes Nasenloch, dann linkes. Ich hatte Lust auf eine Zigarette. Damals war es noch üblich, bei Konferenzen zu rauchen. War es rücksichtslos, es jetzt zu tun?

„Herr Bundeskanzler, stört es Sie, wenn ich rauche?" Vorsichtig, Zweifel in der Stimme. Er: „Wir sind hier nicht in einem adligen Damenkränzchen."

War das ein ja oder nein? Ich deutete es als Einverständnis. Gab mir einen Ruck und stecke eine Zigarette an. Er ignorierte es. Dunkle Spuren. An den Nasenflügeln des Kanzlers waren Spuren des Schnupftabaks zurückgeblieben. Ein Kanzler mit schwarzer Nase. Er lächelte säuerlich, ohne die Zähne freizulegen.

Einen Köcher proppenvoll hatten wir mitgebracht. Proppenvoll mit Pfeilen und Spitzen gegen Franz-Josef Strauß. Gegen das bewunderte Ungeheuer, das unseren Helmut aus dem Kanzleramt vertreiben wollte. Gegen den bulligen Intelligenzklotz, der mit seiner starken Persönlichkeit, seinem oft gefühlvollen Auftreten so herrlich viele Angriffsziele bot. Stolz trugen wir vor, was wir uns ausgedacht hatten, gegen den Choleriker, den Irrenden, den Bierzeltstrategen.

„Kinder, lasst die Polemik weg. Das kann ich besser als ihr", blies er uns den Wind aus den Segeln. Es folgte eine der halben Stunden, die greifbar machte, warum es so beglückend war, sich für ihn plagen zu dürfen. Wir spürten, er ließ alle Vorsicht, alle Reserve und Verstellung fallen, zeigte ganz den Mann, dem es nie auf Parteizugehörigkeit ankam, sondern immer auf Loyalität. Helmut Schmidt als Denker, Mitfühlender, Verletzlicher wurde sichtbar, der mit sich und seiner Aufgabe rang, der wusste, auch ihm könnte vielleicht nicht alles gelingen. Jeder von uns ahnte, wenn er das, was er gerade gehört hatte, abends an die Presse gab, sah die politische Welt am nächsten Morgen anders aus. Wir hielten den Atem an bei so viel Vertrauen. Bewegende Augenblicke. Lächerlich, einen Sonntag voller Arbeit beklagen zu wollen neben so viel Auszeichnung. Nicht als Redenschreiber oder Diener waren wir hier. Er nahm uns als Partner, mit denen er seine Ideen für den Wahlkampf testen wollte.

Der Wankelmut des niedersächsischen Ministerpräsidenten hatte ihn tief getroffen. Ernst Albrecht hatte versprochen, in der bisher nicht gekannten, in ihrer Entschlossenheit neuen Protestbewegung gegen ein atomares Endlager in Gorleben standhaft zu bleiben. Hatte dem Kanzler sein Wort gegeben und hatte es gebrochen, als er von Zusagen abwich. Anders Strauß, der lange zögerte, sich festzulegen, aber „auf den kann ich mich verlassen. Das ist ein Mann". Als standhaft beschrieb ihn der Kanzler, als klug, intelligent, brillanten Redner. Schwärmte geradezu und zeigte Sympathie und Achtung vor dem Vollblutpolitiker mit Bodenhaftung und

Urteilskraft. Nur „sich entscheiden, sich festlegen, wenn es drauf ankommt, das kann er nicht". Deswegen und nur deswegen taugte er nicht als Kanzler. Deutschland brauchte nach den Erschütterungen des RAF-Terrorismus inmitten einer Weltwirtschaftskrise einen Bundeskanzler, der das Schiff entscheidungsstark durch Nachrüstungstumulte und aufkeimende Öko-Debatte steuern konnte.

Grundzüge, es ging heute nur um grundsätzliche Aussagen der Wahlkampfrede. Die Liste der Anregungen von Peter Jabcke nahm der Kanzler durch, Punkt für Punkt. Gab seine Gedanken, nahm einige Anregungen auf, verwarf andere. Seine Haltung zum Konkurrenten und Wahlkampfgegner Strauß blieb bis zur Wahl dieselbe. Kein herabsetzendes Wort. Nicht vor der Wahl. Nicht in den 58 Wahlkampfauftritten, bei denen er die Rede vortrug, die heute erste Konturen annahm. Es ist ein Geschenk, für diesen Menschen arbeiten zu dürfen.

*

Die Tage werden kürzer. Wir fahren durch Wälder, die Bäume in bunten Kleidern. Unser Zug rauscht durch Felder, abgeerntet, schwarz-braun die Erde, aufbereitet für neue Saat. Hier und da ein Koloss, Rübenernte. Riesige Maschinen buddeln die Rüben aus dem Boden, über lange Förderbänder, hoch in die Luft ragend fallen sie in die mitfahrenden Anhänger.

Ich habe mich an das Zigeunerleben gewöhnt. Stuttgart, Heilbronn, Nürnberg, Passau, München, Ingolstadt. Nachts steht der Zug auf Abstellgleisen. Tagsüber rattern wir von einem Wahlauftritt zum anderen. Der Speisewagen ist das Herzstück des Wahlkampfzuges. Er ist gleich angehängt an den Salonwagen des Bundeskanzlers. Der erinnert mit seinen Tischen und Wänden aus edelsten Hölzern, grünen Polstern, blinkendem Messing an eine Luxusyacht auf leise schwankender See. Göring habe ihn sich bauen lassen, raunen wir uns zu. Was heute noch niemand weiß: Bald wird er hinter Glas und liebevoll ausgeleuchtet in der U-Bahnstation des Historischen Museums in Bonn stehen.

Der Speisewagen ist immer gut besetzt. Nicht von uns paar Angehörigen des Amtes, wir fallen zahlenmäßig nicht ins Gewicht. Er ist voll von Journalisten aus aller Welt, für sie ist der Zug so lang, ein Zug der Schlafwagen. Gestern war Nürnberg dran. Heute geschieht ein Wunder. Der Bundeskanzler betritt den Speisewagen vor seinem Auftritt. Sonst immer nachts, nach seiner Rede. Heute wird er in Passau sprechen, in der Nibelungenhalle, der Hochburg von Franz-Josef Strauß, der von hier aus mit seinen politischen Aschermittwochsreden die Republik geschüttelt hat. Die Höhle des Löwen.

Ruckzuck ist der Speisewagen bis zum letzten Platz besetzt. Vier Kellner, ausgesucht höflich und beflissen, tragen Wein auf, viel Wein, alle Farben und Lagen. Nein, jetzt nicht Wildschweinfilet Stroganoff oder Gewürzentenbrust mit Orangen-Pflaumen-Soße oder Seelachsgratin, das alles erst heute Abend, und noch mehr. Helmut Schmidt zwängt sich an einen der Tische. Die Journalisten wollen den Eindruck vermeiden, ihm respektvoll Platz zu machen, rücken wie zufällig zur Seite, als wollten sie sowieso nicht da bleiben, wo sie gerade saßen. Er bestellt Coca-Cola, scherzt mit zusammengebissenen Zähnen. Heute ist nicht von „Ihr Hyänen" die Rede, von „Wegelagerern" wie sonst gerne. Seine Augen blitzen, die Antworten sind knapp, einige Fragen überhört er. Geht nach 20 Minuten wieder, der Schritt ist leicht und federnd. Ich weiß, er wird leise aufstöhnend in einen der grünen Sessel vor dem ovalen Tischchen in seinem Salonwagen fallen.

Zwei Stunden später formiert sich der kleine Tross. Der Kanzler mit Otti Heuer im gepanzerten Auto vorneweg. Wir vom Amt im Wagen dahinter. Die Partei hat einen Bus für die Journalisten bestellt. Auch schöne Hallen können trostlose Besprechungsräume haben. Der örtliche Bundestagskandidat begrüßt den Kanzler, mit ihm drei oder vier Genossen, keine Frau dabei. Die Stühle schleifen über harten Boden. Kreischendes Kratzen als wir uns setzen. Cola steht auf dem Tisch, keine Blumen. Der Kandidat spricht über Passau. Der Kanzler schweigt, die Lippen schmal. Einer der Genossen redet ihn mit Helmut an, sagt Du zu ihm. Der Kanzler setzt sein Nussknacker-Gesicht auf. Schweigen. Der Kanzler nippt an seinem Glas. Schweigen. Alle bleiben sitzen, und doch wird der Kreis um ihn weiter. Blick auf die Uhr. Sein „Lasst uns gehen!" erleichtert uns alle.

Kann man sagen: die Halle brodelt? Sie ist voll. 10.000 Menschen soll sie fassen. Alle Plätze besetzt. Bierdunst, das gehört sich so in Bayern. Zigarettenqualm, das war damals üblich. Ein dichtes Geflecht von Stimmen im halbdunklen Raum. Applaus brandet auf. Schmidt geht ans Rednerpult. Wir – die Redenschreiber – haben ihm einen Stapel handgroßer Blätter mit den wichtigsten Stichworten gegeben, so dick wie ein Buch. Vor jedem Auftritt mischt er sie neu, wie ein Skatblatt. Schmidt beherrscht die Kunst, eine Rede überzeugend vom Blatt vorzutragen. Am besten ist er in freier Rede. Auch jetzt fängt er an wie immer: „Liebe Genossinnen und Genossen. Und: verehrte Gegner der Sozialdemokratie." Der Raum gebietet es: ein paar Seitenhiebe auf den Cunctator Strauß zu Beginn. Knappe klare Sätze. Nicht zögern, aber abwägen, Balance suchen, wo markige Eindeutigkeit falsch ist. Die Menschen johlen vor Begeisterung.

Höre ich die Rede zum zwanzigsten, zum zweiundzwanzigsten, zum achtundzwanzigsten Mal – ich weiß es nicht. Weiß nur, ich werde auch diesmal bedauern, wenn sie zu Ende ist. Das Spiel des Rhetors mit der Masse berauscht jedes Mal. Ich habe ein „Klatschogramm" entwickelt, senkrechte und waagerechte Koordinaten auf Rechenpapier. Jedes Kästchen auf der Waagerechten bedeutet fünf Minuten. Die Anzahl der Beifallsbekundungen trage ich auf der Senkrechten ein. Heute zähle ich vierzehn Beifallstellen in den ersten fünf Minuten. Ein guter Tag. Im Schnitt zähle ich sechs bis sieben Zeichen der Zustimmung in fünf Minuten. Obgleich er meist auf die billige Pointe, den demagogischen Tiefschlag verzichtet. Ein rhetorischer Meister, ein Ausnahmetalent.

Heute kein Kästchen ohne Applaus. Die Halle brodelt. Aber sie kocht nicht. Schmidt wirbt um Zustimmung, er sucht keine blinde Gefolgschaft. Und da ist wieder, was ich in vielen Wahlkampfauftritten vorher beobachtet habe. Deutschland-Politik, DDR, Wiedervereinigung führen in Bonn ein Schattendasein. Über Jahrzehnte hat sich ein großer Blumenkorb hübscher Begriffe entwickelt, die zu passender Gelegenheit herausgenommen und aufgesagt werden. Pflichtpensum. Anders die Menschen hier, sogar in Bayern. Wieder sind es die ganz kleinen Schritte, die bescheidenste Hoffnung auf Überwindung der Trennlinie in Deutschland, die Begeisterung auslösen. Mehr als für Wirtschaft, Nachrüstung, Umwelt und Sicherheit interessieren sich die Wähler für die Verwandten in Dresden und Erfurt. Helmut Schmidt ignoriert das. Ich muss Gelegenheit suchen, ihm das zu sagen.

Das passiert selten. Der Bundeskanzler lässt einen von uns Redenschreibern in sein Auto einsteigen. Heute ist so eine Gelegenheit. Die Fahrt zum Bahnhof dauert 10 Minuten. Dort steht unser Wahlkampfzug. In diesen 10 Minuten lerne ich viel über Politiker und ihre Wähler. Der Kanzler hat heute ausführlich über die Folgen des Geburtenrückgangs gesprochen. Das tut er seit Jahren. Immer wieder. Redet von Überalterung der Bevölkerung. Schon heute ist statistisch gesichert, in 30 Jahren können Arbeitsplätze nicht mehr besetzt werden. Er sagt es immer wieder. Die Leute hören es nicht. Er hat es zur falschen Zeit gesagt. Umgekehrt, die Hörer applaudieren beim Thema deutsche Einheit, wollen die Einheit. Er hört es nicht, erkennt nicht das Signal im Applaus. Ich trage ihm die Ergebnisse meines Klatschogramms vor: er brummt unbestimmt. Ich sage im Auto: „Herr Bundeskanzler, ich werde die deutsche Einheit noch erleben." Er lächelt nachsichtig. Wie ein Bürgermeister, der den Ortstrottel milde gewähren lässt.

14

Die Wahlnacht war eine Nacht des Sieges. Das zweitbeste Wahlergebnis in der Geschichte der SPD verkündete der Wahlleiter. Triumph. Zugleich Anfang vom Ende der Kanzlerschaft Helmut Schmidts. Die Partei hatte ein noch besseres Ergebnis erwartet. Die Zuwächse für die sozial-liberale Koalition landeten vor allem bei der FDP. Was wiegen Tatsachen, wenn sie nicht der Gefühlslage entsprechen?

Sollte ich den Sprung wagen? Den Sprung in einen Beruf, den es nicht gab. Nicht mehr gab. Redenschreiber war einer der ältesten Berufe der Welt. Logographen nannten sie sich

197

in Griechenland. In eigener Rede mussten die Bürger von Athen ihre Anliegen in der Ekklesia, der Volksversammlung, vortragen, 10.000 freie Mitbürger überzeugen. Egal ob es um den Bau von Schiffen für den Kampf gegen Sparta ging. Oder um einen Streit über Grundstücksgrenzen. Wer nicht selbst die rechten Worte fand, suchte sie bei einem Logographen. Weithin geachtete Männer, die viel Geld verdienten. Goethe schrieb Reden für Karl-August, seinen Großherzog. Jetzt, 1980, gab es Redenschreiber nur noch als Angestellte im Dienst eines Politikers oder Unternehmers.

Verantwortung für die Familie tragen durfte nicht heißen, jedem Risiko aus dem Weg zu gehen. Aber war es erlaubt, Brücken abzubauen, ohne festes Ufer auf der anderen Seite? Zunächst bat ich um Entlassung aus dem Kreis der Redenschreiber und wechselte als Referatsleiter zurück ins Bauministerium. Alle weiteren Überlegungen wurden von der Überraschung überstrahlt. Neuer Nachwuchs kündigte sich an. Und nicht nur das.

Die Winter am Rhein waren schneearm, regenreich, nicht warm, nicht kalt. Regen schlug an mein Fenster, schwere Tropfen liefen die Scheibe herab. Ein Bote, so hießen die meist alten Männer oder Frauen, die auf grauen Wägelchen Akten von Raum zu Raum transportierten, brachte zum dritten Mal einen Vorgang. Vorgänge waren zu Papierakten geronnene Lebenszusammenhänge, an denen mal der eine, mal der andere Beamte arbeitete. Als ich die Akte aufschlagen wollte, klingelte das Telefon. „Es werden Zwillinge." Wir lachten monatelang über meine statt eines glücklichen Aufschreis dumpfe Reaktion: „Ach Du lieber Schreck!"

*

„Ihr müsst in die Uniklinik. Da gibt es überhaupt kein Ver-
tun." Stefan Mund-Hoym ist Professor der Gynäkologie, ein
guter Freund, sein Wort hat Gewicht. Schließlich könnten
Komplikationen eintreten, Sophie ist immerhin 41 Jahre alt.

Aber Sophie will nicht in die Uniklinik. Voruntersuchung
ja, aber Geburt bei Dr. Goos in Freckenhorst, wie gehabt.
Geburt ist Geschenk, ist Anfang und Freude. Wir haben verabredet, wenn es losgeht, fahren wir nach Freckenhorst. Auf
die zwei Stunden Fahrzeit bis dahin wird es nicht ankommen. So viel Zeit wird bleiben. Es geht früher los als gedacht,
und wieder erreicht mich die Nachricht im Büro. Sofortiger
Aufbruch, alles stehen und liegen lassen. Natürlich hat die
Fähre gerade abgelegt. Es wird 20 Minuten dauern, bis sie
das wieder tut.

Hochschulförderung, wie unwichtig. Mehr Wohnungen
schaffen, wie blass und leblos. Raumordnung, völlig uninte-
ressant. Leben soll kommen, das zählt. Endlich ist die Fähre
wieder da. Die Sonne scheint. Ich sehe nicht das tausend-
fache Glitzern des Rheins. Nicht die Burg Drachenfels auf
ihrem Thron, vor dem sich tausend Tannen verneigen. Wie
unendlich träge sich der Strom der Touristen die schmuck-
freie Promenade entlang schiebt. Das ist jetzt alles völlig
schnuppe. Ich will nach Nonnenberg, Sophie abholen.

Sie sitzt in einem Sessel im kleinen Salon, ganz ruhig, wie
immer. Das Köfferchen steht gepackt an der Haustür. Sie hat
eine Decke für die Rückbank des Autos bereitgelegt, man
weiß ja nie. „Dr. Goos weiß Bescheid. Die Moma auch." Ich
fahre nicht die Rappelstraße hinauf, das ist in dem Zustand
zu gewagt. In drei Minuten sind wir auf der Autobahn. Sophie wird unruhig, nein, das ist kein Stau, nur eine Verdi-

ckung des Verkehrsstroms. Am Kamener Kreuz ist doch ein Stau. Sophie ist still geworden. Jetzt sagt sie: „Ich glaube, es geht los." Ich rechne mit allem und schaue nach einem Parkplatz aus. Irgendwie kann ich bestimmt helfen. Der Verkehr fließt wieder. Eine knappe Stunde ist es noch bis Freckenhorst.

Hinter dem Kamener Kreuz geht es zügig voran. Sophie sagt: „Ich glaube, es geht noch." Endlich sind wir in Freckenhorst. Die Praxis von Dr. Goos liegt im Winkel von Schloss und Kirche. Die Spannung fällt von uns ab, Sophie ist wieder ganz ruhig. 20 Minuten später: Der erste Schrei Fabians klingt wie Triumphgeschrei. Weitere 20 Minuten später: Maries erster Ruf klingt wie Gelächter. Kurz darauf: Beide liegen in weiße Tücher gewickelt nebeneinander bäuchlings auf dem Tisch. Beide heben den Kopf, beide schauen mich an. Überwältigende Minuten. Die schönsten Zwillinge der Welt. Zwei wunderbare, heiß geliebte Kinder. Sophie geht es gut. Ich wische mir die Tränen aus dem Gesicht. 22. Juni 1982.

Redenschreiber

1

Ja, nein. Nein, ja. Sowohl als auch. Auch als sowohl. Er lockte, der Beruf, den es nicht mehr gab. Sollte ich es wagen, musste ich es tun? Deichmanns Aue, das Schloss, das Schloss des Herrn K., Kafkas Schloss. Jeder Griff ein Griff in den Nebel, zugleich Eisnadeln im Nebel. Härte der Watte. Die Hoffnung zog an. Schluss machen mit dem Taumel im Nebel. Endlich die Verbindung zwischen Handlung und ihrem Ergebnis spüren, zwischen Knopfdruck und Knall. Ich konnte dem Bundeskanzler helfen. Ich werde auch anderen helfen können, Managern, Industriellen, Bankern. Ich musste es wagen.

1981. Die erste Annonce in einer Zeitung brachte Erfolg, die weiteren brachten mehr Erfolge. Ich betrat eine neue Welt, lernte Menschen in mir bisher unbekannten Lebenslagen kennen. Es gehört Mut dazu, einen Fremden in ein sehr persönliches Anliegen wie eine Rede einzubeziehen. Es gab Kunden, die vor Selbstsicherheit platzten, sie waren die Schwierigsten. Hilfe erbitten erschien ihnen wie Schwäche eingestehen. Andere suchten Anlehnung oder ganz früh einen Schuldigen für den Fall des Scheiterns.

Politiker im Amt, Frauen und Männer, die sich für den Bundestag oder ein Bürgermeisteramt bewarben, gaben mir Aufträge. Präsidenten und Geschäftsführer großer und kleiner Verbände der Ingenieure, der Bauwirtschaft, der Medizin oder Gewerkschaften baten um Hilfe. Die Chefs großer, kleiner, mittlerer Unternehmen suchten Anregungen. Taufe, Kommunion, Konfirmation, bestandenes Examen. Grüne,

Silberne, Goldene, Diamantene Hochzeit, Begräbnisse. Immer wieder hatten Menschen den Mut, vertrauten ihre persönlichen Anliegen einem Fremden an. Suchten Rat und Orientierung.

*

Nonnenberg. Das Telefon klingelt. Ich renne aus der Scheune über den Hof in mein Arbeitszimmer. Gerade jetzt muss der Anruf kommen. Jetzt, wo ich dabei bin, Max und Wolf rückhaltlos zu bewundern. Sie haben eine Skateboard-Bahn gebaut, ein riesiges Ding, drei Meter breit, zweieinhalb Meter hoch, sieben Meter lang. Ein gestrecktes U. Jetzt donnern sie mit ihren Rollbrettern waghalsig von einer Kappe zur anderen. Ihr Geschick bewundere ich, wie sie sich auf dem Brett stehend herabstürzen in die Tiefe, drüben die steile Wand hinauf rasen, stehen bleiben oder das Brett in der Fahrt um seine Längsachse drehen. Körperbeherrschung, Mut. Alle Achtung.

Eindrucksvoll auch die zähe Entschlossenheit, mit der die beiden, Wolf 12, Max 14 Jahre alt, Monate lang Statiken berechnet, Entwürfe und Pläne gezeichnet haben. Nach ihren Angaben hat der Schreiner Rundhölzer, Balken, Sparren zugeschnitten und geliefert. Aufgebaut haben sie die Anlage mit Freunden aus der Nachbarschaft, die sie zuvor mit ihrer Begeisterung angesteckt hatten. Sogar einen Zuschuss von der Stadt Königswinter haben sie organisiert.

Ich reiße mich also los vom Anblick der balancierenden Knaben. Dienst ist Dienst. Zuerst verstehe ich den Namen des Anrufers nicht, höre nur den einer großen Bank. Nein, der CEO ist es nicht selbst, er ist der Assistent. Papier liegt bereit für Notizen. Der Stift ist wie so oft verschwunden. Ich hasse es, wenn in den ersten Sekunden des Kontakts mit einem neuen Kunden das Arbeitsmaterial fehlt. Deswegen sollen die Kinder nicht in mein Büro kommen. Ich finde einen Stift an der Geheimstelle. Habe ich richtig gehört – Bundesregierung? Ja, die Bundesregierung will eine Kampagne starten „Männer und Familie". Wir kommen ins Gespräch. Die Bank will die Kampagne der Regierung unterstützen, die Eröffnung soll in ihren Räumen stattfinden, der CEO will die Begrüßungsrede halten. Ich mache Notizen, stelle Fragen über Fragen. Was hat die Bank bisher selber auf diesem Gebiet geleistet? Wo liegt ihr Interesse? Wer kommt? Was ist das Ziel der Rede, wie kann die Botschaft heißen? Wie viel Geld, wie viele Menschen? Redenschreiben heißt Fragen stellen. Fünf Seiten sind vollgeschrieben.

Der Mann, ich weiß den Namen noch immer nicht, spricht kultiviert. Ich hätte gleich nachfragen müssen, jetzt ist es peinlich. Ich kann seinem CEO gewiss Fremdworte zumuten, das brauche ich nicht zu erfragen. Man kann allerdings nie sicher sein. Vor ein paar Tagen habe ich einem Zahnarzt ein Zitat von Antoine de Saint-Exupéry in die Rede geschrieben. „Die Rede gefällt mir ausgezeichnet, aber was heißt das französische Wort darin?" Auch auf Akademiker ist kein Verlass mehr. „Mögen Sie Zitate?", frage ich den Assistenten und notiere: Zitate ja. Nach einer halben Stunde sind vier weitere Blätter beschrieben. Fast zuletzt noch den Liefertermin festlegen. Ganz zuletzt die Preisverhandlungen. Ich mag keine Preisverhandlungen. Diesmal geht es einfach, ich notiere den Betrag.

„Männer und Familie", ein kniffliges Thema im noch längst nicht zu Ende gegangenen 20. Jahrhundert. Der Herr hat es eilig, er will mir sofort die Unterlagen schicken. Dann werde ich endlich seinen Namen erfahren. Also morgen oder übermorgen anfangen. Ein Witz, die CEOs kennen ihre Termine seit Monaten, aber mit ihrer Rede fangen sie auf den letzten Drücker an.

Kann ich meine eigenen Gedanken zum Verhältnis von Mann und Frau hier einbringen? Bestimmt nicht alle. Zu oft bin ich auf Unverständnis gestoßen, wenn ich sagte, nicht die Frauen, die Männer sind heute benachteiligt. Nicht in der Gesellschaft, aber eindeutig von der Natur. Solche Beobachtungen bürsten zu stramm gegen das, was der Mainstream glaubt, denken zu sollen. Die Frauen leben länger, entscheidend für eine Spezies, die von ihrer Endlichkeit weiß. Sie sind gesünder, robuster. Das fällt nicht ins Gewicht? Die öffentliche Meinung hat sich festgelegt, die Frauen sind benachteiligt. Sie nimmt keine Rücksicht auf die Frage nach dem Sinn unseres Lebens. Die stellt sich jeder, bewusst oder unbewusst. Nicht jeden Tag, aber immer wieder. Der Mensch ist ein beharrlicher Sinnsucher. Aus seinem Körper heraus Leben schaffen zu können, fast gottgleich, hilft der Antwort auf die Sinnfrage.

Solcherlei Überlegungen kriege ich nie durch. Es darf auf meine Meinung nicht in erster Linie ankommen. Ich denke für andere. Meine Dienstleistung besteht in Hilfe, nicht in Belehrung. Der Redner muss bella figura machen, das ist mein Stolz. Ich weiß, jeder dem Zeitgeist Verhaftete empört sich, weist die Idee von sich, Männer seien deshalb bessere Bildhauer, Rennfahrer oder Arktisforscher, weil sie sich angesichts weiblicher Überlegenheit in diese Nischen flüchten. Hier ringen sie um Meisterschaft, wissend oder ahnend, sie spielen nur in der zweiten Liga. Ihre Werke sind nie Leben, nur Anregung zum Leben. Nun ziehen die Frauen unter dem Banner der Gleichberechtigung auch in diese Nischen. Zeigen die gleichen Talente. Werfen die Kerle in die dritte Liga, die noch gar nicht entdeckt ist. Arme Männer. Sie nehmen es geduldig hin. Das nennen wir Zivilisation.

Nein, ich darf „Männer und Familie" nicht als Kampf darstellen. Sondern hübsch und harmonisch, was es ebenfalls ist. Männer und Frauen mit dem Gleichheitsbügel auf Kante plätten, das wird erwartet. Nur ein Schatten des Gedankens wird Einzug in den Entwurf halten. Manche haben Angst vor der Gleichberechtigung. Nur ein Tröpfchen Bedenken im fröhlich platschenden Wassereimer des Mainstreams. Das muss sein. Vielleicht sagt es der Banker. Vielleicht hört es einer im Auditorium. Nickt einverstanden.

*

Das Telefon klingelt. Es stört. Die Vorbereitungen laufen auf vollen Touren. 60 Gäste sind eigentlich zu viele für unser kleines Haus, unser erstes Karnevalsfest in Nonnenberg. Wir leben lange genug im Rheinland. Wir dürfen jetzt so etwas versuchen. Es gibt geborene Karnevalisten, die Frings neben uns, Martina und Johannes mit ihren Kindern sind das. Es gibt Nicht-Rheinländer, die lernen es nie. Und es gibt gekorene Karnevalisten. Bei mir hat es 20 Jahre gedauert, jetzt habe ich es gelernt. Schüttle nicht mehr den Kopf, wenn ich sehe, wie die Menschen übergangslos aus ihrer Isolation herausfinden. Wie sie sich eine rote Pappnase aufsetzen, ein grünes Hütchen, mit Lippenstift ein Herz auf ihre Wange malen. Zu einer Alaaf-rufenden Gemeinschaft verschmelzen. Die Frings können das aus dem Stand. Ich brauche immer noch zwei oder drei Kölsch, aber dann geht es.

Wir sind dabei, die Wohnung zu schmücken. Sie soll unkenntlich werden, ein Fischer-Netz soll es bringen. Wir spannen es von der Decke bis zum Boden, alle Wände sollen dahinter verschwinden. In die Maschen stecken wir gelbe, rote, blaue Luftballons, Papierschlangen. Gerade jetzt muss das Telefon läuten. Hilft nichts.

Ein Herr, Vorsicht in der Stimme, er spricht leise. Ich muss mehrfach nachfragen. Er zieht die a und o um eine millionstel Sekunde in die Länge. Er ist mir sofort sympathisch. Eine Buchhändler-Tagung. „Gutenberg und die Kunst des Buchdrucks", so das Thema. Eine Veranstaltung seines Rotary-Clubs. Er ist gerade Präsident geworden. Ja, Buchhändler ist er auch. „Ist der Zweck der Rede rein rotarisch oder gibt es auch einen geschäftlichen Hintergrund?" – „Von jedem etwas." Wann, wo, wer, was, warum – die üblichen Fragen. „Sie sollten das Thema nicht rein historisch aufrollen. Sind Sie einverstanden, auch aktuelle Themen anzusprechen?" – „Ja, warum nicht?" Die Rede soll witzig sein. Nicht zu viel, vor allem seriös. Er habe einen Namen zu verlieren. Abgabetermin, Preis abmachen, auflegen.

Das Netz hängt noch nicht richtig. Wir brauchen ein paar Nägel. Dem glänzenden Holz der freistehenden Fachwerkbalken schaden Nägel nicht. Druckwerke haben keine Zukunft neben den elektronischen Medien, sagen Viele. Stimmt das? Die Zeitung ist unersetzbar, solange man mit dem Laptop keine Fliegen erschlagen kann. Irgendwie muss das rein in die Rede. „Wo sind die Nägel? Max, bitte bring sie mir." – „Ich muss Schularbeiten machen."

Hat die Angst um die Zukunft des Buches Parallelen in der Vergangenheit? Tatsächlich sind die Nägel in dem braunen Schränkchen. Gensfleisch, hieß er nicht eigentlich Johannes Gensfleisch, der Erfinder des Buchdrucks mit beweglichen Metalllettern? Warum nannte er sich Gutenberg? Muss ich nachschauen. Der Nagel springt immer wieder weg vom harten Holz. Der Hammer hat meinen Zeigefinger erwischt. Ich suche den Nagel am Boden. Wir unterschätzen ihn oft, den ostasiatischen Raum. Dort gab es schon im 8. Jahrhundert gedruckte Bücher, nicht nur handgeschriebene Manuskripte wie bei uns. Bis in die Mitte des 15. Jahrhunderts waren die Skriptoren, meist Mönche, die einzigen, die schriftlich niedergelegte Gedanken verbreiteten.

So, das Netz hängt. „Nein, wir hatten doch gesagt, die Salate auf die Kommode, nicht auf den Tisch." Ich muss mich besser konzentrieren. Dann war also vor Gutenberg eine Zensur nicht nötig. Sprengt das den Rahmen der Rede? Ich stelle die Salate also auf die Kommode. Sie riechen köstlich. Krabbensalat, Linsensalat. Am unwiderstehlichsten duftet, was Sophie von Elli Keymes gelernt hat und schlicht „Ditsch" heißt: Fleischstücke, Äpfel, Bananen im Steintopf kräftig mit Käse überbacken.

Als Bücher vor 450 Jahren volkstümlich wurden, müssen das die Menschen ähnlich umwälzend empfunden haben wie heute die elektronischen Medien. Ich stelle mir eine Frau vor, aufgewachsen in der Jahrtausende alten Tradition des Erzählens. Plötzlich erlebte sie, wie sich ihr Mann in einer stillen Ecke isolierte und statt in ihre Augen in gebundenes Papier starrte. Ihre Freundin baute einen Kokon der Stille um sich, tauchte in eine fremde Welt ein und ließ sie allein. Ich denke noch, diese Frau wird im Buch den Sargnagel aller Kultur gesehen haben. Wie heute Viele die Kultur durch sein Verschwinden bedroht sehen. Da kündigt die Klingel die ersten Gäste an: Siegfried Keymes in Schellenkappe und bunten Hosen. Elli in einem hoch geschlossenen Kleid, blaurot kariert, sehr kurz und Pantalons, ein Bein schwarz das andere weiß. Mit einem entzückenden Begrüßungslachen.

＊

Das Telefon klingelt. Der Chef eines der ganz Großen im europäischen Lebensmittelhandel, nein, sein Assistent, hat eine in oberer Tonlage vibrierende Stimme. Ich stelle ihn mir klein vor, ziemlich jung, schon Bauch, dunkle Haare, unruhigen Blick. Mein Atem geht kurz. Die Treppe zu meinem Arbeitszimmer zu rasch hoch gelaufen. Wir schreiben das Jahr 1985, ich bin auch nicht mehr der Jüngste.

„In drei Wochen tagt der deutsche Handelskongress. Der Chef ist neu, er will sich und das Unternehmen vorstellen und zugleich die Probleme der Branche ansprechen. Außerdem will er seine Leute motivieren." – „Gibt es ein Motto für den Kongress?" – „Think global – act local." Ich schlucke meinen Spott, sage nicht: „Wie originell", schweige.

„Top-Position im Inland braucht starke Performance im Ausland", höre ich. „Der Handel trägt bei zur Lösung großer Herausforderungen der Menschheit. Wie Nachhaltigkeit, Klimawandel und Energieressourcen."

Es fällt mir schwer, die hohe Stimme zu verstehen. Der Wind des Atlantiks rauscht noch in meinen Ohren. Gestern sind wir von unserer „Männertour" nach Frankreich heimgekehrt. Unsere erste Radtour, Max, Wolf und der Vater. Es ist alles gut gegangen. Trotz des schwierigen Starts in Freckenhorst. Ich hatte vergessen, mich rechtzeitig um Fahrräder zu kümmern. Erst am Vorabend des Aufbruchs tauchte die Frage auf, wie und wo wir welche beschaffen konnten.

„Unsere Aufgabe ist es, einen Bewusstseinswandel unserer Konsumenten zu bewirken", höre ich die obere Stimmlage sagen. Ich notiere auch diese Anmaßung. Gehe ich einkaufen, um mich erziehen zu lassen? Was meint der Mensch damit? Wir werden sehen.

Wir nahmen drei Räder aus dem Keller, die da schon sehr lange unberührt gestanden hatten. Sie mussten zunächst abgestaubt werden, Reifen aufpumpen, ein Kännchen Öl auftreiben, Ketten und Naben geschmeidig machen. Max war mit seinen 14 Jahren groß genug für sein Rad. Der 12-jährige Wolf hätte ein Damenrad gebraucht. Ein kleineres, aber es gab nur Herrenräder im Keller, und große.

Die Tonlage nennt die Deutschen „preisverrückt". Ich höre „Schnäppchenjäger", „Preis geht beim Essen vor Qualität". Jetzt, „Die Deutschen haben Angst vor Visionen – denkt der Chef." Psychologie im Handel, interessant. Ich notiere alles.

Sehr interessant, aber ich denke an die Knaben. Wolf konnte nur in die Pedale treten, wenn er nicht auf dem Sattel saß, bequem hatte er es nur bergab. So ist er in zehn Tagen 500 Kilometer geradelt, erst von Bordeaux zur Île d'Oléron, dann an der Loire. Ich habe gelernt, beide Jungen zu bewundern. Vor allem auf dem Betonweg nördlich von Bordeaux, einem Geheimtipp, ein alter Kradweg der Wehrmacht am Ufer des Atlantik.

Donnerwetter: in über 10 europäischen Ländern fast 300.000 Mitarbeiter. Weit über 10.000 Filialen, er nennt sie „Märkte". Der Supermarkt der Zukunft soll die Menschen ermuntern, von ihrer Kindheit zu träumen, soll Emotionen wecken. Die Tonlage wird noch höher. Ich notiere und frage: „Wie?"

Er redet viel, ich denke an die Radtour. Die ersten Tage hatten uns fröhlich von Zeltplatz zu Zeltplatz geführt. Wir stellten unser Zelt auf, sogen den Geruch der Kiefern ein und futterten Baguette, Käse und Tomaten im Übermaß. Die Hitze stieg von Tag zu Tag. Wer mit dem Auto unterwegs war, konnte mühelos Eier auf der Kühlerhaube seines Wagens braten. Der schmale Weg zwischen Pinien, ein Genuss.

Von Zeit zu Zeit ein Blick aufs Meer. Flasche um Flasche Wasser, das musste sein, um die beiden Buben fit zu halten.

Der Beton des Weges wurde erst brüchig, hörte dann ganz auf. Mit ihm ging die Orientierung verloren. Der Wald war da, der Atlantik war weg. Der Sand war tief, die Reifen und Felgen verschwanden darin. Plötzlich war auch der Wasservorrat erschöpft. Ansatzweise machte sich Panikstimmung breit. Was machten die beiden? Nicht ein Wort der Klage, nicht ein Seufzer der Mutlosigkeit, schweigend schoben sie ihre mit Zelt und Packtaschen beladenen Räder durch den Sand. Sanken sie noch tiefer ein, schoben sie noch entschlossener. Zwei Stunden lang, wir wussten nicht, wie es enden würde. Kein „Ich will Wasser!", kein „Ich bin müde!", kein „Wie lange geht das noch so?". Endlich ein Dorf in der Ferne. Die Sonne sank schnell. Die Hitze stieg wie entfesselt aus dem Boden. Es war schön für einen Vater, neben der Liebe zu seinen Kindern auch Respekt und Hochachtung zu empfinden.

„Wir stehen mit unseren Supermärkten für Genuss und Lebensqualität", höre ich die hohe Stimme am Telefon sagen. Ich stelle mir Lebensqualität in einer riesengroßen Einkaufshalle vor. „Unsere Märkte vermitteln Lifestyle, Heimat und Wohlgefühl." Ich notiere auch diesen Satz. Was daraus zu machen ist, wird sich zeigen.

Unmengen Wasser tranken wir auf einer Bank vor einem Häuschen sitzend, das sich als Café ausgab. Und dann kam die Belohnung. Wir konnten keinen öffentlichen Zeltplatz finden. Nach langem Suchen entdeckten wir einen privaten. Ein Deutscher betrieb ihn, etwa 50 Jahre alt, der jahrelang in der französischen Fremdenlegion gedient hatte. Max und Wolf kannten keine Müdigkeit, sie wollten die Abenteuergeschichten hören, die er, von der Begeisterung der Kinder angestachelt, bis tief in die Nacht auftischte.

Die Stimme hat weiter gesprochen. Ich habe nur Notizen gemacht, habe schon die ersten Konturen eines Planes im Kopf, stimme die Botschaft der Rede mit ihm ab. Meinen Preisvorschlag akzeptiert er. Schmerzensgeld. „In einer Woche brauche ich Ihren Entwurf." Ich habe mich an die hohe Stimme gewöhnt. Der Mann steht unter Druck. Wie sein Chef auf ihn blicken wird, hängt auch von meinem Entwurf ab. Ich will ihn nicht enttäuschen. Morgen soll es losgehen. Heute ist erst die Rede des Brautvaters dran. Seine Ehe ist schon lange geschieden. Um seine Tochter hat er sich 21 Jahre lang kaum gekümmert. Die Hochzeit der Tochter hält er für Kuppler-Werk seiner Ex, eine „Fehlbesetzung". Er will trotzdem die Rede eines liebevollen Vaters halten. Mal sehen, wie das gehen kann.

2

Das Experiment mit dem Beruf, den es nicht mehr gab, erwies sich als erfolgreich. Redenschreiben machte mir Spaß. Anderen helfen zu können, war Freude. Ratlose Menschen auf Lösungen hinweisen; blockierte Gemüter von ihrer Hemmung befreien; mit sich ringenden Männern und Frauen zur seelischen Balance verhelfen; Wütende, Enttäuschte, Hasserfüllte zu ihrer Vernunft zurückgeleiten; Menschen, die sehr viel zu tun haben, zur Hand zu gehen; Druck von ihrer Seele nehmen, all das gab mir Gewissheit, sinnvoll tätig zu sein.

Freude, Zustimmung auszulösen machte mir selber Freude. Themen miteinander verknüpfen, gedanklich neue oder ungewohnte Verbindungen schaffen, meine Phantasie trainieren, ja, war gut. Themen aus allen Lebensbereichen kennenlernen, Menschen allen Alters, Berufs und aller Bildungsstufen achten lernen, ließ mich von Jahr zu Jahr mehr zum Optimisten werden. Die Menschen waren gut, die Welt war schön. Nicht in allen Facetten, aber überwiegend. Das zählte.

Worte konnten Herzen betören und Hände in Bewegung setzen. Wer half, diese Worte zu formulieren, nahm Einfluss. Nicht um zu manipulieren. Die Autorität des Redners zur Förderung eigener Interessen ausnutzen, das verbot die Ethik des Redenschreibers. Die war darauf gerichtet, dem Auftraggeber helfen, seine Schwächen bekämpfen, das Edle, Gute, Positive in ihm stärken und seinen Hörern anbieten. Was eigene Vorlieben nicht ausschloss. Vor der Deutschen Einheit habe ich ihr Gelingen, wo immer es angebracht war, zum Thema gemacht. Viele Jahre lang, in Zeiten, in denen sie für die meisten Menschen unmöglich schien. Als Angebot an den Redner. Ob er es aufgriff, wusste ich nicht.

*

Ein herrlicher Tag, die Sonne scheint, Sonntag. Frühstück ist die schönste Jahreszeit, erst recht am Sonntag mit den Kindern. Der Kaffee dampft, die heiße Milch dampft. Wir lachen wieder über Fabians unschlagbaren Beweis seines logischen Denkvermögens. Vor Jahren hat er ihn bei einem Frühstück wie heute geliefert. Seit Jahren heißt es im Hause „Juristen können alles". Ein in Juristenkreisen beliebter Spruch der Selbstmotivation. Ob das Auto zur Reparatur gebracht werden musste, ob ich einen Termin keinesfalls vergessen wollte, immer half die Aufmunterung „Juristen können alles". Bis Sophie eine Uhr auf den Frühstückstisch legte, die ich reparieren sollte. Das kann ich nicht, musste ich zugeben. Fabian, vier Jahre alt, legte sein Spielzeug aus der Hand, schaute mich misstrauisch an: „Papi, Du bist wohl gar kein Jurist."

Heute wollen Fabian und Marie einen gemeinsamen Ausritt ins Siebengebirge machen, bei uns vor der Haustür. Die Zwillinge sind sieben Jahre alt, ausreiten können sie schon und sind stolz darauf. Marie wird wieder Jörki reiten, den Schimmel, Fabian den Rappen Charly. Ich liebe den Anblick, wenn sie zusammen vom Hof reiten.

Bis es soweit ist, gehe ich über den Hof an meinen Schreibtisch. Die ehemalige Traktorengarage ist jetzt Bürotrakt. In zwanzig Minuten wird Herr Carlsson, Zahnarzt, kommen, seine Frau Melanie hat bald ihren 40. Geburtstag. Ich habe es nicht geschafft, ihn davon abzubringen. Er wollte partout nach Nonnenberg kommen, die Zusammenhänge persönlich erklären. Die Tannenbäumchen hinter dem schwarzen Zaun werfen Schatten. Mit eigener Hand habe ich sie vor vier Jahren gepflanzt, in der Hoffnung auf ein Weihnachtsbaumgeschäft. Weit hinten begrenzt der Ölberg die Landschaft. Ich sehe kein Haus, nur Wiese, Feld, Wald.

Ich habe es nicht gerne, wenn Kunden nach Nonnenberg kommen. Telefongespräche genügen zur Information; oder ein Treffen in der Lobby eines Hotels. Mein Arbeitszimmer ist nichts für Gäste. Es ist zwar behaglich mit seinen Fachwerkwänden, der Bücherwand, dem großen Fenster mit Blick auf den Ölberg, dem kleinen gegenüber mit Blick auf den Hof. Doch es fehlt Platz für einen zweiten Stuhl, einen Tisch für Gespräche.

Herr Carlsson fährt mit einem Motorrad in den Hof, sehr originell, ohne Helm, in schwarzer Montur, die er leise stöhnend ablegt. Das Lippenbärtchen gibt ihm ein heiteres Aussehen, zugleich etwas Flatterhaftes. Mit großer Geste wirft er die abgelegte Montur über einen Stuhl. Ein Glück, ich habe das Vorzimmer gerade noch rechtzeitig entrümpelt. Er streckt die Beine weit von sich, als er endlich sitzt.

„Liebe ist wie eine Wassermühle. Wenn gar nichts mehr fließt, steht sie still." Herr Carlsson hat eine angenehme Stimme, kehlig, tief. „Ich bin Arzt." – Aha, nicht Zahnarzt, wie ich verstanden hatte. „Als junger Mann konnte ich mich nicht entscheiden. Habe nach dem Examen Praktika in Südamerika, in Afrika, in Kambodscha gemacht. Sehr viel gelernt. Interessante Zeit. Melanie heißt gar nicht Melanie. Sie ist Chinesin. Ich habe ihr gesagt, sie soll abtreiben. Aber sie wollte nicht. Vor 18 Jahren ist Quangli geboren. Wir sind Freunde geblieben. Weihnachten sind wir manchmal zusammen und so. Für den Jungen habe ich immer pünktlich gezahlt, da habe ich mir nichts vorzuwerfen."

Ganz leise öffnet sich unten die Tür. Leise Schritte, ganz vorsichtig die Treppe herauf. Zuerst sehe ich den Kopf, Fabians Kopf, dann das Tablett. Jetzt liegt der Duft von Kaffee in der Luft. Auf dem Tablett stehen zwei Tassen, Milchkännchen, Zuckerdose. Nun ist er ganz oben, stellt das Tablett auf den Tisch, leise, ganz vorsichtig, nur nichts verplämpern. Très élégant, das ist Fabian immer, auch jetzt Jackett, weißes Hemd, Bügelfalte in der dunklen Hose, blank geputzte Schuhe. Wurden die Reitpläne aufgegeben? Ich nehme ihn kurz in den Arm, dann geht er wieder.

„Vor fünf Jahren haben wir geheiratet." Herr Carlsson nimmt Milch und Zucker. „Doch, Liebe war auch dabei. Viel Vernunft, man hat ja Verantwortung. In Köln soll die Geburtstagsfeier sein in einem großen Lokal am Rhein, heißt glaube ich Rheinterrassen. Melanies Eltern kommen extra aus Xian. Sind gut betuchte Leute. Meine Familie kommt natürlich auch. Eltern, die Brüder Carl und Franziskus, die haben auch Kinder, jeder zwei. Mit Melanie geht es ganz gut. Sie ist viel alleine in Köln. Doch, mit Quangli auch, sie wissen ja wie das mit der Jugend heute ist."

Nach einer halben Stunde zwängt sich Herr Carlsson wieder in seine schwarze Montur, steigt auf sein Motorrad, verschwindet knatternd vom Hof.

Marie und Fabian sind noch da. Sie satteln die Pferde in der großen Scheune. Ein schönes Bild, der Schimmel und der Rappe schauen nebeneinander stehend über die halbhohe Stalltür in den Hof. Marie putzt Jörki noch, wahrscheinlich wieder mit Haarshampoo, das lässt sie sich nicht ausreden. Jörki muss ganz, ganz sauber sein, denn sie hat ihn ganz, ganz lieb. Jörki ist unberechenbar. Er tritt nach ihr, versucht zu beißen, lachend und blitzschnell entzieht sie sich allen Attacken. Ich wage nicht, Jörki zu verkaufen, das würde Marie furchtbar treffen. Fabian trägt noch immer sein elegantes Jackett, er putzt Charly konzentriert.

Die Carlsson-Notizen müssen sortiert, geordnet und abgelegt werden. Ich bin noch nicht fertig damit, da schiebt sich Maries linke Hand in mein Blickfeld. Sie reitet mal wieder ohne Sattel, das sehe ich sofort. Die Rappelstraße hinauf Richtung Ölberg. Gleich dahinter taucht Charly auf. Ohne Sattel und Zaumzeug schlendert er hinter Jörki her. Fabian ist nicht zu sehen, er hat sich offenbar anders entschlossen. Jetzt taucht Asterix auf, der Ziegenbock, ein weiterer Liebling von Marie. Wir nennen ihn „Verbrecher", weil er vor Wochen auf den Kaffeetisch der Nachbarn gesprungen ist. Tissa, schwarzer Labrador, schnüffelt am Rande des schmalen Weges und entschließt sich mitzugehen. Der Zug verschwindet hinter Buschwerk. Kinder sind das größte Geschenk. Ich warte, bis der kleine Trupp am Ende der Hecke wieder auftaucht. Alle Freuden sind austauschbar. Das Glück, das Kinder schenken, ist einzigartig.

Die Wiedervereinigung und ihre Folgen

1

Schämen sollte er sich, dieser Tag. Für so Feierliches sich
derart nachlässig zurechtgemacht zu haben, eine Blamage.
Grau und unbestimmt war er gekleidet. Funkelnder Sonnenschein, schattenarm, spätsommerlich warm, das wäre
angemessen für das Leuchtende, Herrliche, das er bringen
wird. Auch Sturm, peitschender Regen, schwarz-grau-weiße
Wolkentürme wären in Ordnung. Aber so gar nicht heraus
gehoben, nichts Besonderes, völlig daneben. Auf eine Hochzeit geht man nicht in Straßenkleidung. Das für unmöglich
Gehaltene lag in den Falten seines Gewandes. Aber dieser
großartige Tag kam im Alltagskleid: ein paar Regentropfen,
ein bisschen Sonne von Zeit zu Zeit, lauer Westwind, nicht
warm, nicht kalt, ein ordinärer Tag. Der letzte Mais wurde
eingefahren. Der Ölberg trug durchweg eine Nebelkrone.
9. November 1989.

*

Vetter Utz Havemann mit seiner Frau Jelena, Russin, sind zu
Besuch. Seit ein paar Wochen ist das möglich, Menschen aus
der DDR sitzen auf unserem Sofa. Wir haben schon Übung
im Nähe-Ferne-Spiel. Ich sehe den Mann zum ersten Mal.
In ungeheurem Tempo wirft er die Worte aus seinem Mund.
Erzählt von seinem Vater Robert, Widerstandskämpfer erst
gegen die Nazis. Dem einstigen Liebling und späteren Regi-
mekritiker der DDR. Die Wortkaskaden formen sich zur Er-

zählung in Bruchstücken über diesen großen Mann, seinen Ausschluss aus der SED, dem Hausarrest in der Burgwallstraße in Grünheide. Orte von denen ich nie gehört habe. Utz erzählt von seinem Sommersitz an einem der Berliner Seen, Name nie gehört. Von seiner 250 Quadratmeter großen Wohnung in der Stalinallee. Die kenne ich vom Namen her.

Wir pirschen uns nicht aneinander heran mit dem bewährten: Wie geht es? Wie war die Reise? Was machen Eure Kinder? Es geht gleich los mit: Honecker hat gesagt, die SED hat beschlossen, wir leisten Widerstand im Kreis „Freiheit jetzt", Pfarrer, Professoren, Bühnenautoren, Namedropping.

Utz ist groß, blond, gut gewachsen, seine Augen blassgrau, der Blick unruhig. Jelena ist der Typ In-Sich-ruhend, warmherzige, dunkle Augen, klug, zurückhaltend im Auftritt. Sophie macht eines ihrer gelungenen Abendessen, kein Festmahl: Gurkensalat, Kartoffelpüree, aus einem Tiefkühlfach hat sie Schweinemedaillons gefischt.

Erst muss ich die Tagesschau sehen, entschuldige mich bei den beiden Besuchern. Seit den weit zurückliegenden Tagen im Bundeskanzleramt gilt unerbittlich, die Tagesschau hat Vorfahrt. Ein verstört in Notizen blätternder Günter Schabowski ist zu sehen. „Das trifft ... nach meiner Erkenntnis ... ist das sofort, unverzüglich", sagt er den Journalisten auf der Pressekonferenz in Ostberlin, die ein Ende setzt, einen Anfang setzt, Geschichte macht. Gleich soll er gelten, der ungehinderte Grenzübergang, überall, für jedermann, sofort, unverzüglich. Schweigen tritt ein, fragende Blicke. Das kann doch nicht sein.

Wir haben in den letzten Monaten viel Erstaunliches, nie für möglich Gehaltenes erlebt. Die Verträge mit Warschau, Moskau, Ostberlin hatten es eingeleitet. Aber dieses Ausmaß an Umschwung? Glasnost und Perestroika Michael Gorbatschows hatten die Phantasie beflügelt. Aber zu solchen Höhen? Der Abbau der Grenzzäune in Ungarn seit Mai 1989 hatte zu einer Fluchtwelle von zehntausenden DDR-Bürgern nach West-Deutschland geführt. Im September konnte Außenminister Genscher den 4000 Flüchtlingen in der Botschaft Prag die Bewilligung ihrer Ausreise verkünden. War das nicht der Gipfel der Möglichkeiten? Willy Brandt wurde in Erfurt bejubelt. In Leipzig riefen sie „Wir sind das Volk!" Aber das konnte doch das Regime nicht aus den Angeln heben? Und nun das! Utz ruft in Ostberlin an: Tatsächlich, Anna und Juliana, seine Töchter, sind schon unterwegs, wollen prüfen, ob es wirklich stimmt: die Mauer hat große Löcher. Was wir noch nicht fassen, sie ist von gestern.

In der Nacht zeigt das Fernsehen die Bilder: Hunderte Menschen sitzen auf der Mauer, lachen, trinken, helfen einander, sie zu erklimmen. Lange Schlangen von Trabis passieren den Übergang Heinrich-Heine-Straße. Eine unübersehbar große Menschenmenge ballt sich vor dem Brandenburger Tor. Von Ost nach West, von West nach Ost. Umarmungen, tränennasse Gesichter. Lachen, Jubel, Sektflaschen. Hier und da eine Fahne. Welch ein Tag, welch eine Nacht, was für eine Zeit. Freude, freudig, freudvoll, freudetrunken, selig vor Freude, glücklich, „Deutschland ist das glücklichste Volk der Welt!", hell, licht, funkelnd, strahlend. Wir sind auf Wunder nicht trainiert. Die Trägheit des Herzens erfasst nur langsam, was passiert ist. Endlich fließen Tränen auch bei uns. Es werden nicht die letzten sein. Tränen des Glücks. Auf unbekanntem Gedankenfeld stolpern wir durch den nächsten Vormittag.

Wenige Tage später habe ich in Berlin zu tun. Ein Auftritt im Fernsehen. Das ist nichts Aufregendes. Ich habe einen ganzen Berg Kassetten mit Aufzeichnungen von Interviews in der hintersten Ecke eines Schrankes liegen. Eitelkeit. Ich habe noch nie auch nur eine einzige wieder angeschaut. Neu ist diesmal: Ich soll eine Rede halten, die nicht vor der Sendung aufgezeichnet, sondern live gesendet wird. Das ist aufregend.

Gottlob habe ich den 7 Uhr Flug genommen, kein Zeitdruck. Der Himmel ist bedeckt. Die letzte Strecke zum TV-Studio am Breitscheidplatz gehe ich zu Fuß, das erhöht die Konzentration. Meine Gedanken sind ganz bei den jungen Leuten, Adressaten meiner Rede. Das hat mir die Redaktion gesagt, ich sollte junge Menschen ansprechen, die große Teile ihres Tages bei laufendem Fernseher verbringen, nicht gezielt zuschauen, sondern Bild und Ton als Kulisse erleben.

Ich höre jetzt das leise Sirren, aber ich beachte es nicht. Stadtgeräusche. Die „Straße des 17. Juni" führt durch den Tiergarten, nur wenige Autos beleben die Prachtstraße. In der Ferne das Brandenburger Tor. Das Sirren wird lauter, drängt sich in meine Gedanken. Bauarbeiten? Kein Brummen oder Summen, kein Scheppern. Kein Auf und Ab in der Tonfolge, kein piano oder forte. Ein harter Ton, hoch angesetzt in der Tonleiter, konstant im Klang. Ich schaue mich um: Nichts zu sehen, was als Quelle in Frage kommt. Tinnitus? Ein Warnsignal? War Gefahr im Verzug? Unwillkürlich beschleunige ich meine Schritte. Das Sirren wird lauter, erfüllt den Raum zwischen Straße, Bäumen und Wolken. Wird zum Kliiiiiiiirren.

Jetzt erkenne ich den Ursprung. Mauerspechte. Am Fuß der Mauer, auf angelehnten Leitern, auf der Mauerkrone arbeiten junge Männer. Mit Spitzhacken schlagen sie Stücke aus der Mauer heraus. Hunderte junger Männer. Holen weit aus, schlagen mit ganzer Kraft zu. Zement beugt sich dem Diktat der Spitzhacke. Dieser hier nur ganz zögerlich. Die Parteileitung hat das beste Material der DDR in diese Mauer dirigiert. Hundertfach bohren sich die Stahlspitzen in ihre Härte, jeder Schlag ein heller Klang. Rechts und links, von oben und unten, entlang des ganzen Bogens um das Brandenburger Tor, die Ebert-Straße entlang, vom Reichstag bis zur Behrenstraße. An improvisierten Ständen bieten junge Frauen bizarr gestaltete Früchte dieser Arbeit an. Ich kaufe ein handtellergroßes Stück Mauer. Es ist bemalt, rot-grün, mit Schatten dazwischen. Als ob es zu einem wehenden Gewand gehört hätte.

2

Der Anfang der Deutschen Einheit war gemacht. Wie ein Frühlingshauch nach hartem Winter die Luft verändert, zog über Nacht in Deutschland eine Jubelstimmung ein, die selbst die Freude an einer gewonnen Fußball-Weltmeisterschaft übertraf. Fremde lagen sich in den Armen, Bierflaschen gingen von Mund zu Mund, auf den Straßen und Gasthäusern sprachen Menschen lange miteinander, die sich zuvor noch nie gesehen hatten. Hilfsbereit, der Wunsch, einander gefällig zu sein, sich verwandt, verbrüdert zu zeigen, wuchs über die Einzelnen hinaus zu einer Freude am Ganzen. Viele Deutsche fühlten sich plötzlich als Bürger eines Landes, vielleicht zum ersten Mal seit Kriegsende. Als Bürger Europas, als Teil einer Welt, in der Vernunft die Grundsätze des allgemeinen Handelns bestimmen konnte.

Diese Hilfsbereitschaft hielt im Kern auch über den Taumel der ersten Freude an. Viele waren entschlossen, ihre Talente, ihr Können in die „Vollendung der Einheit nach innen" einzubringen. Es machten sich auch viele Scharlatane auf, ihr Glück zu finden und oft das Unglück derer zu werden, die ihnen in den „neuen Bundesländern" vertrauten. Diese Bezeichnung hatte sich rasch eingebürgert, ein eigenwilliger Name. Lagen doch die Landstriche, die das Bild Deutschlands jahrhundertelang nach innen und außen geprägt haben, großenteils auf dem Gebiet der untergegangenen DDR. Vor allem war es die Stunde der Idealisten. Beamte, Notare, Rechtsanwälte, Techniker, Ingenieure und Kaufleute gingen nach „drüben", nie völlig selbstlos doch vorwiegend in der Absicht, Unterschiede zwischen Ost und West auszugleichen, zu helfen, zu fördern, zu dienen.

Was konnte ich tun? Keine Frage, könnte ich mauern, ich wäre als Maurer nach Weimar gegangen. Hätte ich etwas von Steuern verstanden, ich wäre nach Weimar gegangen, die Menschen auf das neue Abgabenrecht einzustimmen. Aber ein Redenschreiber? Was konnte der tun? War meine Arbeit zu nichts zu gebrauchen? Ich rang mich durch, einen schwebenden Plan aufzugreifen. Und schickte einen folgenschweren Brief nach Weimar.

Seit geraumer Zeit hatte ich von Freunden immer wieder gehört: „Du schreibst seit Jahren Reden, versuche doch mal, deine Erfahrungen an junge Leute weiterzugeben." Meine erste Reaktion: blankes Entsetzen. Redenschreiben ja, aber darüber mehr als drei Sätze sagen? Nein. Wenn einer etwas kann, tut er es. Wenn einer etwas nicht kann, lehrt er es, sagte Mark Twain. Allmählich wurde das Nein von zwei Seiten angenagt. Auf der einen Seite von Neugierde. Kriege ich das hin, schaffe ich das? Auf der anderen Seite regte sich etwas, das beim richtigen Namen zu nennen schwer fiel. Ich durfte bei Helmut Schmidt die Kunst des Redenschreibens lernen. Musste ich den dabei angesammelten Erfahrungsschatz nicht weitergeben? In Deutschland hatte und hat die Rhetorik einen schweren Stand. Nicht nur weil Goebbels und sein schnauzbärtiger Herr mit ihrer Hilfe die Werteordnung der Deutschen aus den Fugen geredet hatten. Auch die Philosophen, allen voran Immanuel Kant, haben der Rhetorik das dumpfe Sackkleid von Lüge und Verführung umgehängt.

Davon wollte ich sie mit meinen bescheidenen Kräften befreien helfen, versuchen, ihr ihre Würde zurückzugeben. Dafür werben, Reden ist mehr als Lippenvibrieren und Zeitvertreib. Sprache ist das wichtigste Instrument im Kampf um Köpfe und Herzen der Menschen. Also unverzichtbar für die Demokratie und unverzichtbar im Kampf gegen Gewalt. Ohne Sprache, ohne Sich-absprechen keine Teamarbeit. Ohne Sprache kein Denken, keine Erkenntnis. Die Tage des Aufbruchs und Neuanfangs, die Zeiten der Wende waren gerade richtig. Jetzt musste ich das Wagnis eingehen. Den letzten Anstoß gab die Begeisterung. Mal sehen, wie man einen Lehrbetrieb aufbaut.

Im Schwung des Idealismus setzte ich mich also hin und verkündete in einem Brief an den Oberbürgermeister von Weimar, ich wolle der Stadt hiermit eine Akademie für Redenschreiben schenken. Der Brief ging ab, eine Antwort kam nie. Ich war aber stolz und glücklich, alle Bedenken waren überwunden. Zwei Monate lang badete ich in dem Glücksgefühl, tat nichts, wartete.

Organisieren gehört nicht zu meinen Lieblingsbeschäftigungen. Wer mich kannte, schmunzelte nachsichtig, wenn ich ihm von meinen Plänen berichtete. Von Plänen, die ich selber nicht präzise im Kopf hatte. Wie gründet man eine

Akademie? Notar? Handelskammer? Welche Behörden? Wie macht man Werbung? Personal? Wo sollen Seminare laufen? War „Seminare" überhaupt der richtige Begriff? Alle Akademien hatten prachtvolle Häuser. Muss ich kaufen, muss ich bauen? Mieten? Was heißt eigentlich „Geschenk"? Wie schenkt man einer Gebietskörperschaft etwas, was es noch gar nicht gibt? Was haben die Weimarer davon, die doch beschenkt werden sollen? Buchhaltung, Rechnungswesen – was für furchtbare Worte. Was kostet eine Akademie? Wer zahlt das? Kann ich das stemmen?

Tief im Herzen hatte ich gehofft, viele dieser Fragen würde mir die Stadtverwaltung Weimar beantworten. Doch als mein Brief, er hatte sich unter dem Stichwort „Schenkungsurkunde" in meinem Unterbewusstsein heimisch gemacht, frei von jedem Echo blieb, musste ich selber ran. Backen aufblasen, aber nicht pfeifen, nein. Geschenk? Gut, ich werde allen Weimarern ein Jahr lang die Möglichkeit anbieten, kostenlos an Seminaren teilzunehmen. Diese Frage war also durch Beschluss geklärt. Abgehakt. Als nächstes: Wo in Weimar können Seminare stattfinden? Das war nur dort zu klären. Also telefonierte ich in der Stadt herum, setzte mich in mein Auto und fuhr. Von West nach Ost.

3

Erstaunlich diese Ruhe. In Berlin hatte ich die knisternde Spannung des Wandels gespürt. Anders am Rhein. Die Weltpolitik machte Purzelbäume. In der Bonner Luft lag die Spannung eines verkaufsoffenen Sonntags. Der Zusammenbruch der Sowjetunion – na und, et bliev nix wie et wor. Ende des Eisernen Vorhangs – schau an, et kütt wie et kütt. Deutsche Wiedervereinigung – et hätt noch immer jot jejange. Die Europäische Union rückt enger zusammen – na ja, wat wellste mache. Ausdehnung der NATO nach Osten – drinkste ene met?

Diese Ruhe war bald dahin. „Stop and go" auf der Autobahn in Richtung Kassel. Mit jedem Dutzend Kilometer nach Osten stieg die Zahl der Lastwagen, die neben mir wie ein Güterzug die Kurven und Hänge der A7 hinauf und herab fuhren. Stoßstange an Stoßstange wie eine Kette um den Hals der Rhön. Straßen, die vor wenigen Monaten verwaist lagen, ließen jetzt kaum ihren Asphalt sehen, so dicht war der Verkehr. „Die nehmen alles, es muss aber vom Besten sein", brummte ein Lastwagenfahrer an der Raststätte im besten Berliner Jargon. Er meinte die Ostdeutschen bei ihrer Modernisierungsarbeit.

In Bonn herrschte die Gelassenheit der Selbstzufriedenen. In Weimar regierten Unsicherheit und Zweifel. Ich fragte eine junge Frau, wo ich das Auto parken könnte. Ich spürte, sie fühlte sich in ihrer Sorge, nur ja nichts falsch zu machen, selbst unbehaglich. Der Wurstverkäufer auf dem Marktplatz redete von großer Politik. Eine beleibte Dame im Pelzmantel sprach mich an. Rechnete, den Wessi in mir erkennend, mit den Bonzen der SED ab. In Berlin war es das Klirren der Spitzhacken in der Mauer, hier lag eine fiebrige Unruhe über den Häusern. Tage des Umbruchs, Wochen des Aufbruchs.

*

Ich schaue auf meinen Zettel, richtig, der erste Besuch gilt Herrn Karmowski. Erstaunliche Zeiten. Herr Karmowski ist der Verwalter des Goethe-Hauses. Er will mir in dem Haus einen Raum für Seminare überlassen, in dem Goethe 50 Jahre erst als Mieter, später als Eigentümer gelebt hat. In diesem Tempel des Weltgeistes, für jährlich Hunderttausende Ziel ihrer Pilgerreise. „Haus am Frauenplan", da brauchte niemand den Namen der Stadt nennen, um zu wissen, welcher Ort gemeint war. Wo Herder, Fichte, Wieland schüchtern um Einlass baten. Wohin sich drüben von Jena kommend der kranke Schiller schleppte, da soll ich ein Seminar veranstalten dürfen? Zeiten des Umbruchs.

Ich schäme mich fast. Betrete ich doch das heilige, streng gegliederte Haus, verwaschene Ockerfarbe, mit den beiden Kutscheneinfahrten rechts und links der schmalen Eingangstür in geschäftlicher Absicht, Mietverträge. Die Räume, in denen ich vor Jahren den Brief Goethes an Eckermann, gelesen habe, der Generationen von Deutschlehrern mit ihrer Frage ins Leere laufen lässt, was uns der Dichter mit seinem „Faust" sagen wolle: „Neulich bin ich gefragt worden, was ich mit meinem Faust sagen will. So eine dumme Frage. Als ob ich das selber wüsste. Irgendetwas vom Himmel über die Erde in die Hölle, aber das trägt eigentlich auch nicht." Die fünf Stufen hinauf und schon stehe ich Herrn Karmowski gegenüber. Ein hagerer Mensch, das schwarze Haar straff zurückgekämmt, schlaffer Händedruck, dunkle Augen, mit denen er in rascher Folge nervös blinkert, Allergiker?

„Ja, warum denn nicht? Wir müssen mit der Zeit gehen. Ihre Seminare haben doch auch mit Literatur zu tun. Ich kann Ihnen nur den kleinen Besprechungsraum jenseits der Kutschengasse anbieten."

Herr Karmowski schaut zu Boden. Wir reden vom Wetter, ich beschreibe den endlosen Güterzug der Lastwagen auf der Autobahn.

„Da haben die Bonzen selber Schuld. Ich war immer da-gegen. Ich habe immer gesagt, lasst uns frei sein. Nur der freie Mensch ist der wahre Mensch."

Herr Karmowski schaut noch immer zu Boden. Ist das Zwinkern seiner Augen schneller geworden? So stelle ich mir den idealen Wendehals vor. Langjähriges Parteimitglied, nicht begeistert, aber man musste ja mit der Zeit gehen. Vor zehn Jahren fehlte die Bohrmaschine, um ein schweres Bild an die Wand zu dübeln. „Dieser miese Staat, nicht mal eine Bohrmaschine gibt's hier", hat er geflucht. Ging weiter zu je-der Mai-Demonstration, wählte richtig, zahlte seine Beiträge pünktlich. Nach der Wende fiel ihm die Bohrmaschine ein. Es dauerte drei Tage, dann hatte er sich selbst überzeugt: Ich war schon immer gegen diesen Staat. Erst vorsichtig, nach weiteren 10 Tagen auftrumpfend. Das Gewissen ist wieder rein. Man geht mit der Zeit.

Der Raum an der Kutschengasse ist klein und bekommt Licht nur durch zwei schmale Fenster. Goethe hin, Goethe her, das kann ich niemandem 12 Stunden am Tag zumuten.

Als nächster steht Herr Maierwald auf meinem Zettel. Ich weiß nicht, welche Position er im Schiller-Haus hat, und wie-der stockt mir der Atem. Das Haus, in dem Friedrich Schiller starb, wo er „Maria Stuart" schrieb, die „Jungfrau von Orle-ans", der „Demetrius" unvollendet blieb, hat mir jemand ans Herz gelegt. Herr Maierwald hat positiv auf meinen Anruf reagiert. Hier sind die Zeilen gedichtet worden, die mich beeindruckt haben. Die Zeilen, die den Triumph des Chris-tentums im Verdrängungskampf gegen die bunte Welt der griechischen und römischen Götter besser beschrieben als jede Fachliteratur.

Alle jene Blüten sind gefallen
Von des Nordens schauerlichem Wehn
Einen zu bereichern unter allen
Musste diese Götterwelt vergehen.

In Weimar liegen die aufregenden Orte dicht beieinander. Vom Frauenplan die Straße herunter, links in die Schillerstraße, nach 150 Metern liegt das gelbe Haus rechter Hand. Es sieht sehr viel bescheidener aus als das Goethe-Haus. Der eine hatte das prachtvolle zum Geschenk bekommen, der andere musste seines bis zum Tode in Raten abzahlen.

Herr Maierwald kommt mir strahlend lächelnd entgegen. Seine Schuhe glänzen auffallend, der Anzug sitzt perfekt, die Krawatte passt. Dankbar nehme ich sein Angebot einer Tasse Kaffee an.

„Es wird alles ein bisschen übertrieben. Sie wissen ja, wie die Presse arbeitet. Wer sich fügte, dem ging es nicht schlecht. Und fügen muss man sich doch überall. Gegen den Strom schwimmen, das ist überall gefährlich. Wer das tut, setzt sich diesen Gefahren bewusst aus, sucht sie vielleicht sogar."

„Und die Kunst? Wir Kunstschaffenden wurden gefördert. Wenn Sie nicht zu weit weg von der Mitte waren. Weimar hatte sowieso gut lachen. Wir waren eine Vorzeigestadt. Andere hatten ein härteres Leben, stimmt."

„Ob unsere Kulturstätten finanziell besser gesichert sind als früher, muss sich erst noch zeigen. Ist doch verrückt: Einen Teil des Anbaus, der als Museums-Entrée gebaut wurde, müssen wir vermieten, um den Unterhalt fürs Schiller-Haus zu verdienen. Fehlender Sinn für das Kommerzielle hat zum Niedergang der DDR geführt. Das heißt aber nicht, es ist gut, alles unter das Diktat des Kommerzes zu stellen. Für Leute wie uns war nicht alles schlecht. Ich zeige Ihnen jetzt den Raum."

Die riesigen Scheiben, in grüne Stahlstreben gefasst, gefallen mir sofort. Hell, freundlich möbliert. Für die Pausen am Vormittag und Nachmittag ist gesorgt: Es gibt genug kleine Cafés nebenan. Aber er ist sehr groß. Wie viele Menschen erwarte ich eigentlich in den Seminaren? Ich will in der Zeitung annoncieren. Wie viele Leute werden darauf reagieren, Interesse haben, Zeit haben, Lust und Mut haben? 5 oder 10 oder 20? Bestimmt keine 50, die in diesen Raum passen. Wir werden uns hier verlieren, leere Stühle schmücken keine Veranstaltung.

Herr Maierwald lächelt beim Abschied müde. Auf meinem Zettel steht jetzt der Name des Schlossherrn, Ewald Krause. Die paar Schritte über den Markt, ah, wie gut die Rostbratwürstchen riechen, am Hotel „Elefant" vorbei. Sollte es mit dem Schloss auch nichts werden, würde ich es hier versuchen. Links das Rote Schloss, es ist grau gestrichen, rechts die ockerfarbene Sommerresidenz der Herzöge, jetzt Musikhochschule mit Karl-August zu Pferde davor. Einen Schwenk nach links, da liegt es schon, das Schloss. Linker Hand vom Brandruß und DDR-Mief geschwärzt, kuschelt sich der Turm in die Altstadt, rechts rauschen die Bäume des Goethe-Parks hinter der Paradebrücke über der Ilm.

Nach wenigen Schritten erreiche ich das gebogene Tor und stehe im stattlichen, kopfsteingepflasterten Schlosshof. Überall Türen und Erker. Wo muss ich klingeln oder klopfen, wo ist Ewald Krause? Ist er das? Es kommt ein Mann auf mich zu, ausgebeulte Hose, schmuddelige Jacke über dem offenen Hemd, nicht mehr ganz jung, hängende Schultern und strubbeliges Haar. Er ist es und führt mich durch winklige Gänge ein Stockwerk hinauf in einen Raum, der einst Schauplatz großer Feste gewesen sein muss. Auf edlem Parkett Möbel mit geschwungenen Beinen in Gold, aufeinander gestapelt.

Überall Rokoko, zierliche Tischchen, geschwungene Spiegel, Stuck an den Wänden. Über den Fenstern, an den Decken. Den Staub kann ich riechen, zu sehen ist er nicht. Schwere Vorhänge verwandeln Tageslicht in Abenddämmerung.

„Das kommt für meine Zwecke nicht in Betracht, zu groß, zu staubig, zu pompös."

„Das habe ich mir gleich gedacht." Ewald Krause hat die gedehnte Aussprache der Unzufriedenen. „Es klappt ja auch nichts. Da haben wir gehofft, das Leben würde leichter werden. Aber es geht genauso alles durcheinander wie vorher. Früher konnte man noch was verändern, wenn man gute Beziehungen hatte. Heute kann jeder sagen, was er will, aber keiner hört hin. Ist das Eure Freiheit?"

„Ist das nicht unser aller Freiheit?"

„Ihr mit Euren Sprüchen. Miese Geschäftemacher, Gauner kommen aus dem Westen und ziehen unsere unerfahrenen Mütterchen über den Tisch. Wer bei Euch nichts geworden ist, kommt zu uns und tobt sich in den Amtsstuben als Weltverbesserer aus. Wir werden behandelt, als seien wir Idioten."

Ich quetsche ein Dankeschön durch die Zähne und gehe. Nur weg, nur weg. Ewald Krause tut mir leid. Hoffentlich findet er genug Schwung, sich eine ordentliche Hose zu kaufen.

Also doch der „Elefant". Die paar Schritte vom Schloss zurück zum Marktplatz sind rasch getan. Auf die Musikhochschule zu, links lehnt sich die Bibliothek der Anna Amalia an den Goethe-Park. Hier bin ich nicht angemeldet, ein Hotel muss jederzeit offen sein für Kundengespräche. Der Flug der Phantasie, angestachelt von der Aura der drei besuchten Orte, ist auf dem schwieligen Boden der Wirklichkeit angekommen. Ich betrete das Haus, dessen nüchterner, abweisender Stil kein bisschen seiner glanzvollen Vergangenheit entspricht. Lucas Cranach, Herder, Nietzsche, Franz Liszt und Paul Klee haben hier gelacht und die Sorgen ihrer Jahrhunderte besprochen? In dieser eintönigen Empfangshalle hat der Kellner Mager die gealterte Charlotte mit seiner Geschwätzigkeit genervt? Charlotte Kestner, die durch „Die Leiden des junger Werther" berühmt wurde und die Goethe, den Gespielen von einst, nach 44 Jahren noch einmal sehen wollte, wie Thomas Mann in „Lotte in Weimar" schilderte. Die Zuneigung vieler hat das Hotel berühmt gemacht, die eines Falschen hat es beschädigt. Hitler hat sich seine Aura zunutze gemacht und das Haus durch Umbau zerstört.

Das Foyer ist menschleer. Den Namen der jungen Frau, Grübchen im Gesicht, die mich an der Rezeption empfängt, verstehe ich auch auf Nachfrage nicht. Wohl aber, was sie wagt und sich vorgenommen hat. Sie will an der London School of Economics studieren. Hier arbeitet sie, um das Geld dafür zu verdienen. Die Eltern in Sömmerda sind dagegen, sie hat es aber durchgeboxt. Sie trägt blonde Haare und einen roten Pullover, der apart zum Grün der Rezeption passt. Doch in Leipzig hat sie voriges Jahr mit ihrer Freundin mitskandiert „Wir sind das Volk". Beide waren zwei Tage nach dem Fall der Mauer auf dem Kurfürstendamm. Begrüßungsgeld wollten sie nicht, sagt sie. „Eine nette Geste, aber demütigend." Nach dem Studium will sie zurück nach Thüringen, „um hier Schwung reinzubringen". Sie sagt es so, dass ich es glaube.

Ich darf doch dieses Feuerwerk an Dynamik und Plänen nicht mit meinem Anliegen stören. Aber mühelos schwenkt sie ein und zeigt mir die Konferenzräume des Hotels. Ich entscheide mich für den hellen, der 20 Leute gut aufnehmen kann und auch noch etwas hermacht, wenn es weniger sind, reserviere ihn für ein Wochenende in zwei Monaten. Laura, diesen Namen habe ich ihr inzwischen gegeben, stimmt mir zu, für Rhetorikkurse haben die Leute nur am Wochenende Zeit.

So, nun gibt es schon einen Tagungsort für die Akademie, einen Termin für den Start auch, jetzt fehlen nur noch die Hörer, die Beschenkten. Wie in zwei Monaten an die Menschen herankommen? Die Zeitung, nur eine Zeitungsannonce kann helfen. Auch das muss sofort geschehen, vor der Rückfahrt ins Rheinland. 1990 ist ein Telefongespräch von Königswinter nach Weimar ein Abenteuer mit ungewissem Ausgang. Also sucht Laura die Telefonnummer der *Thüringer Allgemeinen* heraus. Schau an, fernmündlich eine Annonce aufgeben, das geht schon. Ich habe eigentlich ein „Kommen Sie vorbei" oder „Schicken Sie den Text schriftlich" befürchtet. Aber nichts dergleichen. Sogar die Rechnungsadresse in Königswinter akzeptiert die freundliche Dame im Singsang des örtlichen Idioms.

Hurra, die Akademie für Redenschreiben steht. Jetzt brauche ich mich nur noch um Inhalt und Ablauf der Seminare zu kümmern. Dafür habe ich ja nun zwei Monate Zeit.

4

Die Annonce brachte doppelten Erfolg. 21 Interessenten für das Seminar. Nach einer zehntel Sekunde des Zögerns war ich entschlossen, das Echo ausgezeichnet zu finden. Große Überraschung war Heidrun Krehan, jung, die sich als Helferin in allen organisatorischen Fragen vor Ort anbot. Ehemalige Lehrerin, ein Hüftleiden hatte sie aus dem Schulbetrieb geworfen. Sie war ideenreich, unternehmensfroh. Hatte Freude daran, sich an einer Aktion zu beteiligen, die heute vielleicht „start up" hieße.

Sie hatte uns auch die kleine Pension am Stadtrand genannt, in die Sophie und ich am Vorabend des ersten Seminars einzogen. Der Regen hatte aufgehört; Frau Michalski, beleibt, freundlich, rote Schürze, versprach uns für morgen einen sonnigen Tag. Der Küchengeruch im ganzen Haus störte mich kaum. Frau Michalski hatte mit hinreißendem Ungeschick unseren kürzlich noch als Kinderzimmer benutzten Raum für Gäste umgestellt, ich bemerkte es kaum. Auch den abgewetzten Schrank nicht, in dem noch Poster von unbekannten Fußballern hingen. Auch die Lampe nicht mit dem Charme vergangener Zeiten. Mir gefiel, die Frau hatte gemerkt, seit der Wende lohnte sich Initiative wieder, und hat sie ergriffen.

Wichtiger für mich war, wie kriege ich meine Anspannung in Griff. Ich habe mich auf den morgigen Tag gut vorbereitet, meine Erfahrungen und Gedanken gut geordnet und auf übersichtlichen Zetteln notiert, das sagte ich mir immer wieder. Ich hatte gutes Material erarbeitet, das Sophie in den richtigen Augenblicken an die Hörer verteilen würde. Hatte mir Formulierungen zurechtgelegt, die als Schlagworte bei den Hörern hängenbleiben konnten. Alles, was möglich war, hatte ich getan, sachlich alles im Griff. Aber ich hatte noch nie eine Lehrveranstaltung gemacht, auch nur den Versuch gestartet, andere über einen längeren Zeitraum in den Gang meiner Gedanken zu drängen. Das Herz raste. Didaktischer Aufbau eines so umfassenden Themas wie der Umgang mit Rede, nicht im Ansatz jemals geübt, nur am Schreibtisch erdacht.

Sophie, stets die Ruhe selbst, wird Proben und Beispiele vorlesen, die Menschen in den Pausen unterhalten, damit ich Muße habe, die nächste Runde vorzubereiten. Es war eine Zumutung, 21 erwachsene Menschen sonnabends in der Frühe aus ihren Betten zu holen. Nach einer und vor einer weiteren Woche anstrengender Arbeit in ihren Berufen. Die Zumutung war nur vertretbar, wenn das, was ich mir überlegt hatte, im richtigen Augenblick auch parat war. Wenn das Erdachte überzeugte. Ich den Menschen etwas wirklich Brauchbares, ihnen Helfendes geben konnte. Auch wenn sie nichts zahlten, sie hatten Anspruch auf das Beste. Die Nacht war unruhig.

*

Küchengeruch auf nüchternen Magen, naja. Hoffentlich kein schlechtes Omen. Frau Michalski hatte recht, die Sonne scheint tatsächlich. Ihr Frühstück ist gut. Das Auto stellen wir auf den Hotelparkplatz. Gestern habe ich an der Umfassungsmauer des Parkplatzes das Schild gelesen „Hier stand das Haus, in dem Johann Sebastian Bach von 1708–1717 gelebt hat". Das Gefühl der Ehrfurcht will sich in mir regen. Ich verbiete es. Bitte konzentriere dich.

Wir folgten Lauras leichten Schritten die geschwungene Treppe hinauf, links in den ersten der beiden Räume. Er ist mit einem kleinen Tisch und einigen Stühlen knapp möbliert. Auf den ausladenden Fensterbrettern stehen Häppchen und Kuchen für die erste Pause. Laura winkt uns in das anschließende Zimmer, es ist voller Menschen. Seine bescheidene Pracht zieht dennoch die Aufmerksamkeit auf sich.

Holztäfelung bedeckt die Wände mannshoch, drei Fenster werden von schweren Vorhängen in grün eskortiert. Ein

Kamin in diskreter Marmorfassung. Neben die Kinderkopf große Standuhr auf dem Sims hat Frau Krehan die Bücher gestellt, Zitatensammlungen, Nachschlagewerke, Handwerkszeug für den Redner. In der Mitte der lange Tisch aus dem gleichen Holz wie die Wände, umgeben von modernen Bürostühlen mit blinkendem Stahlrahmen in Stoffen, die zum Blau des Teppichs passen. Laura hat mir eben zugeflüstert „Wir sind im Wohnzimmer der Suite, die Hitler für sich bestellt hatte".

Still, kein Wind bewegt die Äste der Bäume draußen im Garten, zwischen denen das Dach des Hauses der Frau vom Stein im milden Licht der herbstlichen Sonne durchscheint. Die Stille, die plötzlich auch drinnen herrscht, ist mir peinlich. Händeschütteln, lächeln, neugierige Beobachtung aus den Augenwinkeln. Alle setzten sich auf ihre mit Namensschildern gekennzeichneten Plätze. Zögernd kommen die ersten Worte vom Unterschied zwischen Vortrag, der vor allem der Information dient, und Rede, die vor allem Motivation der Hörer zum Ziel hat. Sie schweifen nicht ab, die Blicke der 21, halten fest, zeigen Interesse.

Motivieren heißt Führen. Rede, das wichtigste Führungsinstrument in der zivilen Gesellschaft. Schade, die freie Rede verkümmert in Deutschland, wo noch immer bleischwer die Schriftform dominiert, anders in den USA, England oder Frankreich. Doch, es läuft, sie bleiben bei der Stange, die Körpersprache verrät es. Nach 20 Minuten kann ich den Bogen zum Interessenbündnis von Redner und Publikum schlagen. Dann ein paar technische Hinweise für die Gestaltung der beiden Tage. Jetzt folgte die Vorstellungsrunde.

Frau Schneidewind ist hübsch, mittelgroß, ihr brünettes Haar im Stile einer vergangenen Mode geschnitten. Ich freue mich an ihrer gepflegten Sprache, die durch den freimütigen

Umgang mit dem Buchstaben „e" leicht die landestypische Klangfarbe annimmt. Hat sie gesagt, sie sei Ärztin? Das Seminar läuft. Nach all den Monaten der Planung, der Unsicherheiten, der Hoffnungen, jetzt der diskrete Triumph des Gelingens. Die Kostümjacke steht ihr gut, auch wenn deren Blau nicht zum Blau des Teppichbodens passt. Frau Schneidewind spricht flüssig und frei. Warum überrascht mich das? Ich habe in der Tiefe meiner Seele geduckte Menschen erwartet und treffe nun auf Bürger, die ein unpassendes Regime abgeschüttelt haben.

Herr Merch, 41 Jahre, kurz geschnittenes Haar, grau, Ingenieur im Waggonwerk oben am Bahnhof, beginnt wie alle DDRler mit der Erklärung zur Wende. Er freut sich darüber. Oft folgte dem ein „aber", bei ihm nicht. „Ich bin glücklich, endlich den ‚Elefanten' von innen zu sehen. Sie können sich nicht vorstellen, welches Mysterium das Haus früher war. Wir durften da nicht rein. Nur Wessis und ausländische Gäste durften. Die tollsten Geschichten kursierten in der Stadt, Riesenluxus. Und die Bonzen durften natürlich rein, die haben sich ja immer jedes Recht herausgenommen, das früher nur den Fürsten zustand."

Aha, Herr Merch interessiert sich also mehr für das Hotel als für die Redekultur. Als hätte er meinen Gedanken geahnt, will er diesem Eindruck entgegentreten:

„Wir haben Sorge, das Theater wird zurückgefahren oder zu teuer. Theater, die Kunst insgesamt, waren vor der Wende von größter Bedeutung für uns. Jeder wusste, was im Theater gegeben wurde. Auf der Straße standen die Leute in Gruppen und sprachen über die Aufführungen. Am Frühstückstisch wurde darüber geredet. Bücher waren enorm preiswert" – er sagte wirklich „preiswert", ganz im neuen Stil – „wurden gelesen und diskutiert. Kunst war der staatsfreie Raum für uns, ihre Andeutungen haben wir als Botschaften gehört. Wir wollen keinen kunstfreien Raum."

Oh ja, er ist wohl doch noch nicht ganz angekommen in der neuen Zeit. Herr Merch redet wie zu einem Bonzen, den man überzeugen muss, um etwas zu bewirken. Nachher, in der Pause, will ich ihm sagen, ich teile seine Meinung. Das wenigstens soll er wissen.

Bis in den späten Abend geht das Wechselspiel über Anregungen von meiner Seite, Übungen der Hörer und deren gemeinsame Bewertungen. Geordnet nach den 7 Sternen, an denen sich der Redner orientieren soll: „Interessant soll eine Rede sein, klar und verständlich formuliert, wahrhaftig und glaubwürdig, persönlich, bildhaft und unterhaltend." Wir trennen uns im Dunkel der angebrochenen Oktobernacht. Heiter-fröhliche Stimmung schwingt im Raum. Die Feuerprobe ist bestanden. Ein Erfolg kann das Seminar erst sein, wenn morgen möglichst viele wieder kommen. Warum sollten sie? Niemand zwingt sie, sie haben sich nicht einmal durch Bezahlen selbst gebunden. Unsere Herzen jubeln, am Sonntag pünktlich 9 Uhr sind alle 21 wieder da. Keiner von ihnen musste bestehen, aber das Seminar hat bestanden. Die Gründung der Akademie ist gelungen.

Im Jahre 1990 und im Folgejahr haben wir 144 Weimarern in sechs Seminaren Tipps und Anregungen für überzeugende Redeauftritte gegeben. Unsere bescheidene Morgengabe für die deutsche Einheit.

5

Das Ende der politischen Eiszeit war der Frühling der Ideen. Einige reiften zu Taten, andere starben. Die RaG, Rent a Ghost, abgeschaut von „Rent a car", war als Anlaufstelle für Redner gedacht, die einen Redenschreiber suchten. Gute Idee, schlechte Umsetzung, Ergebnis Null. Aber offensichtlich interessant, sonst hätten sich nicht Journalisten in über 100 Radio- und Zeitungsinterviews dafür interessiert. Ich sah fast jede Woche ein Bild, einen Satz von mir in der Zeitung und arbeitete wacker über Monate hinweg Radiotermine ab. Willkommene Gelegenheiten, für die RaG zu werben, aber vergeblich.

Die „Stiftung Redekultur" ist auch nicht zustande gekommen. Alles Geld, alle Zeit halfen nichts. Es gab eine Satzung. Es gab einen Gründungsakt im Beisein des damaligen Innenministers Thomas de Maizière. Es gab einen Senat, dem neben de Maizière der Schriftsteller Rüdiger Safranski angehörte; außerdem der Intendant des Deutschland Radios Ernst Elitz, der Verleger Dirk Ippen, der Unternehmer Eberhard Sasse, der Vorstand der Deutschen Forschungsgesellschaft Axel Zienicke und der Generalkonsul Michael Engelhard. Aber es gab keinen Erfolg.

Dabei hatte die Stiftung schon mit der Arbeit an ihrer ersten Aufgabe begonnen, der Einrichtung eines „Zentrums für angewandte Rhetorik" an der Humboldt-Universität in Berlin. Das „Zentrum" schaffte sogar 2007 noch eine Sommerakademie an der Humboldt-Uni mit fast hundert Teilnehmern aus alles Teilen Deutschlands. Aber alle weiteren Bemühungen blieben in der Wissenschaftsbürokratie hängen, trotz fester Zusage des Rektors Christoph Markschies.

Ich habe viel guten Willen angetroffen, konnte aber am Ende nicht alle Fäden zusammenbringen, vor allem nicht die 5 Millionen Euro erbetteln, die ich der Universität versprochen hatte.

Doch zurück zur Zeit nach der Wende. Erfolgreich war die Idee, die Gymnasien zunächst in Weimar und später in anderen Teilen des Landes zu bewegen, ihren Schülern Möglichkeiten anzubieten, die freie Rede in einer Weise zu üben, wie sie in England praktiziert wird. Eigentlich niemand bestritt das Vorbildliche des angelsächsischen Redestils. Die Reden dort sind kürzer und damit weniger ermüdend, sie sind pointierter und damit klarer. Sie sind humorvoller und damit unterhaltsamer. Das erweckt und erhält die Zuhörbereitschaft des Publikums, seine Bereitschaft, die Botschaft aufzunehmen, und erhöht so die Aussichten des Redners auf den Erfolg seiner Rede. Ob dieser Stil das Produkt Jahrhunderte alter parlamentarischer Tradition war oder im Charakter der Briten lag, vermochte ich nicht zu entscheiden. Ich war mir aber sicher, er wird durch ein Bildungssystem gefördert, das den Umgang mit freier Rede von Kindesbeinen anbietet.

Das System ist einfach. Schon in den unteren Schulklassen können die Kinder in Clubs zu ihrem Alter angemessenen Themen reden. Diese Themen, die entweder zustimmend oder ablehnend behandelt werden können, etwa „Wahlalter auf 16 senken? Ja oder nein?" Der Redner der Pro-Position soll in einer weiteren Rede die gegenteilige Meinung vertreten, also vom Befürworter zum Gegner des Wahlalters mit 16 werden. Das Ziel dieser Übung ist weniger, Wahrheiten finden, wo es nur um Meinungen geht, sondern auf der Hand liegende Kenntnisse und Beobachtungen finden, ordnen und überzeugend vortragen. Mit dem großartigen Zusatzeffekt einer Schule der Toleranz. Junge Menschen, die in diesen Clubs erleben, für jede Meinung gibt es plausible Gründe, werden auch später mehr Verständnis haben, ihre eigene Meinung, so berechtigt sie sei, muss nicht die einzige mit guten Gründen vertretbare sein.

In den englischen Toast-Clubs, die sich in den „Unions" an den Universitäten fortsetzen, wird Rhetorik nicht als Nebelwerfer, sondern als Klarspüler gelernt. Nicht die Eindeutigkeit eines vorgetragenen Gedankens verführt zur Zustimmung, sondern schafft erst die Voraussetzung, sie zu geben oder zu verweigern. Redliche Sprache schafft Alternativen und damit Freiheit.

Der rhetorisch Gebildete durchschaut den Verführer am Rednerpult viel früher als andere. Er kennt die Trickkisten, in die dieser greift. Rhetorische Kenntnisse fördern also die Persönlichkeitsbildung. Damit gehören sie in die Schule. Davon war ich überzeugt.

Wie konnte ich aber eine deutsche Verwaltung, sogar eine Schulverwaltung, davon überzeugen, wo ich nicht einmal die Namen der Schulen in Weimar kannte, geschweige eine Lehrerin oder einen Lehrer? Insbesondere hier, auf den Trümmern der DDR, in der Überzeugungskraft und damit rhetorische Eleganz noch weniger traditionell waren als im Westen Deutschlands. Ich hatte beobachtet, die kleinen Veränderungen in Deutschland werden in der Mehrzahl von oben angeregt, die großen von unten. Große Veränderungen waren die Demokratisierung der deutschen Gesellschaft nach dem Kriege. Sie geschah nicht durch die Siegermächte von oben, sondern durch die Studentenunruhen der 68er Jahre von unten. Die Umweltbewegung der 80er Jahre geschah zunächst gegen die Herrschenden, auch die Wiedervereinigung musste zunächst vom Volk gegen die Machthaber in Ost und West durchgesetzt werden.

Schulpolitik gehörte zu den kleinen Veränderungen, es empfahl sich also der Weg von oben. Zuerst musste ich den Oberbürgermeister von Weimar, Dr. Germer, für meinen Plan gewinnen. Der brillenlose Mittfünfziger mit dem sympathischen Lächeln und festen Händedruck war selbst gelernter Pädagoge und überraschend schnell überzeugt. Er sagte seine Unterstützung zu, lediglich die ideelle, Geld könne er nicht beisteuern, was ich auch nicht erwartet hatte.

Als zweiten Schritt luden OB Germer und ich die Lehrer der vier Gymnasien in Weimar zu einem Abendessen in den „Weißen Schwan" ein. Tatsächlich erschienen sechs Wochen später 21 – die gleiche Zahl wie zum ersten Seminar der Akademie – Damen und Herren in dem Lokal mit den kleinen Fenstern am Frauenplan, das als die Stammkneipe Goethes in die Geschichte eingegangen ist und an dessen Außenwand noch eine Kanonenkugel steckte und gepflegt wurde, die aus einer napoleonischen Haubitze stammen soll. Neugierig, weil von ihrem Oberbürgermeister eingeladen, und zufrieden, weil sie in dem begehrten Lokal kostenlos essen konnten, lauschten sie beim abschließenden Kaffee meinen Schilderungen der englischen Verhältnisse und nickten zu der Aufforderung Dr. Germers, an ihren Schulen die organisatorischen Voraussetzungen für Ähnliches auf die Beine zu stellen.

Das Unglaubliche geschah. An den vier Schulen entstanden im kommenden Schuljahr Toast-Clubs nach englischem Vorbild. Frau Gawrilow, klein, energisch, immer in Bewegung, richtete im Fallersleben-Gymnasium eine entsprechende Arbeitsgruppe mit neun Teilnehmerinnen und Teilnehmern ein. Die Herren Heinze und Hinze, der letzte ein begnadeter Kabarettist und Büttenredner, beschlossen für das Schiller-Gymnasium, die Teilnehmer ausschließlich über von ihnen selbst ausgesuchte Themen sprechen zu lassen. Frau Große, braune Augen, Hosenträgerin, kräftige Hände, debattierte mit ihren Schülern vor Beginn des normalen Schulbetriebs. Frau Zimmermann, schlank, hochgewachsen, blond, im Goethe-Gymnasium am Nachmittag, nachdem der Unterricht vorbei war. Vor allem: Sie konnten Schüler für das Projekt begeistern und Mitspieler finden.

Mit Beginn des Schuljahres 1996 starteten die Clubs mit ihrer, Arbeit wäre das falsche Wort, freudigen Gemeinschaft, und das sollte es vor allem sein. Keine Fortsetzung des Unterrichts unter anderen Vorzeichen, sondern spielerisches Lernen, bei dem Fehler nicht mit Rüge geahndet oder mit Häme übergossen, aber Gelungenes mit Anerkennung verstärkt wurde. Das hatte ich den Lehrern nahegelegt, nur wenn die Kinder die Clubs als Spielplatz erleben, werden sie dabei bleiben. Wer erwartet hatte, die Sache werde sich bald im Sande verlaufen, sah anderes. Ganz im Gegenteil, das Experiment gelang, die Freude von Schülern und Lehrern wuchs von Jahr zu Jahr. Das ermutigte uns, und wir wagten eine öffentliche Präsentation der Clubs im Rathaus.

*

Draußen scheint die Sonne, wir haben wieder Glück mit dem Wetter. Drinnen ist das Rathaus düster, neugotisch verwinkelt. Draußen liegt schon jetzt der Duft der Thüringer Bratwurst verführerisch in der Luft. Drinnen ist die Luft stickig vom Hitzestau der vergangenen Tage. Draußen habe ich eben die Glocken aus Meißener Porzellan mit ihrer 10 Uhr Melodie „Sah ein Knab ein Röslein stehn" gehört. Hier drinnen sind nur meine Schritte auf der geschwungenen Treppe nach oben zu hören. Im großen Sitzungssaal verteilen sich vier Lehrer und etwa zehn Schüler auf den Plätzen, auf denen die Stadtverordneten sitzen, wenn der Stadtrat tagt. Ihnen gegenüber, etwas erhöht, sitzen in der starren Reihe der „Regierung" Dr. Germer und drei Vertreter der Presse. Händeschütteln. Ich setzte mich neben den Oberbürgermeister.

Der Reihe nach berichten die Kinder, wie ihre Clubs zusammengefunden haben. Berichten von Freunden, die sie dort gefunden haben, von den Verwirrnissen der Anfänge, als noch niemand so recht wusste, worauf alles hinauslaufen sollte. Sie entwerfen ein Bild, wie die Wege von Versuch und Irrtum zu einem akzeptablen Ziel führen können. Der Oberbürgermeister fragt nach, die Journalisten schreiben. Alles auf gutem Weg.

Als letzte ist die 13-jährige Christiane für das Fallersleben-Gymnasium dran. Sie lächelt scheu, als sie sich von ihrem Platz erhebt. Mit ihren dünnen Kinderbeinen und dem ramponierten Jäckchen sieht sie rührend aus. Jetzt streicht sie sich eine Haarlocke, braun, aus der Stirn. Frau Gawrilow hat mir eben gesteckt, Christiane ist seit zwei Jahren dabei. Sie war eine Einzelgängerin, gemobbt von ihren Klassenkameraden, verschüchtert, ängstlich und kaum in der Lage, mehr als einen Satz im Zusammenhang zu sagen. In den zwei Jahren hat sie Selbstvertrauen und Sprache gefunden. Nun ist sie zur Sprecherin ihres Clubs gewählt worden.

Jetzt zupft sie an ihrem bescheidenen Jäckchen und erzählt erst leise, dann deutlich und schwungvoll, hier und da sogar witzig, von den Schwierigkeiten, sich jedes Mal auf Themen zu einigen. Von der Freude und dem gelinden Stolz, den alle am Schluss einer Rede empfinden. Von den vielen Gelegenheiten zum Lachen, von denen ihr jetzt leider kein Beispiel einfällt. Dabei schlägt sie die Augen nieder, die anfängliche Röte im Gesicht ist abgeklungen. Plötzlich streckt sie sich, blickt den Bürgermeister fest an, wirft den rechten Arm mit geballter Faust von rechts oben nach links unten und ruft „Ich finde das super!". Ich spüre eine Welle großer Freude in mir. Die Clubs bereichern die Kinder nicht nur rhetorisch. Wie schön.

6

Im Jahr darauf organisierten wir mit Heidrun Krehan und den Lehrern einen Redewettbewerb unter den Aktivisten der vier Clubs. Die Sonne schien diesmal nicht, als 25 Jungen und Mädel sich im Lesesaal der Stadtbibliothek in der Steubenstraße trafen, einem kellerartigen schlauchförmigen Raum. Draußen hingen die Wolken tief, drinnen war beste Stimmung. Im Beisein ihrer Eltern debattierten die Schüler über Themen wie: „Soll Fernsehen für unter 10-Jährige verboten werden?", „Ist das Gebäck ‚Schillerlocke' ein Kompliment an den Dichter oder macht es ihn verächtlich?", „Sind Süßigkeiten die richtige Belohnung für Kinder?" und „Schadet ein Marathon-Lauf der Gesundheit?" Die Sieger der ersten vier Runden treten zu den Themen: „Soll im Goethe-Park ein Disney-Land gebaut werden?" und „Sind die hohen Einkommen von Spitzensportlern gerechtfertigt?" gegeneinander an. In der Schlussrunde, „Strom aus Kernkraft – ja oder nein?", verdiente sich der Sieger, es war ein Mädchen, einen kleinen Silberbecher, den ich gestiftet habe. Den Namen des Mädchens habe ich vergessen. Ich weiß noch, sie trug ein Kleid, dessen Saum zipfelte, und hatte einen Pferdeschwanz.

Meine Bewunderung und Hochachtung gilt bis heute den Lehrerinnen und Lehrern der vier Gymnasien. In westdeutschen Schulen ist es trotz mehrfacher Anläufe, auch unter energischer Mitwirkung zum Beispiel von Fabian, nicht gelungen, solche Toast-Clubs auf Dauer einzurichten. Das Lehrpersonal war nicht bereit, die zusätzlichen Anstrengungen auf sich zu nehmen. Das gelang nur in dem Teil Deutschlands, in dem die Menschen durch den Umsturz der politischen Wende aus dem Rhythmus ihrer Gewohnheiten gerissen wurden. Und dadurch den Schwung fanden, Neues zu probieren.

7

In dieser Zeit lernte ich Roland Wöller kennen. Aus der Bekanntschaft wurde Freundschaft. Er war Chef der Jungen Union des Freistaates Sachsen. Ein schmaler, hochgewachsener Intellektueller, Landtagsabgeordneter, der aus Baden-Württemberg nach Dresden gekommen war, lernbegierig und hörbereit. Einer der vielen, die bei der Neuorientierung in Ostdeutschland helfen und die Chance persönlicher Entwicklung nutzen wollten. Verliebt war er und heiratete später die Vorsitzende der Jungsozialisten Sachsens, Corinna Franke.

Uns verband die Idee, die Redekultur in Deutschland zu fördern und dabei Anregungen aus England aufzunehmen. Roland Wöller nutzte seine guten Kontakte zu Ministerpräsident Kurt Biedenkopf, den wir gemeinsam überzeugten, Toast-Clubs wären eine gute Sache für den Freistaat Sachsen. Überzeugen ist nicht ganz richtig. Bei Biedenkopf, der als Student in Amerika solche Clubs kennengelernt hatte, rannten wir offene Türen ein.

Bei einem der ersten Treffen erzählte er, wie er sich selbst seinen professoralen Vorlesungsstil abgewöhnt und zu einfacher, jedermann verständlicher Sprache gefunden hatte. Auf dem Heimweg von einem Auftritt vor einer Betriebsversammlung hatte er seinen Fahrer gefragt, wie er die Rede fand, die er gehalten hatte. „Gut", sagte der, „aber was heißt ‚Konversion'? Das Wort verstehe ich nicht." – „Das ist die Umnutzung von Gebäuden oder Flächen." – „Warum sagen sie das nicht gleich", sagte der Fahrer. „Da hat es bei mir Klick gemacht", erzählte Biedenkopf. „Ich habe Herrn Knepp zu jedem öffentlichen Auftritt mitgenommen. Er musste die unverständlichen Worte aufschreiben und mir auf dem Heimweg sagen. Das habe ich solange gemacht, bis ich ohne sie auskam."

Biedenkopf war sofort bereit, uns zu unterstützen, er war geradezu glücklich darüber. Das Vorgehen, das sich schon in Weimar bewährt hatte, wiederholte sich in Sachsen. Biedenkopf lud die Lehrer des Landes in die Sächsische Fortbildungsakademie auf den Schlossberg nach Meißen ein; er, Roland Wöller und ich warben im überfüllten Tonnensaal für die Redeclubs. Aber es half nichts, trotz aller Bemühungen blieb für die Lehrer unklar, wie sie funktionierten. Ein kurzer Wortwechsel mit Biedenkopf, dann wurde das Podium freigeräumt und wir beide improvisierten eine Debatte zum Thema. „Fördert Reden die Demokratie oder behindert es die vernünftige Tat?"

In der Woche darauf bat ich Frau Gawrilow, Frau Große und Herrn Henze aus Weimar nach Meißen zu kommen, um ihre in Thüringen gemachten Erfahrungen an ihre sächsichen

Kollegen weiterzugeben. Und tatsächlich, sie kamen. Es begann eine Zusammenarbeit über Landesgrenzen hinweg, die bis heute andauert und ihre Krönung in einem alljährlichen Redewettbewerb der Schüler fand und noch immer findet.

8

Beim ersten Mal, im Jahr 2003 war die Zahl der Teilnehmer am Wettbewerb überschaubar. Von Jahr zu Jahr stiegen mehr Jungen und Mädel auf dem geräumigen Parkplatz vor dem Sächsischen Landtag aus Bussen, deren Nummernschilder auf Städte in ganz Thüringen und Sachsen hinwiesen. Nervös standen zappelnde Kinder und nervös beherrschte Lehrer an den mit Kaffee und Kuchen gedeckten Stehtischen der Lobby des Landtages. Scheue Blicke gingen hinüber in den Plenarsaal, das geheiligte Rund der Demokratie. Hinter der riesigen Glaswand floss ruhig die Elbe. 10 Uhr eröffnete der Parlamentspräsident, erst Erich Iltgen, dann Matthias Rößler. Nach ihnen habe ich 10 Jahre lang als Vorsitzender der Jury eine kleine Rede gehalten. Der Wettbewerb hatte unter der humorvollen Regie von Hans-Peter Maier den immer gleichen Rhythmus. In der Mitte des Rondells, das die Sitzplätze der Abgeordneten bildete, helles Holz, grünbespannte Stahlstühle, stand ein Tisch, an dem sechs Schüler saßen und gemeinsam über ein Thema debattierten, das sie erst seit einer halben Stunde kannten. Die Jury: Parlamentarier, Regierungssprecher und Vertretern der Presse bestimmten aus jeder dieser Sechser-Gruppen die beiden besten, die nachmittags mit einer ad hoc Rede gegeneinander antraten. Dem

Sieger winkte eine kostenlose Teilnahme an einem Seminar der ARS, der Akademie für Redenschreiben. Der Erfolg hat immer viele Väter. Auch dieser. Als einer von ihnen fühle ich mich. Stolz ist ein sperriges, ein kantiges Wort. Ich bin einverstanden, glücklich mit dem, was da passiert ist.

9

Im Jahr der deutschen Einheit gegründet, hatte sich die Akademie wie die Einheit selbst inzwischen gefestigt. Beide nicht ohne Stottern und Stocken. Die „Blühenden Landschaften" hätten viele Menschen gerne früher erkannt, Minita von Gagern, die in die Seminarleitung eingetreten war, und ich hätten gerne noch mehr Hörer gehabt. Während die Ostdeutschen die Reste der DDR wegräumten und ihre Häuser und Straßen in Schuss brachten, tingelten wir von Hamburg über Dresden bis München und fanden die Zustimmung von Rednern und Redenschreibern aller großen und vieler kleinen Unternehmen. In der Zeit, als die modernsten Produktionsanlagen Deutschlands im Osten entstanden, weitete die Akademie ihren Aktionsradius aus, und wir gingen mit unseren Seminaren zu Verbänden, Stiftungen und Banken.

Redenschreiber sind Menschen, die im Schatten wirken. Je besser ihre Arbeit ist, desto entschlossener ist der Redner, jede fremde Mitwirkung an seinem Erfolg zu vertuschen. Nur beim Misserfolg wird der Redenschreiber gerne nach vorne geschoben. Michael Engelhard, begnadeter Redenschreiber, Genie, wurde von seinem Chef, dem Bundespräsidenten Richard von Weizsäcker, entlassen, nachdem er sich in einem Zeitungsartikel zu seinem Beruf bekannt hatte. Der Redenschreiber von Bundespräsident Johannes Rau sagte freiwillig: „Der Präsident hat keinen Redenschreiber." Darüber klagten mehr und mehr Redenschreiber in unseren Seminaren. Der Wunsch nach einer Interessenvertretung der Redenschreiber wurde dringlicher.

*

Diesmal ist es ein Güterzug. Güterzüge rattern lauter, und es dauert länger, bis die Stille uns wieder umarmt wie eine gut gelaunte Mutter. Personenzüge sind leiser und kürzer. Trotzdem bleibt das Fenster offen. Wir haben uns an den Lärm gewöhnt. 40 Personen in diesem Raum, da muss wenigstens ein Fenster offen bleiben. Überfüllt ist er mit 40 Leuten nicht, gut ausgelastet ist er. Und mir vertraut mit seinen holzgetäfelten Wänden, den von innen beleuchteten Vitrinen, dem ocker-gelben Teppich, dem aparten Lüster an der Decke. Aktionen im Bonner Hotel Günnewig sind nach 20 Seminaren gemeinsam mit Minita Heimspiele für mich. Minita ist heute nicht dabei. Sie fehlt mir. Ihre Gegenwart ist mir wichtig. Ihre Phantasie, ihr Feuer, ihre Entschlossenheit und Nonchalance beleben.

Dieser Tag wird mich tiefer denn je in unbekanntes Terrain führen. In USA gibt es einen Zusammenschluss der Redenschreiber, in Europa nicht. Heute soll der Verband der Redenschreiber deutscher Sprache gegründet werden. Die Selbstzweifel, ob einer dafür der Richtige ist, der den Beitritt zu Vereinen immer abgelehnt hat, lassen mich auch jetzt nicht los. Trotzdem: Heute muss zum Abschluss gebracht werden, was zwei Jahre lang in Kommissionen, Sitzungen, Besprechungen erdacht und geplant wurde. Ich habe viel Geld in das

Projekt gesteckt, viele Tausende. Jetzt muss es sich zeigen. Das schulde ich dem meist freudigen, manchmal nur geduldigen Mitwirken von Willi Vogler und Udo Kessler.

Nun macht doch jemand das Fenster zu. Manche Züge sind endlos. Ich werde es gleich wieder öffnen. Die Tische stehen in U-Form, wie die Fachleute sagen. Die Namensschilder darauf machen sich hübsch. Ich liebe Namensschilder, sie sind Beweis gründlicher Vorbereitung. Nicht der einzige, Kaffee auch. Ich habe Kaffee und leichtes Gebäck für alle bestellt. Auf die paar Mark kommt es jetzt auch nicht mehr an. Das viele Geld für externe Beratung tut mir leid. Außer Umständlichkeiten hat sie kaum etwas gebracht. Der Weg ins Unbekannte darf nicht mit Geländern der Bedenklichkeit scheingesichert werden. Pioniere reiten los.

Ich öffne das Fenster wieder. Ich brauche frische Luft. Es ist 11 Uhr. Gleich geht's ans Pult. Neben den Namensschildern liegt ein Entwurf der Satzung auf dem Tisch. Damit will ich den Einstieg machen, hoffe auf den ersten Lacher. Ich habe noch nie in meinem Leben eine Satzung auch nur gelesen. Für heute habe ich eine geschrieben. Im Buchladen habe ich das Büchlein „Mein Verein und ich" gekauft, mich an die darin empfohlenen Inhalte gehalten. Das will ich erzählen und das Büchlein am Pult hoch halten. „Mein Verein und ich" – klingt doch witzig?

Ich darf Österreich und die Schweiz nicht vergessen. Das war ein kluger Hinweis aus dem Kreis der Hörer. Nicht auf Deutschland begrenzen, Europa im Blick haben. Deswegen der etwas umständliche Name „Verband der Redenschreiber deutscher Sprache".

Ich gehe ans Pult. Halte „Mein Verein und ich" hoch. Kein Lachen, aber Schmunzeln, immerhin. Beide Ziele sind gleich wichtig. Das Materielle, die Redenschreiber aus der

Schmuddelecke des Geheimnisvollen befreien; Angebot und Nachfrage ausbalancieren, Ausbildung anbieten, Qualitätsmerkmale schaffen. Und das darüber hinausweisende Ziel, die Redekultur in den drei Ländern verbessern helfen. Rede als Führungsmittel bewusst machen. Die Rhetorik der Verführung entlarven, Demokratie sichern. Redenschreiber gehören zur Elite des Wortes.

Hör auf. Nicht zu lange reden. Das Vorbeirauschen der Züge höre ich nicht. Herr Lüttkemeier schaut aus dem Fenster. So, noch ein Apell, dann Schluss machen. Die Satzung wird durch Anregungen besser. Gerd Koslowski ist ein flott arbeitender Wahlleiter. Der Vorstand steht. Neben dem Präsidenten, Minita mein Vize, Willi Vogler, Udo Kessler. Der erste Redenschreiberverband Europas ist gegründet, 1998. Jetzt höre ich die Züge wieder.

10

Wir nehmen den Himmel hin. Er ist da, mal grau, mal blau, mal blass. Unser Blick geht nach vorne. Anders war der Himmel über Penzlin, dem Haus meiner Freude. Er lachte, war größer, tiefer, zog die Aufmerksamkeit auf sich, wollte gesehen werden. Hatte Anspruch auf dankbares Staunen, wie er sich spannte, als habe er nachts ausgeruht zwischen den neu gepflanzten Bäumen im Park, um jung und frisch über dem flachen Land in einem Blau zu leuchten, das tiefer als Mädchenaugen war. Die weiß gepuderten Wölkchen wie Pausbäckchen in seinem Gesicht. Solch ein Himmel lag heute wieder über meinem Haus, an dem ich so viel Freude habe. Das

Hundert-Seelen-Dörfchen Penzlin ganz von Grün umgeben. Wiesen, eingefasst vom Saum kleiner Wälder. Im Frühjahr das heiße Gelb vom Raps, im Sommer das Meer vom Winde bewegten Getreides, im Herbst das Schwarz-Braun frisch gepflügter Erde. Zwischen Bergsoll und Schmolde lag das gerade in Gelb gestrichene Haus wie ein Ei im behaglichen Nest. Die Windräder weit hinten waren gnädig von Bäumen verdeckt.

Drinnen war alles fertig, empfangsbereit. Die Gästezimmer, gestrichen in rot, gelb und blau, die Betten frisch bezogen. Von drei Seiten fiel das Licht in die große Küche, deren Gestaltung uns bei der Renovierung des Hauses die meisten Gedanken abverlangt hatte, der rote Kochquader fast in der Mitte, der Kamin zwischen den beiden Glastüren zur Terrasse.

Auch gestern gab es diesen Pausbäckchen-Himmel. Zugleich war gestern ein Tag des Stirnrunzelns. Kein Anruf, keine E-Mail, kein WhatsApp, niemand hatte sich erinnert. Vor 15 Jahren haben wir den „Verband der Redenschreiber deutscher Sprache" gegründet. Keine Eintagsfliege, wie manche meinten. 15 Jahre lebendig, nicht alltäglich in quirliger Zeit.

Ich denke an die große Feier zum 10-jährigen Bestehen, damals in Remagen am Rhein, Künstlerbahnhof Rolandseck. Er war gekommen, hat eine Rede gehalten, Marcel Reich-Ranicki. Gelobt hat er die Reden nicht, die Schreiber auch nicht. Darum hatten wir ihn eingeladen. Er hatte schon die Gründung 1998 sarkastisch kommentiert. 10 Jahre danach wollten wir ihn hören. Am liebsten Gutes. Aber nein:

„Rhetorik taugt nichts. Selbst die berühmteste Rede der Welt, Marc Anton in Shakespeares „Julius Cäsar", eine gute Rede, aber von Anfang an Lüge."

Er berichtete von einem Preis, den er tags zuvor in Hamburg bekommen hatte. „Eine Uunverschäämtheit, einen soo schwäären und großen Preis zu gäben. Nicht zu schläppen. Ich habe gesaacht: Schickt ihn mirr nach Hause oder behaltet ihn."

Minitas Sohn Philipp holte damals Reich-Ranicki mit dem Auto aus Frankfurt ab. Reich-Ranicki war schlechtlaunig und wortkarg. Philipp brachte ihn zurück, Reich-Ranicki war heiter und neugierig:

„Wo wohnst Du?"

„In einer Wohngemeinschaft."

„Gibt es da auch Mädchen?"

„Ja."

„Schläfst Du mit denen?"

„Nein."

„Da werden die aber sährr traurich sein."

15 Jahre, vielleicht nicht gut für Gedenktage. Der Verband hat jetzt über 450 Mitglieder in Deutschland, Österreich und der Schweiz. Wir haben deutschlandweite Kongresse veranstaltet, bei denen Christa Wolf, Hans-Dietrich Genscher und Kurt Biedenkopf sprachen. Wir haben Nachahmer in anderen Ländern Europas gefunden. Wir haben angefangen mit dem Bau eines Hauses, in dem sich Redner und Redenschreiber begegnen können. Auch wenn noch nicht viel mehr stand als die Fundamente und die erste Etage, ein Brief, ein Zeitungsartikel war wert, was wir in 15 Jahren geschaffen hatten.

Heute war kein Neustart wie vor 15 Jahren. Die Akademie war älter als der Verband. Heute wurde ein neuer Gang eingelegt. Das erste Seminar in Penzlin. Die Einweihung des Gutshauses aus dem Jahr 1583 als neue Heimat der Akademie für Redenschreiben. Der leichte Singsang angespannter Nerven lag in der Luft.

„Die Betten sind bezogen!" „Sind die Bäder sauber?" „Die Blumensträußchen müssen in die Schlafzimmer." „Sind die Süßigkeiten schon oben?" Sophie war in ihrem Element. Ich war nervös. In vier Stunden erwarteten wir die ersten Hörer. Dafür haben wir das Haus gekauft, umgebaut, modernisiert. Fenster und Türen erneuert, die Fußböden neu verlegt, die Treppen anders gestaltet.

Ich schaute zum dritten Mal nach. Der „Hörsaal", wie wir in munterer Übertreibung den Seminarraum nannten, war in Ordnung. Die hellen Tische passten gut zum Blau der Stühle mit ihren Stahlrahmen. Der weiße Teppich war unverzichtbar für die Akustik des Raumes. Die Beleuchtung war gut. Das barocke Rednerpult mit den feixenden Engelchen brach die Sachlichkeit des gestreckten Raumes. Würde einer der Hörer den Charme des Stilbruchs erkennen? Der Caterer war bestellt. Zwei Hörer mussten vom Bahnhof abgeholt werden. War alles organisiert. Abschlussbesichtigung. Mit Sophie ging ich alle Räume noch einmal durch. Sie richtete die Blumen im Salon, in der großen Küche. Minita fuhr vor. Sie trug wieder die Jeans, nicht ganz neu, das dunkle Hemd hing über der Hose. Ich trug einen Schlips, zur Feier des Tages. Minita brauchte keine feierliche Kleidung, kein dunkles Kleid, keine Halskette, nichts Besonderes. Sie sah auch so besonders aus. Der Himmel war noch immer ein Pausbäckchen-Himmel.

*

Früher Abend. Die Zimmer sind bezogen. Wir haben bei Kerzenschein, Tulpen und Narzissen gegessen. Der Caterer hat es gut gemacht. Der Bürgermeister, der Sparkassendirektor, die Redenschreiber der Bundesbank und zweier

Ministerien, fünf Männer und drei Frauen, alle sind sich noch fremd. Am besten gefällt mir die schlanke junge Frau, schmales Gesicht, brünettes Haar, in dem gut sitzenden Kostüm, oben braun, Rock grün. Wenn sie lächelt zeigt sie kleine kräftige Zähne. Jetzt sitzen wir alle im „Hörsaal" auf unseren Plätzen. Erwartungsvolle Blicke, Neugierde. Eis brechen, die Stimmung lockern, Raum für Sympathie und Lernbereitschaft schaffen. Minita erzählt aus dem Leben einer Redenschreiberin, die Geschichte mit den Liebesbriefen:

Ihr Telefon klingelt. Der Stimme nach ein Mann in der Lebensmitte, Jurist, Banker, in zweiter Ehe verheiratet, er klagt über seine Ehe: Ein Liebesbrief soll es werden. Ein richtiger Liebesbrief. „Sie zickt. Entwerfen Sie bitte einen Brief an sie. Darin soll stehen, ich liebe sie. Sie soll wieder nach Hause kommen." Den Entwurf schreibt er mit der Hand ab, es soll nach Herzblut aussehen, schickt den Brief ab.

Vier Wochen später, er ist wieder am Telefon: „Ihr Brief war ein voller Erfolg. Sie ist zu Hause." Sagte zu dem Brief „Das hättest Du mir schon früher einmal sagen können."

Ein halbes Jahr später, neuer Anruf. „Sie zickt schon wieder. Ich bin in Japan und möchte, dass sie nachkommt. Schreiben Sie ihr noch einen Brief." Er schreibt ab. Seine Frau fährt nach Japan.

Ein knappes Jahr darauf, er ruft wieder an. „Sie zickt noch immer. Ich bin am Ende. Was soll ich machen?" Minita ist längst zum Seelenklempner avanciert. Nach einem langen Gespräch empfiehlt sie, lieber ein Ende mit Schrecken, als ein Schrecken ohne Ende. Nach kurzem Zögern: „Gut, schreiben Sie einen Abschiedsbrief."

Atemlose Stille. Jetzt lachen die Männer. Das Lächeln der Frauen ist unbestimmt. Die Brünette ist blass geworden. Jetzt sitzt sie reglos.

Später Abend. Alle sitzen bei Wein und Bier. Gespräche flattern durch den Raum, Lächeln. Der Sparkassendirektor fachsimpelt mit dem Mann aus der Bundesbank. Minita sitzt mit der Brünetten dicht am Kamin, Licht und Schatten tanzen auf ihren Gesichtern. Sie lachen nicht, sie reden nicht. Die letzten Zweifel sind beseitigt. Die junge Frau begreift, das war ihre Geschichte.

Die Briefe, die Liebesbriefe, auch der aus Japan, auch der Abschiedsbrief waren nicht die Worte ihres Mannes, waren gekaufte Worte. Ihre Wangen zucken. Ihr Blick findet nirgendwo Halt.

Am nächsten Tag ist der Himmel über Penzlin wieder ein Pausbäckchen-Himmel.

Aus dem Verlagsprogramm

Arnulf Zitelmann
Keplers Welten
Johannes Kepler. Ein Lebensbild
Gebunden mit Schutzumschlag
1208 Seiten
€ 39,80 [D]
ISBN 978-3-95768-171-3

Auf seinen Grabstein ließ Johannes Kepler schreiben: »Ich habe den Himmel vermessen.« Das hatte vor ihm noch kein anderer geschafft. Uns erreichen Bilder des Zwergplaneten Pluto. Wir schreiben eine SMS, empfangen TV-Programme. Rosetta umkreiste den Kometen Tschuri. Das alles wird von Satelittenprogrammen gesteuert, für die Johannes Kepler das rechnerische Know-how erstellt hatte.
Seine Lebenszeit umfasst die Zeit vor dem Dreißigjährigen Krieg und dessen Anfänge. Johannes Kepler machte sich stark für einen Religionsfrieden. Den blutigen Konfessionskrieg hat er hautnah miterlebt.
Leicht war sein Leben nicht. »Mir ist, wie wenn ich gegen Wände anrennen müsste«, schrieb er einem Freund. Trotzdem, er war ein Glückskind. Seine sich selbst gestellte Aufgabe hatte er gelöst und bewältigt, als er mit 59 Jahren in Regensburg starb. Er hatte den Himmel vermessen. Wie Johannes Kepler das zuwege brachte, erzählt diese Biografie. Sie will dem »unvergleichlichen Menschen«, wie Albert Einstein ihn nannte, das verdiente Denkmal setzen.

Lau-Verlag, Reinbek

Aus dem Verlagsprogramm

René Kollo
Mein Leben und die Musik
Gebunden mit Schutzumschlag
Autobiografie
272 Seiten, mit 46 s/w Fotos
€ 24,90 [D]
ISBN 978-3-95768-183-6

Weltklasse-Tenor und Schlagerstar in einer Person – dieses Kunststück ist René Kollo gelungen. Seinen ersten großen Erfolg hatte er mit dem Schlager »Hello, Mary Lou«.

Nach intensivem Studium wechselte René Kollo in das Opernfach, wo er 1965 im Staatstheater Braunschweig sein erstes Engagement als Tenor antrat. Das war der Grundstein einer Weltkarriere, die 1969 in Bayreuth mit dem Steuermann im »Fliegenden Holländer« begann.

Von Publikum und Presse wurde er gleichermaßen gefeiert und er hat im Laufe der Jahre Rollen richtungweisend auf allen maßgeblichen Bühnen der Welt von Berlin, München, Frankfurt, Mailand, Lissabon, der Met in New York, Covent Garden in London, über Wien bis Tokio interpretiert. Das Rollenspektrum von René Kollo ist ungewöhnlich weit für einen Heldentenor und es gibt wohl in Deutschland bis heute keine vergleichbare Karriere.

In seinen Erinnerungen lässt René Kollo sein »Leben und die Musik« Revue passieren. Sehr persönlich und mit viel Humor schildert er Begegnungen mit Künstlerfreunden und Weggefährten und zeichnet, ohne ein Blatt vor den Mund zu nehmen, ein kritisches Bild des Opernzirkus. Eine äußerst unterhaltsame und mit spitzer Feder geschriebene Autobiografie von einem der bedeutendsten Sänger der Gegenwart.

www.lau-verlag.de